U0520064

早期中国礼的演变

以春秋三传为中心

朱 腾 著

商务印书馆
The Commercial Press
2018年·北京

图书在版编目(CIP)数据

早期中国礼的演变：以春秋三传为中心 / 朱腾著
.—北京：商务印书馆，2018
ISBN 978-7-100-16915-8

Ⅰ．①早… Ⅱ．①朱… Ⅲ．①礼仪－研究－中国－春秋时代 Ⅳ．①K892.98

中国版本图书馆CIP数据核字(2018)第279828号

权利保留，侵权必究。

早期中国礼的演变
以春秋三传为中心

朱 腾 著

商 务 印 书 馆 出 版
（北京王府井大街36号　邮政编码100710）
商 务 印 书 馆 发 行
江苏凤凰数码印务有限公司印刷
ISBN 978-7-100-16915-8

2018年12月第1版　　开本889×1194　1/32
2018年12月第1次印刷　印张 9½
定价：68.00元

目 录

绪论 ··· 1
  一、研究现状简介 ·· 2
  二、题解:"礼"与"早期中国" ································· 11
  三、史料 ·· 24
第一章 《左传》所见古礼的双重性格 ····················· 34
  第一节 古礼的双重性格:等级与对等 ··················· 35
    一、等级 ··· 36
    二、对等 ··· 48
  第二节 邑与国家:古礼的践行空间 ······················ 69
  小结 ·· 86
第二章 早期中国国家形态的变化与古礼之实质化的初显 ······ 88
  第一节 早期中国国家形态之变化的两个观察点 ······ 88
    一、国人的浮沉 ··· 89
    二、立盟 ··· 110
  第二节 春秋中后期古礼之实质化倾向的初显 ········· 133
    一、礼仪之辨 ··· 134
    二、孔子论礼 ··· 142
  小结 ·· 150

i

第三章　古礼之实质化的发展（Ⅰ）：《公羊传》的理路 ············ 153
　　第一节　大一统与礼 ··· 154
　　　　一、国家政治 ··· 158
　　　　二、家族宗法 ··· 172
　　第二节　王道与礼 ··· 178
　　　　一、整体秩序 ··· 179
　　　　二、德行意识 ··· 189
　　小结 ·· 216
第四章　古礼之实质化的发展（Ⅱ）：《穀梁传》的视角 ············ 218
　　第一节　严格正名："隐公元年"的另解 ·························· 219
　　　　一、《穀梁传》对"元年，春，王正月"的认识 ················ 220
　　　　二、《穀梁传》的"尊尊"观 ································ 225
　　第二节　《穀梁传》所见之礼 ··································· 237
　　　　一、国家层面 ··· 237
　　　　二、家族层面 ··· 253
　　小结 ·· 264

结论："时代格"与超越时代 ·· 267

参考文献 ··· 279

后记 ··· 295

绪　　论

　　一直以来,传统中国都以其礼仪之邦的形象示人,礼确实也渗入了传统中国的政治生态、法律制度及社会生活等方方面面,一如刘雨先生的精彩概括:"古代的中国向以礼仪之邦著称于世,有着悠久的礼治传统。商代的甲骨文中就记录了大量的礼制内容……'周礼'就是在'殷礼'的基础上发展起来的。古礼范围很大,它贯穿于政治、经济、军事、文化、艺术等各个领域,它既是一种深刻的政治思想——礼治思想,又是一种巧妙而实用的统治艺术,它借助于繁琐的仪注,把贵族们的言行规定在不同等级的范围内,把统治阶级的意志,某些强制的甚至是暴力的企图,掩盖在温文尔雅、觥筹交错和优美的乐舞之中。这种统治术介于伦理道德规范与刑法之间,它既不像仅仅依靠习俗和舆论说教来约束人那样软弱无力,也不像用法律和刑罚待人那样粗暴无情,它要求人们频繁地参与到无休止的仪礼活动中去,按等级身份把每个人都禁锢在某种格式上,'非礼勿视、非礼勿听、非礼勿言、非礼勿动'以达到统治的目的。这种统治术十分有效,因而得到历代统治阶级的保护和强化,后世几乎变成一种宗教,对中国几千年文明史产生过巨大影响。因此,要理解中国古代文化,应该从这里入手。"① 鉴于这一点,以古代中国为研究

---

① 刘雨:《金文论集》,紫禁城出版社2008年版,第145—146页。

对象的人文社科学者几乎都无法忽视礼的存在,法律史学者自然也不能例外。尽管如此,鉴于礼在各个历史阶段曾经历不同程度的变化,法律史学者的众多论述仍不能完全说明礼的法律意义,这一点在秦汉之前的古礼问题上表现得更为突出。而本文以所谓"早期中国礼的演变"为论题的目的就在于为法律史学界反复提及的礼法文化补充其初始阶段的内容。带着这样的问题意识,下文将首先尝试对学界有关古礼的研究现状稍作介绍,以明确本文将从哪些方向上展开探讨。

一、研究现状简介

有关古礼的研究现状,以我国大陆法律史学界论,首先需要注意的是法律史学界基于自身的学科定位而形成的观察礼的两个视角。其一,从社会秩序的控制上说,礼等同于法;这种视角可谓由来已久,梁启超先生在1904年撰写《论中国成文法编制之沿革得失》时就已提出此说。① 其二,以法律形式之演化论,礼不同于法,且经历了从与法对立至与法融合的过程;在这方面,最具代表性的倡言

---

① 梁氏指出:"我国古代,礼与法视同一物。礼者,即规律本族之法也。故凡礼制之著于竹帛者,皆可认为一种之成文法……若礼而可认为成文法,则周礼所谓'经礼三百'、'曲礼三千'者,其可谓最古而最繁博之法典焉矣。"参见梁启超:《梁启超法学文集》,中国政法大学出版社2000年版,第125页。

者当属瞿同祖先生。① 虽然这两种视角在当代法律史学界中皆有其市场,但不得不承认,大部分论著其实都是立足于后者来阐发所谓的"礼法关系"的②,对前者的关注则可谓略显惨淡。如此一来,由于所谓的从礼法对立至礼法融合的过程实际上是以周秦转变为起点,并以突出汉以后法律儒家化的重要历史意义为目的,因此法律史学界的既有成果就习惯性地把帝制时代崇尚等级的礼视为传统中国的礼法文化之各个发展阶段的共同构成要素,至于周秦转变之前就已存在或者说周秦转变时尚有残存的古礼的特质则被人为地忽略。具体来说,此种缺陷主要表现在两个方面:第一,在观点上,法律史学界的各类论著基本上都满足于对"周公制礼"及吉、嘉、军、宾、凶五礼的泛泛概括,对此类礼之仪节和内在意义的细节性描述及古礼赖以生存的政治、社会结构的分析则少之又少;第二,在史

---

① 瞿氏指出:"儒家着重于贵贱、尊卑、长幼、亲疏之'异',故不能不以富于差异性,内容繁杂的,因人而异的,个别的行为规范——礼——为维持社会秩序的工具,而反对归于一的法。法家欲以统一的、单纯的法律,约束全国人民,着重于'同',故主张法治,反对因贵贱、尊卑、长幼、亲疏而异其施的礼。两家出发点不同,结论自异。礼治法治只是儒法两家为了达到其不同的理想社会秩序所用的不同工具。""秦、汉法律为法家系统,不包含儒家礼的成分在内。儒家以礼入法的企图在汉代已开始。虽因受条文的拘束,只能在解释法律及应用经义决狱方面努力,但儒家化运动的成为风气,日益根深蒂固,实胚胎蕴藏于此时,时机早已成熟,所以曹魏一旦制律,儒家化的法律便应运而生。自魏而后历晋及北魏、北齐皆可说系此一运动的连续。前一朝的儒家因素多为后一朝所吸收,而每一朝又加入若干新的儒家因素,所以内容愈积愈丰富而体系亦愈益精密……归纳言之,中国法律之儒家化可以说是始于魏、晋,成于北魏、北齐,隋、唐采用后便成为中国法律的正统。"参见瞿同祖:《瞿同祖法学论著集》,中国政法大学出版社1998年版,第313、381页。

② 参见王立民:《法律思想与法律制度》,中国政法大学出版社2002年版,第188—194页;马小红:《礼与法:法的历史连接》,北京大学出版社2004年版,第163—164页;张晋藩:《中国法律的传统与近代转型》,法律出版社2009年版,第3—32页;张中秋:《中西法律文化比较研究》,法律出版社2009年版,第121—156页。

料上,诸说大都以《周礼》《礼记》等儒家经典为立论根据,春秋三传、《仪礼》等与古礼及其演变的关联性颇为密切的传世文献则并未被深入解读,金文文献更难以进入学者们自我划定的资料范围。结果,论点之涉及面的狭隘性限制了学者们广泛搜集史料的热情,史料的有限性又反过来导致既定的若干论点逐渐转变为陈词滥调。这种恶性循环使法律史学界对古礼的研究长期徘徊不前,亦令在思考古礼时远比第二种视角更具方法论意义的第一种视角暗而不彰。不过,近年来,基于法律史学界对已有研究成果的全面总结与反思,在对古礼的探讨上也出现一些与既定观点有所不同的论著。如,《春秋公羊传》(以下简称为《公羊传》)与《春秋穀梁传》(以下简称《穀梁传》)各自的礼论反映了"礼崩乐坏"之后,时人改造古礼的两种路径,而高恒先生在2004年台湾"中研院"史语所主办的"经义折狱与传统法律"国际学术研讨会上提交的"公羊春秋学与中国传统法制"[1]一文即对《公羊传》的法思想作了较为细致的梳理;汪荣先生的《经学刑德观与汉代法律研究》以经学与汉代法律的关系为论题,在说明汉代法律的变迁时,也零零散散地提到了与之密切相关的公羊学与穀梁学。[2] 又如,宁全红先生的《春秋法制史研究》[3]可谓解读《左传》所载法律史料的专著,各篇章均或多或少地论及古礼问题。遗憾的是,上述论著不以古礼及其崩解为专题,以致其对古礼的思考颇为分散和不成体系;而且,基于同样的原因,它们并未涉及金文资料,古礼的实态

---

[1] 该文后收入柳立言主编:《传统中国法律的理念与实践》,台湾"中央研究院"历史语言研究所2008年版,第1—36页。
[2] 参见汪荣:《经学刑德观与汉代法律研究》,西南政法大学2008年博士学位论文,第65—129页。
[3] 参见宁全红:《春秋法制史研究》,四川大学出版社2009版。

及作为其生存背景的秦汉之前的中国地域究竟如何也不得而知。值得注意的是,王沛先生在近年间连续发表了数篇以金文资料为基础并从法制史的角度考察西周史的论文①,并在此类论文中对古礼问题提出了不少颇具洞察力的观点,也揭示了研究古礼的重要学术方向。但是,相对于金文及传世文献的总量来说,此种努力只能被视为一个开始,可以开拓的余地还是相当可观的。总之,法律史学界对古礼的研究现状虽已有初步改观,但从整体上看,仍处于问题意识单调和史料单薄的状态,这一点对于较少论述秦汉之前的法律史问题的中国台湾地区法律史学界来说同样如此。

相比于法律史学界,由于远古史、殷周史及中国国家起源均为我国考古及历史学界的重要论题,而古礼又是中国文明初起阶段的至关重要的社会规范,因此考古及历史学界对古礼的重视程度显然更高。在前者,考古学家苏秉琦先生在其著作《华人·龙的传人·中国人——考古寻根记》中提出了中国国家起源的三个阶段即古国、方国、帝国,并将中国文化的初始形态概括为"多元一体格局"。②依循此思路,苏氏对古礼的分析也是按照上古文化的不同区系展开的,这一点在其主编的《中国远古时代》一书中亦多有体现。进一步说,基于苏氏的古史观对考古学界的深度影响,在其后

---

① 参见王沛:"'狱刺'背景下的西周族产析分——以琱生器及相关器铭为中心的研究",《法制与社会发展》2009年第5期;"裘卫器铭中的公社与礼制——西周时期法律关系设立的再思考",《上海师范大学学报》(哲学社会科学版)2011年第5期;"西周的'井'与'誓'——以兮甲盘和鸟形盉铭文为主的研究",《当代法学》2012年第5期;"刑鼎源于何时——由枣阳出土曾伯陭铖铭文说起",《法学》2012年第10期。

② 参见苏秉琦:《华人·龙的传人·中国人——考古寻根记》,辽宁大学出版社1994年版,第132页。另,苏氏还在其另一著作《中国文明起源新探》中强调了这一观点。参见苏秉琦:《中国文明起源新探》,生活·读书·新知三联书店1999年版,第130页。

的考古论著中不乏对古礼作地域性描述者,卜工先生所著《文明起源的中国模式》即为一例。以苏氏等考古学者所掌握的资料及其因长期从事实地调查而形成的学术洞察力而论,如果说他们的研究成果对法律史学者了解古礼的形成及演化颇有助益,这恐怕是不过分的。在后者,与考古学者经常从墓葬规格、出土器物类型等实物要素出发探讨古礼的做法不同,历史学者更侧重于以传世文献所见断代史的整体状况为背景,来思考古礼的时代意义,对出土文物也多关注其中涉及古礼及其生存环境的文字部分,其论著遂展现出另一种学术风貌。沈文倬先生的《宗周礼乐文明考论》是论礼的文集,其中的若干篇文章如"略论礼典的实行和《仪礼》书本的撰作"对古礼的性质作出了颇具说服力的界定。不过,沈氏为著名经学家,他对古礼及作为其典型的周礼的若干分析,或多或少地转变为论证儒家经典之可信性如何的根据。与之相比,古史学家杨宽先生更关注古礼本身,且以经典的记载作为探讨古礼的史料,其相关研究成果已为其论文集《古史新探》所吸纳,后又成为其著作《西周史》的若干章。继沈、杨等前辈学者之后,沈氏的弟子陈戍国先生撰写了《中国礼制史》六卷本,其"先秦卷"对礼制作出了颇值得思考的定义,且对先殷、殷、周之礼分别展开论述,实可谓有关古礼之概论的佳作;刘雨先生的论文集《金文论集》的"西周礼制"部分收入了刘氏立足金文资料考证周礼之实态的八篇文章,尤其是"西周金文中的'周礼'"一文,综论金文之于周礼研究的价值并从祭祖礼、军礼等六个方面展开论证,足为后辈学者继续考察古礼的必读文献。近年来,若干青年古史学者又将研究古礼的视角更多地转向古礼与国家统治、社会生活的关系,并在宏大的历史图景中思考古礼的色调,吕静先生所著《春秋时期盟誓研究:神灵崇拜下的社会秩序再建构》、曹建墩先生所著《先秦礼制探赜》、谢乃和先生所著《古代社会与政治——周代的政体及其变迁》皆为实例。在这方面,朱凤瀚先生所著《商周家族形态研究》及台湾学者杜正胜先生所著《周代城邦》《编户齐民》等虽非近年来的新作,却也应予以重视,因为它们均以先秦时代的政治与社会结构为研究对象,作为统治手段的古礼则于其中展现出了极为鲜活的实践样态。总之,考古及历史学者的论著从史料解读至理论视野都远胜于法律史学界的既有研究成果,实为法律史学者考察古礼时应予借鉴的重要文本。

如前所述,《公羊传》与《穀梁传》反映了时人在古礼崩解之后对其加以改造的两种思路。在这方面,政治史与哲学史学者已发表了一些成果。傅隶朴先生的《春秋三传比义》在同一《春秋》经文之下分列三传的传文并借此比较三传的优劣,所论颇多创见,但其思想史意味相对较淡。浦卫忠先生在其师杨向奎先生的指导下完成的博士论文以《春秋三传综合研究》为名,在台湾文津出版社出版,该书虽同样以比较三传之异同为目的,但更倾向于思想史的阐发,其中两编则概括性地介绍了公、穀二传的礼论。当然,以《公羊传》或《穀梁传》为专题的论著同样存在。对前者,蒋庆先生的《公羊学引论》就系统地阐述了《公羊传》的政治思想,但是由于蒋氏的文论皆服务于其对现实政治的关切而将公羊学称为"政治儒学"并贬低左氏学为"政治化儒学"[①],因此其论著的学术性有所不足,其观点亦

---

① 蒋氏的具体论述如下:"政治儒学与政治化的儒学之区别在于:儒学是否放弃对崇高价值理想与未来大同希望的终极关怀,丧失了批判现存体制与批判自身(儒学之自我批判)的功能,与现实统治秩序彻底一体化,完全异化为纯粹为现存体制与统治者利益辩护服务的意识形态……依据中国的儒学传统,以公羊学为代表的今文经学符合上述政治儒学的特征,而以左氏学为代表的古文经学则符合上述政治化儒学的特征。"蒋庆:《政治儒学——当代儒学的转向、特质与发展》,生活·读书·新知三联书店2003年版,第109页。

不乏可商榷之处。相比之下,台湾学者林义正先生所著《春秋公羊传伦理思维与特质》的诸多论断就显得更为客观,也更具借鉴价值。对后者,谢金良先生所著《穀梁传漫谈》虽以"漫谈"为名,却属于较为严谨的有关《穀梁传》的专论。该书的重点在于对《穀梁传》的解经特色及思想倾向的分析,并认为《穀梁传》因经常引古礼来揭示经文的含义,故《穀梁传》有不少优于《公羊传》《左传》之处。可以说,该书对于界定《穀梁传》的成书年代及辑佚《穀梁传》所见古礼是颇具参考价值的。台湾学者吴智雄先生所著《春秋穀梁传思想析论》也以《穀梁传》为主要论题,其特色在于以现代社会学的所谓"脱序社会"①(anomic society)这一概念为理论起点,从君位继承之合法性、华夷之辨、民本观等几个方面论述了《穀梁传》的基本观点,而礼亦为其重点阐发的内容之一。最近的有关《穀梁传》的论述当属秦平先生的论文集《〈春秋穀梁传〉与中国哲学史研究》之"《春秋穀梁传》研究"部分所列十二篇文章。这些文章在论题上虽有与谢氏、吴氏之论著相似者,但也抛出了若干新问题,且在旧论题上作出了更为细致的探讨,因此可谓《穀梁传》研究的新进展。概言之,无论上述诸种著作的写作目的为何,它们都有助于我们准确把握公、穀二传的思想基调,并在此基础上思考儒家面对古礼的崩解所作的重建礼治秩序的努力。

在学术日益全球化的时代,国外汉学界的相关研究成果当然也值得我们关注。在英语学术圈,对以英语为母语的汉学家来说,由于《仪礼》《左传》等记载古礼的文献晦涩难懂,《公羊传》《穀梁传》等涉及儒家礼论的文献又因其问答体的叙事方式而颇显迂回深奥,金

---

① 参见吴智雄:《春秋穀梁传思想析论》,文津出版社2000年版,第21页。

文文献则更存在释读上的困境,因此他们很少以古礼为专题撰写论著,转而尝试在阐发对中国古代国家或政治之认识时附带地提及古礼,顾立雅(Herrlee G. Creel)先生所著 *The Origins of Statecraft in China* 即为一例。① 此种研究方式一方面使他们对古礼的秩序调节功能形成了略有启发性的见解,另一方面也导致其观点多止于隔靴搔痒,甚至出现乖谬之处。事实上,相比于他们,华裔汉学家因其不逊于国内同行的文献阅读能力,以及通过在国外接受学术训练形成的不同于国内同行的研究视角,而提出了更多极具洞察力的学术观点。比如,张光直先生很早就在其后收入《中国青铜时代》一书的若干论文中指出了夏商周三代的平行发展模式,并通过对商周青铜器之铭文及花纹的解读,阐发了古礼的文化内涵。又如,许倬云先生的《西周史》对周礼及受周礼之影响的封建制度、政府组织等作出了颇为详细的论述;其《中国古代社会史论——春秋战国时代的社会流动》更从政治、经济、军事等各个方面展现了西周灭亡后中国社会之动荡的恢弘画卷,该书的细腻笔调与开阔视野也使古礼逐步崩溃的过程在春秋战国年代的社会大背景中被生动地揭示出来。再如,刘永平先生的 *Origins of Chinese Law: Penal and Administrative Law in its Early Development* 是较为少见的专门论述早期中国之法制史的英文著作,其中也提到了古礼问题,尤其是对古礼与血族的关系及古礼崩解后的儒家礼论作出了颇有见地的阐释。近

---

① 此处,还需提及的是,顾立雅的论文"*Legal Institutions and Procedures During the Chou Dynasty*"也对古礼尤其是周礼有所论述。不过,因为其内容并不多,所以不列入正文中。具体参见 Herrlee Glessner Creel, "*Legal Institutions and Procedures During the Chou Dynasty*", in Jerome Alan Cohen, R. Randle Edwards and Fu-mei Chang Chen eds. *Essays on China's Legal Tradition*, Princeton University Press, 1980, pp. 26—55.

年来,曾到日本与美国接受不同学术训练的李峰先生接连推出《西周的灭亡:中国早期国家的地理与政治危机》及《西周的政体:中国早期的官僚制度和国家》二书,这两本书极具深度地探讨了作为古礼之运行环境的早期中国的国家样态,较为妥当地将史料考证与理论概括结合起来,从而超越了许倬云先生的《西周史》。在日语学术圈,基于对中国古文字的较强阅读能力,以及在中国史研究上的长期积累,日本东洋史学界对古礼形成了极为深刻的认识,其论著则或以古礼为专题,或探讨古礼所依托的早期中国的国家存在样态。在前者,日本学者高木智见先生曾连续撰写"关于春秋时代的军礼""关于春秋时代的聘礼""关于春秋时代的结盟习俗"等数篇论文,直接对古礼展开分析,并借此证明高木氏所理解的先秦时代人之血族观念的浓厚。在后者,以宫崎市定先生为代表的一派学者主张早期中国的国家是所谓的"城市国家"①,而以松丸道雄先生为代表的一派学者则认为早期中国呈现出"邑制国家"的样态②。因为本书第一章将对这两种观点详加阐发,所以此处不再赘述。更有意思的是,冈村秀典先生未对这两派观点作出非此即彼的选择,而试图从农业生产或者社会分工的角度出发,对两派观点及张光直先生的都市文明论予以批判的继承。③ 日本学者尽管在早期中国的国家形

---

① 参见〔日〕宫崎市定:"关于中国聚落形体的变迁",载刘俊文主编:《日本学者研究中国史论著选译》(第三卷),黄金山、孔繁敏等译,中华书局1993年版,第1—29页。

② 参见〔日〕松丸道雄:"殷周国家の構造",载〔日〕荒松雄等编集:《岩波講座世界歴史4:古代4 東アジア世界の形成Ⅰ》,岩波书店1970年版,第49—100页;〔日〕松丸道雄:"殷周春秋史总说",载〔日〕佐竹靖彦主编:《殷周秦汉史学的基本问题》,吕静等译,中华书局2008年版,第1—19页。

③ 参见〔日〕冈村秀典:《中国文明 農業と礼制の考古学》,京都大学学术出版会2008年版,"目次",第12页。

态上存在观点分歧,但在古礼的社会功能上,基本都认为古礼为调整早期中国之不同地域内的人际关系的行为准则。综合英语学术圈与日语学术圈的既有成果,可以发现,如欲设身处地地理解古礼,则应随时考虑古礼所赖以生存的整体历史背景,并在此基础上深入挖掘古礼所内涵的时代信息。此为国外汉学论著所带来的启示,或许亦应成为我国法律史学者研究古礼时的基本前提。

总而言之,以我国法律史学界目前对古礼的研究现状论,如以视野狭窄、观点雷同、史料单一等词指称其缺陷,这似乎是不过分的,而国内其他学界及国外汉学界的研究成果恰恰可以补充法律史学界之既有论断的不足,所以以此类颇具学术价值的研究成果为借鉴,并在解读一手资料的基础上重新思考礼在法律史上的意义,大概仍然是法律史学者应当面临的研究课题,本文即尝试对此问题略作回答。

二、题解:"礼"与"早期中国"

在正式论述本书的主体内容之前,似乎有必要对本书题目中的"礼"与"早期中国"二词略作说明,因为全书终究是围绕着这两个词展开的。

(一)礼

有关礼,国内外法律史学者都曾用大量篇幅介绍其起源、特征、功能等,因此似乎已无再予以强调的必要,但实际上仍有与本书之探讨相涉的三个问题值得思考。这三个问题就是礼的多面性、礼的时代性及礼的法律意义。

长期以来,在论及礼时,法律史学者首先想到的就是以等级为内在精神、与刑前后连接且具有教化功能的社会规范。① 此种观点虽在一定程度上与中国史的实际相符合,但未免过于简单化,如"礼尚往来"这样与礼有关且涉及社会行为模式的日常用语,就无法完全以此种观点加以解释。事实上,在思考礼的问题时,首先就应注意其含义的复杂性;也就是说,像陈戍国先生所指出的那样,礼至少可以被理解为由礼物、礼仪及礼意三者构成的综合体。② 所谓礼物乃用于行礼或标识个体间之身份差异的器物,如玉、帛、钟、鼓、服冕等;所谓礼仪是指行礼时的繁琐言行,如拜、赐、趋等;所谓礼意则为行礼的目的或内涵,等级即其一。前两者可被概括为礼的物质面以及由此衍生出来的制度面,第三者可被视为礼的精神面;后者以前

---

① 在这一点上,即便是受国内中国法律史学界影响较弱的国外中国法律史学者也作出了类似的论断,如滋贺秀三先生就论道:"与欧洲的法不同,礼不含有对违反礼的行为予以制裁的技巧,它通过对人心向上的诉求来维系自身。但,在中国,如颠覆礼的基本准则,所谓法亦即刑罚就将发动。国家的要务在于,相比于法的执行,教化应当先行确立,此为中国人不可动摇的哲学。礼的具体规范在仪式和仪节方面颇为详细,欧洲的法不能完全涵盖其内容。尽管礼在一定程度上内含着与亲属法、继承法有关的规范,但在买卖法的领域又全然置身事外。这里,无论是礼还是法都面临着实定地无法完全包容而被搁置的广阔领域。"〔日〕滋贺秀三:《中国法制史論集 法典と刑罰》,创文社2003年版,第9页。

② 参见陈戍国:《中国礼制史》(先秦卷),湖南教育出版社2011年版,第7~8页。在这方面,台湾学者吴智雄先生的论述略显不同:"从实践过程来看,'礼'可分为心理和行为两部分。在心理上有诚敬的情感,可称之为'礼情';在行为上,则有言行、物品、仪式和规范。言行涉及特定对象(如个人、群体、神灵)。为了显示和特定对象的关系,必须以物品为符号表达这种关系,于是而有'礼物'。'礼物'本身的差异不足以完全表达这种关系,必须将'礼物'放在特定的位置,依特定的传移方式,送达特定对象,这种关系才算表明。这样的过程便是'礼仪'(仪式)。'礼仪'是个别而具体的言行,同类礼仪具有相同的模式,这些模式就是'礼制'。由于'礼制'是'礼仪'之所依,因此'礼制'便具有规范性。"吴智雄:《春秋榖梁传思想析论》,第62页。不过,从总体上看,二说在认可礼的含义的复杂化这一点上并无太大差异。

两者为载体,前两者则以后者为根基,此即礼的多面性。如以这所谓的多面性来审视法律史学界对礼的习惯性认识,那么,且不说礼物、礼仪经常被忽略,即便是所谓的等级,恐怕亦不足以涵盖礼的全部品格。当然,这并不意味着法律史学界的通说充满谬误,而是指此种通说以特定历史阶段的礼治现象来概括礼法文化之整体的做法实有过于静态之嫌,此正为"研究现状"部分已指出的法律史学界对礼之研究的缺陷。这样,礼的时代性当然就是一个必须予以关注的问题点了。

对于礼的时代性,应当注意的首要问题就是礼的初始形态如何。陈戍国先生曾指出:"有虞以前多种礼处于萌芽时期,还有好些礼连萌芽也谈不上。有些礼到有虞略有发展,有些甚至稍具规模,但仍有一些尚处于萌芽的前夜。到夏代,礼的门类多已具备,当然也还只是初始阶段,有些礼亦不过萌芽而已(如墓而坟之),而如军礼、宗法制度则已具初胚。所以,论有虞以前的礼,只能是模糊的、隐隐约约的;论虞礼则只能是粗线条的,有些礼连粗线条也难以勾出;对夏礼的勾勒稍微清晰起来,也有知其实行过而言其仪节竟毫无把握的礼典。但是无论如何,大而言之,后世吉凶宾军嘉五大类礼典,皆起源于先殷之古代社会。"①也就是说,从蒙昧时期至文明的初始年代,礼一直与先民的生活紧密联系在一起,只不过礼的成熟程度因历史阶段的不同而不同。在这一点上,考古学界的各种实地调查资料是可以与陈氏之说相呼应的。② 那么,这些所谓的礼究竟呈现为何种状态? 王国维先生对"礼"的释义或许有助于对问题

---

① 陈戍国:《中国礼制史》(先秦卷),第105页。
② 参见卜工:《文明起源的中国模式》,科学出版社2007年版,第288页;曹建墩:《先秦礼制探赜》,天津人民出版社2010年版,第28页。

的解答:

> 《说文》示部云:"礼,履也,所以事神致福也。从示、从豊,豊亦声。"又豊部:"豊,行礼之器也。从豆,象形。"……古者行礼以玉,故《说文》曰:"豊,行礼之器。"其说古矣。惟许君不知豊字即珏字,故但以从豆象形解之,实则豊从珏在凵中,从豆乃会意字,而非象形字也。盛玉以奉神人之器谓之豊,若豊,推之而奉神人之酒醴亦谓之醴,又推之而奉神人之事通谓之礼。其处,当皆用豊若豊二字……其分化为醴、礼二字,盖稍后矣。(《观堂集林》卷第六《艺林六·释礼》)

可见,礼最初是指用以祭祀的器物,后逐渐扩及至供神人享用的醴酒,并最终泛指侍奉神人的行为。王氏的这一论断虽以文字分析为据,但由于王氏在甲骨学、金石学上的深厚造诣,其古文字释义亦以甲骨、金文及出土器物为参照,因此王氏对"礼"之字义的层层剖析是建基于由传世文献及出土文献构成的双重证据之上的,自然具有较强的合理性与客观性。① 以王氏之论为前提,若说礼的初始面貌侧重于其物质面相或者说富含形式意义的制度面相,这或许是恰当的,而法律史学界经常提及的"礼源于祭祀"一说亦可谓有所本,但于礼之初始面貌的倾向性,法律史学界则未给予足够的重视。事实

---

① 这一点也可从考古学界对上古遗址的分析得到证明。具体参见卜工:《文明起源的中国模式》,第37—78页;曹建墩:《先秦礼制探赜》,第31页。也正因为这一点,陈戍国先生对礼的起源作出了多元化的概括:"礼源于宗教,礼源于交换……,礼缘情、欲而制,礼以义起,礼起于俗,都自成一说,因为它们各符合礼制史的部分实际。"陈戍国:《中国礼制史》(先秦卷),第13页。

上，正如本段所引陈戍国先生的结论所述，恰恰是这种偏重形式的礼为殷商所继承并发展出了所谓"吉凶宾军嘉五大类礼典"的初步完成形态。① 至周时，殷礼又成为周人制礼的重要渊源，遂有后世称颂不已的"郁郁乎文哉"的周礼，孔子所说"殷因于夏礼，所损益，可知也；周因于殷礼，所损益，可知也"②，大概就是指从先殷至周的礼制传承过程。以此过程而言，尽管通说所论作为殷周礼制史之重要事件的"周公制礼"已遭受质疑③，但孔子所说"因"一字表明，从先殷至周的礼制传承是以非断裂的方式进行的；由此带来的结果是，重形式成为了周以及周以前之礼的普遍倾向，尽管程度略有差异。至春秋战国尤其是战国时期，整个中国地域进入了剧烈动荡时期，从上古时代流传下来的文化要素亦随之经历了巨大的变革，所

---

① 有关殷礼的概括性描述，参见陈戍国：《中国礼制史》（先秦卷），第174—176页。

② 《论语·为政》。

③ 童书业先生在20世纪40年代就已提出质疑："传说周公建立东都后，曾制礼作乐，其事虽不甚可信，但周国的文化本很低下，灭商以后文化始大兴，则确是事实。"童书业：《春秋史》，上海古籍出版社2003年版，第7页。陈戍国先生则认同"周公制礼"一说："至于《左传》哀公七年'大伯端委以治周礼'的说法，当时大伯把周礼推广到吴地，证明周公制礼以前周之先公先王自有礼制，周公制礼不是凭空创造、闭门造车，而是有基础的。周公的礼应该是大伯时候的周礼的继承与发展。"陈戍国：《中国礼制史》（先秦卷），第178页。刘雨先生发现，在目前已出土的西周青铜器铭文中，与礼制有关者大都属于西周中晚期，因此就认为："后世儒者称周公制礼作乐，开创有周一代制度。观察西周金文，周初述及的礼制多沿袭殷礼，而周礼多数是在穆王前后方始完备。盖西周初年，四方不静，强大的殷遗势力和周围众多异族邦国始终没有停止和周人的武装对抗，为维护新生政权，周公即使有精力制礼作乐，也无暇将其付诸实施。只是到了穆王时代，四海承平，国力强盛，才可能将礼制建设提到日程上来。"刘雨：《金文论集》，第147页。就上述诸种观点而言，刘氏之说由于以金文为立论基础，因此似乎更有说服力。但是，这也只是以迄今为止已出土的西周青铜器铭文为据作出的判断，完全不可视为定论。

谓"高岸为谷,深谷为陵。哀今之人,胡憯莫惩"①,就在一定程度上反映了身处巨变中的人们因对其未来毫无把握而产生的恐慌和不安。在此种情况下,时人已难以严格遵守形式化的礼,甚至连对周礼推崇备至的孔子都试图对礼有所调整,"麻冕,礼也;今也纯,俭,吾从众。拜下,礼也;今拜乎上,泰也,虽违众,吾从下"②。于是,时人自然开始越来越关注礼的精神面,孔子的发问"礼云礼云,玉帛云乎哉?乐云乐云,钟鼓云乎哉"③,及其倡言"礼,与其奢也,宁俭;丧,与其易也,宁戚"④,似乎也应如此理解。经过春秋战国时代思想家尤其是儒家学者的诠释,礼的精神面在重要性上逐渐超过了其物质面,从上古传承而来的礼本身也开始向秦汉之后得以渗入政治、法令之中的礼靠近。当然,必须强调的是,无论是上古流传下来的礼,还是秦汉之后的礼,都是由礼物、礼仪及礼意三者共同构成的,只不过各有侧重而已。

这样一来,如欲从法律的角度对礼稍加定位,则首先就应承认,秦汉以降,律令已成为治国理政的基本手段,礼制本身与律令体系显然分属于两个规范系统,礼制需要依托律令等法律形式而对一般民众施加直接影响,所以秦汉以后的礼不能与实证主义立场上的法划等号。但是,如果时间维度被限缩在秦汉之前(尤其是战国之前),那么,由于礼最初与民众的日常生活密切相关,甚至可以被视为社会生活本身,因此礼无可置疑地成为了支配民众言行举止的规

---

① 《诗经·小雅·十月之交》。
② 《论语·子罕》。
③ 《论语·阳货》。
④ 《论语·八佾》。

范,从而获得了法社会学意义上的法的属性。① 进一步说,最初的礼尽管不成文,但其社会统合功能本就是为政者所追求的,所以倘若淡化条文的重要性,我们也可以说此种礼在相当程度上具备实证主义立场上的法的属性,亦可称其为"礼法"②,而先秦礼的发展史或许可被略显粗疏地概括为从"礼法"至"礼"与"法"的分裂史。这也表明本书对礼的解读仍立足于法律史的视角,而非泛论。不过,为了避免故造概念的嫌疑,本书仍将以"古礼"而非"礼法"来指称与秦汉之后的礼有所区别、偏重于进退揖让等形式性行为,且以周礼集其大成的秦汉之前的礼,此亦为本书题目所提及的"礼"的专属含义。

(二) 早期中国

以上论述已明确本书所说的"礼"为古礼,这其实同样也暗示着本书所涉及的断代是所谓的先秦时期。然而,本书题目并未直接提到"先秦"二字,而是使用了"早期中国"一词,其用意何在? 如果要先给出答复的话,那就是,"早期中国"在时间上与"先秦"相当,但与"先秦"这一单纯指示时间概念的词汇相比,"早期中国"更强调先秦时期的中国在国家形态上与秦汉时期的中国存在相当大的差异。此处,之所以要明确指出这一点,是因为早期中国继承了上古遗风,而这正是古礼之特质得以存续的根本原因。这样一来,基于上古遗

---

① 法社会学意义上的法的属性可以用法社会学名家欧根·埃利希(Eugen Ehrlich)的观点来概括:"这就是'活法',与纯粹在法院和其他国家机关中所实施的法律不同。活法不是在法条中确定的法,而是支配生活本身的法。"〔奥〕欧根·埃利希:《法社会学原理》,舒国滢译,中国大百科全书出版社2009年版,第545页。

② 近年来,已有学者从法律的角度倡导"礼法"概念,但其论说出于对所谓程朱理学之法律思想部分的概括,与此处提出的"礼法"有所区别。具体观点参见宋大琦:《程朱礼法学研究》,山东人民出版社2009年版,第1—2页。

风与文明初创之间的关联性,为理解早期中国乃至古礼之特质而先行思考国家起源问题实可谓理所当然。

在这一点上,马恩曾提出判断国家形成的两项标准:"国家和旧的氏族组织不同的地方,第一点就是它按地区来划分它的国民……第二个不同点,是公共权力的设立。"[①]这两项标准在很长时间内一直影响着我国历史学者对中国文明之初始阶段的认识,如郭沫若先生就曾指出,"由《诗》《书》《易》的研究,我发觉了中国的殷代还是氏族社会。这由卜辞的研究已得到究极的证明。周代的社会历来以为是封建制度,然与社会进展的程序不合,因在氏族制崩溃以后,如无外来影响,必尚有一个奴隶制度的阶段,即国家生成的阶段,然后才能进展到封建社会。就我所见,周代的上半期正是奴隶制度"[②];后来,即便夏商作为国家而得到认可,学者们仍然要以《左传·襄公四年》引《虞人之箴》所提及的"芒芒禹迹,画为九州,经启九道"等资料,来证明夏商年代的社会状况符合马恩笔下的国家形成标准之一,即"按地区来划分它的国民"。寥寥数语当然不足以概括众多前辈历史学家按照马克思主义思考中国之国家起源的努力,但可以明确的是,由于马恩之说是以古希腊、古罗马等西欧古代国家的历史发展为参照概括出来的,因此历史学家们的观点或多或少均有比附既定标准之嫌。

事实上,从20世纪的最后三十年至今,学者们已越来越多地强调,尽管夏王朝的存在尚不能完全确认,但商作为国家的资格是应当毫无疑义地予以肯定的;而甲骨卜辞中的"多子""多方"等用语所

---

① 《马克思恩格斯选集》(第四卷),人民出版社1972年版,第116—117页。
② 郭沫若:《中国古代社会研究》(外二种),河北教育出版社2004年版,第192页。

蕴含的信息恰恰证明,在殷商时代,民众并非按照地区而是族群加以划分,国家统治则凭借氏族网络来实现,这一点即使对西周时代的社会组织也有一定的解释力。① 如此一来,寻找一种有关国家起源的新理论,以修正套用马恩之说的不足,就成为了学者们面临的重大学术问题。在这方面,较早被引入国内的颇具影响力的学说是所谓的酋邦理论。酋邦是文化人类学者用以概括原始聚落之发展类别的词汇②,张光直先生将其运用于对中国国家形成之前的社会状况的分析③,我国大陆学者谢维扬先生则在其著作《中国早期国家》中系统介绍了酋邦理论及张氏对该理论的运用,并立足于中国

---

① 朱凤瀚先生就指出:"商人子姓诸家族和其他商人异姓家族等,一般皆以宗族形态存在,各有属地作为自己的行政区域,有自己的一套宗教祭祀活动,有自己的经济与武装,即是说这些宗族各自皆是一个独立的政治与经济的实体。但不应忽视的是,他们又是存立于商代社会中的一种社会组织,是商王朝的有机组成部分,必然要与商王朝(即商王国中心统治机构)之间发生密切的有秩序的相互关系,并通过此种关系发挥其诸种社会功能。"朱凤瀚:《商周家族形态研究》,天津古籍出版社2004年版,第178页。沈长云先生的概括则指向夏商周三代:"作为早期国家的我国夏商周三代与古希腊罗马国家的最大差异,是三代国家并没有打破居民的血缘组织,也没有像古希腊罗马那样对居民实行按地区行政区划的划分……无论是夏、商还是西周都还未进化到作为社会基本经济单位的个体家庭阶段,人们尚普遍生活在各种由血缘关系构成的较大规模的族的组织之中,以这些族作为他们基本生产、生活和从事政治活动的单位……商人及周人的国家不仅没有使这些氏族组织趋于消泯,反而他们的统治就建立在对这样的一种族的网络控制基础之上。"沈长云、张渭莲:《中国古代国家起源与形成研究》,人民出版社2009年版,第60页。

② 在这方面,文化人类学家哈维兰曾概括说:"政治组织是社会借以维持社会秩序并减少社会失序的手段。它在世界的不同民族中具有不同的形式,但学者们把这一复杂的主题简化了,他们分出四种基本的政治制度:队群、部落、酋邦和国家。"〔美〕威廉·A.哈维兰:《文化人类学》,崔铁鹏、张钰译,上海社会科学院出版社2006年版,第350页。

③ 参见张光直:《中国青铜时代》,生活·读书·新知三联书店1999年版,第92—93页。

上古史而对该理论的前景作出了进一步的阐释。① 那么,这所谓的酋邦理论的涵义究竟如何?近年来,沈长云先生在考察各种新国家起源理论进入中国的历史时,总结了酋邦理论的三个要点:

> (1) 它是一个彼此间有着血缘关系的人们组成的社会组织,仍以血缘纽带维系着整个社会,但是已经有了以酋长为中心的常设领导。
> (2) 它在政治上已具有贵族统治的性质:酋长职位与权力世袭,其下有由贵族组成的行政管理机构,贵族的身份取决于其与酋长间较密切的亲属关系,并且其他社会成员的地位也取决于他们与酋长血缘亲属关系的远近。
> (3) 酋邦内部已是一个"再分配"社会,酋长以收取贡品的形式从共同体成员那里将部分产品收集起来,然后在全社会实行再分配。②

以此三要点为根据,沈氏认为,我国古史传说中"五帝"时代的"天下万邦"之"邦"即为酋邦,而且这一时期的不少要素尤其是以血缘关系为纽带的社会组织也参与了三代的国家构建。③ 有关沈氏诸论,最值得注意的应该就是以血缘关系为中心向酋邦或中国上古聚落以及三代国家辐射这一点;也就是说,在国家形成的前夜,我国上古聚落是在血缘联结并未破裂的情况下产生内部的阶层分化并演进

---

① 有关谢氏诸说,参见谢维扬:《中国早期国家》,浙江人民出版社1995年版,第171—313页。
② 沈长云、张渭莲:《中国古代国家起源与形成研究》,第83页。
③ 参见沈长云、张渭莲:《中国古代国家起源与形成研究》,第95、121页。

为国家的。揆诸上文所提及的学者们对出土文字的分析①,此种观点显然比马恩之说更切合实际。当然,这并非生活于西方社会中的马恩自身的问题,毋宁说是学者们对马恩之国家起源论的机械运用使其承担了本来难以应付的任务。

然而,如前所述,酋邦理论主要是用来解释原始聚落的演变过程的,因此其适用范围同样有限,最关键的问题在于它并未清晰地设定国家形成的标准,以划出酋邦与国家的界线。基于此,几乎在引入酋邦理论的同时,以谢维扬先生为代表的史学者们又向国内学界介绍了所谓的早期国家理论。②顾名思义,早期国家理论试图明确早期国家的独特性,以使其在原始社会至成熟国家的历史发展过程中获得排他性位置,因此其重要倡导者克列逊(H. J. M. Claessen)与斯卡尔尼克(P. Skalnik)就罗列了早期国家的七项特征:

(1) 有足够的居民,这使得阶层的形成以及特殊化成为可能。
(2) 居民因在领土内居留或出生而具备公民身份。
(3) 政府是中央集权的,行使权威和强力,或者是强力的威胁,从而具有维持法律与秩序所必要的最高权力。
(4) 是独立的,至少在事实上是如此,并且政府拥有制止

---

① 饶有趣味的是,张光直先生曾对出土实物予以分类并发现,在出土的商周青铜器中,礼器和兵器占据大多数,农具的数量则微乎其微。这表明,创造中国上古文明的财富基础并不是通过技术提高或贸易革新积累起来的,而是来源于与宗族紧密相连的政治权力所造成之社会阶层的分化而导致的财富集中。参见张光直:《中国青铜时代》,第474—475页。
② 有关谢氏对早期国家理论的阐述,参见谢维扬:《中国早期国家》,第33—84页。

分裂的充分力量以及反对外来威胁、保卫国家的能力。

（5）劳动生产率（生产力发展水平）已经发展到经常有剩余产品可用于维持国家组织的程度。

（6）全体居民呈现出某种程度的阶层分化。以致能够分辨出作为这种分化结果而出现的社会阶级（统治者与被统治者）。

（7）有共同的意识形态存在，统治阶层（统治者）的合法性是以此为依据的。①

然而，克列逊与斯卡尔尼克又意识到，如此全面的标准似乎并非世界各地的早期国家均能达到，因此为了增强其学说的解释力，他们又把早期国家区分为未发达的早期国家、典型的早期国家、转变中的早期国家三种。② 事实上，之所以会出现这样复杂的学理解说，是因为他们夸大了其标准之普遍化的可能性，以致遗忘了自己早已认识到的探讨早期国家之概念的主要障碍，即因为各国学者多根据其母国的情况来界定早期国家的特质，所以"根本不存在为整个学术界所公认的国家定义"③。有鉴于此，与其说克列逊与斯卡尔尼

---

① 〔荷〕H. J. M. 克列逊、P. 斯卡尔尼克："关于早期国家的各种学说和假说"，杨玄塞译，载中国世界古代史学会编：《古代世界城邦问题译文集》，时事出版社 1985 年版，第 316—317 页。

② 参见〔荷〕H. J. M. 克列逊、P. 斯卡尔尼克："关于早期国家的各种学说和假说"，第 318 页。在这一点上，谢维扬先生作为早期国家论的提倡者显然也意识到了同样的问题，因此特意强调："在这里不要误解为早期国家只是指它最初产生的阶段。任何早期国家从它产生后，直到它因各种原因转型之前，由于其具有形态上的相对稳定的一些特征，可以被认为是处在早期国家的不同发展阶段上。"谢维扬：《中国早期国家》，第 44 页。

③ 〔荷〕H. J. M. 克列逊、P. 斯卡尔尼克："关于早期国家的各种学说和假说"，载《古代世界城邦问题译文集》，第 289 页。

克的观点已给出新的考察国家之形成的有效标准,不如说它只是强调了早期国家不同于成熟国家且其自身亦处于变动状态的事实。当然,这并不是说它未提出任何有意义的界定国家之形成的要素,至少(1)(3)(4)(7)等若干点是有一定说服力的,但在对酋邦与国家作出大致区分后,更值得思考的或许是各早期国家究竟因何而有别于并最终演进至成熟国家。若带着这一问题将目光转回古代中国,应予明确的似乎仍然是三代时期的社会和政治组织建基于强固的血缘纽带之上这一点,[①]而从三代向秦汉帝国的变迁也是以血缘群体的崩解和重组为重要线索的。由于较为系统的国家机构、较为强大的政治权力以及用以论证权力之正当性的意识形态的存在,三代中国显然与"天下万邦"之"邦"有所差异;又由于血缘纽带的强劲有力,三代中国亦不同于以权力统治为内核的秦汉及其后的各王朝。以此观之,三代中国确实在中国国家形态的发展史上有其特殊地位,而春秋战国则为其转型阶段,所以若将夏至战国的中国概称为早期国家,或更精确地称之以早期中国,这在大体上是适当的。

以上诸论或许并非新见,但之所以要不厌其烦地加以介绍并略加评述,是因为对古礼来说,其变革正是早期中国之脉动的反馈。由此,本书之探讨的目标也已清晰地揭示出来,即结合早期中国之国家形态的演化考察古礼的发展历程,此亦为"题解"之目的所在。

---

① 参见沈长云、张渭莲:《中国古代国家起源与形成研究》,第149页。

三、史料

毋庸赘言，在中国古代的各种学术流派中，儒家对礼的重视程度显然是最高的，因此大量记载古礼的主要书籍基本上都是儒家经典。在这些经典中，与礼制关系最为密切的当属被总称为"三礼"的《仪礼》《礼记》《周礼》，但本书却选择以春秋三传为论述的基础，这是由本书的目的决定的。上文已指出，本书意欲"结合早期中国之国家形态的演化考察古礼的发展历程"，这必然涉及古礼对时人的影响及其最终走向。在前者，《左传》因其对历史事件的细致描绘而比"三礼"更具史料优势；在后者，如前所述，《公羊传》与《穀梁传》比其他文献更为集中地揭示了古礼被改造的两个路径。这样看来，选择春秋三传为基本资料，并主要以"三礼"、金文等其他资料为辅助来迫近本文的目的，似乎也是合理的。由于本书的主体部分还将随着对古礼之思考的推进，就使用春秋三传为基本史料的理由作出进一步解释，故此处不再对此问题详加陈述。不过，为了确保本书的观点建基于可靠的史料基础之上，对春秋三传、"三礼"之成书年代及"三礼"相互关系的说明仍然是必须完成的重要任务。至于金文资料的断代，由于它们分别被铸于不同的青铜器上，因此只能在下文的论述中就有所涉及者逐一加以解说。

（一）《左传》

有关《左传》的作者及成书年代，古往今来的学者们提出了众多不同的观点。《史记·十二诸侯年表》曰："鲁君子左丘明……故因孔子史记具论其语，成左氏春秋。"中唐以后学者对此提出疑义，并否定左丘明作《左传》之说。宋元时,又有学者宣称《左传》成书于战国年代。清初顾炎武以为《左传》非一时一人之作,清后期至近代的刘逢禄、康有为等人则主张该书为西汉刘歆之伪作。① 瑞典汉学家高本汉(Bernhard Karlgren)以《左传》之文法的前后一致性等为据否定刘逢禄、康有为之说,并指出《左传》在焚书之前就已存在。② 杨伯峻先生在为《左传》作注时总结了各家的看法,颇为详实地说明了该书的作者非左丘明,并根据《左传》所载预言的实现与否而将其成书年代断定为公元前403年至公元前389年之间。③ 目前,学界通说基本认同杨氏的结论,但在成书时间上则略为放宽至战国中期之前。

基于学界通说对《左传》之成书时间的此种界定,有一个问题需要专门从《左传》辨伪的诸问题中抽取出来略加分析,此即该书所载内容是否为春秋时代的史实。日本学者小仓芳彦先生在其著作《中国古代政治思想研究:〈左传〉研究ノート》的第一部分"德·赂·质·夷"中先通过对"德"的字义变化的考察指出,《左传》的内容可分为三部分:第一部分大体忠实地叙述了春秋时代的史实;第二部分以编纂者之语的形式对历史的经过及意义予以展开,其中多少掺杂了作者个人对历史的理解;第三部分为对春秋史实的概括和评论。随后,小仓氏又凭借对"赂、质、夷"之字义变化的探讨,对其三

---

① 对此处所提及的康有为及前所述诸种观点,参见顾德融、朱顺龙:《春秋史》,上海人民出版社2003年版,第3—4页。
② 参见〔瑞典〕高本汉:《左传真伪考及其他》,陆侃如译,商务印书馆1936年版,第58—59页。
③ 参见杨伯峻编著:《春秋左传注》,中华书局1990年版,"前言",第29—41页。

分法予以加固。① 以小仓氏的分类为基础,平势隆郎先生进一步将《左传》的构成部分界定为八个。② 由此看来,所谓的三分法或八分法其实都表明,《左传》的记载不能完全被视为春秋史事的再现,毋宁说是带有一定的建构性的。但是,同样值得重视的是高木智见先生的下面一段言论:

> 史官世袭继承,随侍于上至周王、诸侯,下至大夫、士的当时的统治阶层周围,以文字或口头传承记录他们的言行。将如此蓄积的史官记录加以整理集成的《左传》基本可被视为春秋时代历史状况的反映。稍作思考的话,不可思议的是,在《左传》中,超过两千几百年前的王侯与臣下的对话以恰似实况录音一般真实的口吻被传达,且当时的人们的行动如现场所见的那样被具体地描述。对此,当然要考虑到编集《左传》者的文笔,但在想到具备作如此记述之条件的史官,亦即在统治阶层身边普遍存在并记录其一切行动的史官时,这也可被视作极为自然之事。③

---

① 参见〔日〕小仓芳彦:《中国古代政治思想研究:〈左伝〉研究ノート》,青木书店1970年版,第57—61页。
② 这八个部分包括(1) 经文引用:与《春秋》经文一致的部分;(2) 经文换言、故事:内容上与《春秋》经文相同的部分,可能为故事的一部分;(3) 经解:附《春秋》经文的解说部分,与《公羊传》《榖梁传》"解经"的文体相似;(4) 故事的原始素材:内容和文体都与《国语》相同的部分,描述部分除外;(5) 故事中的描述:故事部分中的描述;(6) 说解:附故事的解说部分,与《公羊传》《榖梁传》的"解经"文体相似;(7) 凡例:以"凡……"开始的部分;(8) 君子曰:有"君子曰""君子谓""君子"等开始的部分。参见吕静:《春秋时期盟誓研究:神灵崇拜下的社会秩序再建构》,上海古籍出版社2007年版,第24页。
③ 〔日〕高木智见:"春秋左氏伝——歴史と法の源流",载〔日〕滋贺秀三编:《中国法制史基本资料の研究》,东京大学出版会1993年版,第68页。

这就是说,鉴于《左传》之记事的详细程度和身临其境感,即便其字里行间透露出了作者的某种史观,①且如"君子曰"等文句很可能是作者本人对史事的评价,也应当认为《左传》对史事的描述是以春秋年代史官的文字记录为根据整理而成的,甚至不能排除其部分内容为史官所写文字之直接摘抄的可能性。如此一来,若略带谨慎地以《左传》为分析春秋时代之社会、政治问题的史料,似乎不会有太大的错误,这大概也是学者们看待《左传》之史料价值的一般态度。②

(二)《公羊传》

有关《公羊传》之传承与成书,《春秋公羊传解诂》徐彦疏引"戴宏序"曰:

> 子夏传与公羊高,高传与其子平,平传与其子地,地传与其子敢,敢传与其子寿。至汉景帝时,寿乃与其弟子齐人胡毋子都著于竹帛,与董仲舒皆见于图谶。

这就是说,最初子夏将所谓"经义"传给公羊高,中经公羊平、公羊地、公羊敢三代,至景帝时由公羊寿与胡毋子都,"著于竹帛"而成书。对"戴宏序"所描绘的这段公羊学发展史,学者们早已有所怀疑。那么,问题点究竟何在?《史记·仲尼弟子列传》载:

---

① 参见朱腾:《汉代儒家法思想的形态与实践——以皇帝政治为视角的考察》,中国政法大学2010年博士学位论文,第67—68页。
② 如顾德融先生就指出:"《左传》记事详备,为研究春秋史的最重要的典籍……整体而言,比较翔实可信。"顾德融、朱顺龙:《春秋史》,上海人民出版社2003年版,第4页。

> 卜商,字子夏。少孔子四十四岁……孔子既没,子夏居西河教授,为魏文侯师。

孔子出生于公元前 551 年,子夏既"少孔子四十四岁",则当出生于公元前 507 年。又,孔子卒于公元前 479 年,而子夏是在孔子去世后才"居西河教授",因此他在开始传授孔门学问时应当为 30 岁左右。但是,因学识增长而形成较为系统的思想并终至声名鹊起显然是需要时间的,所以如果假定子夏在 40 岁左右时开始系统传授所谓《春秋》经义,那么"子夏传于公羊高"的时间大概就是公元前 468 年前后。汉景帝在位时间为公元前 156 年至公元前 141 年,即便公羊寿与胡毋子都是在景帝元年就把《公羊传》"著于竹帛",此距离"子夏传于公羊高"亦已有三百余年的时间,但其间居然只经历了四代,这意味着每两代的间隔都长达七八十年之久,且每位传授者都应活到近百岁或百岁以上,如此推论显然是不太可能的。对这一点,合理的解释似乎只有两种:其一,"戴宏序"所说的传承谱系遗漏了某些传授者;其二,《公羊传》的成书年代应早于景帝时期。对前者,《公羊传》中经常提到的"子沈子曰""子司马子曰""子女子曰"等词汇表明,在"戴宏序"所列传承谱系之外确实还存在着其他传授者;对后者,近年来,有学者根据秦末汉初《公羊传》之文句被频繁引用的现象推断,《公羊传》在西汉初年甚至更早就已有一个相对固定的文本。① 综合这两方面,似可认为,公羊学是在孔子去世之后产生并流传开来的,但由于传授者颇多,各种歧说遂逐渐形成;后又出

---

① 参见吴涛:《"术""学"纷争背景下的西汉〈春秋〉学——以〈穀梁传〉与〈公羊传〉的升降为例》,中国社会科学出版社 2011 年版,第 29—39 页。

现了一个采择诸说而较为固定的文本,至景帝时期,公羊寿与胡毋子都改进此文本而将其"著于竹帛"。当然,这一推断未必准确,但可以肯定的是,《公羊传》在西汉初年甚至其前就已颇具影响,其思想很可能是在战国年代逐渐形成的,因此如以《公羊传》为史料分析战国时人改造已崩解之古礼的思路,这大体上是适当的。

(三)《穀梁传》

相比于《公羊传》,《穀梁传》的传承谱系及成书年代更为含混不清。唐人杨士勋在为《春秋穀梁传》作疏时说:"穀梁子名俶,字元始,鲁人,一名赤,受经于子夏,为经作传,故曰《穀梁传》。传孙卿,孙卿传鲁人申公,申公传博士江翁。其后鲁人荣广大善《穀梁》,又传蔡千秋,汉宣帝好《穀梁》,擢千秋为郎,由是《穀梁》之传大行于世。""戴宏序"所云公羊学在汉之前的传承尚有数代,杨士勋疏所云穀梁学的传承则从子夏经穀梁子,而直接到了身处战国末年的荀子,其疏漏之处自不待言。更有意思的是,唐时穀梁子之名不限于"穀梁俶"与"穀梁赤"二者,还有"穀梁喜""穀梁嘉""穀梁寘""穀梁淑"等四个,穀梁子本人遂亦被披上层层面纱。再则,因为穀梁学以汉宣帝的喜好而一度兴盛,此前似乎并无太大影响,所以在成书时间上,学者们多以《穀梁传》为春秋三传之末,并将其断在汉景帝时代之后。①

事实上,在穀梁学传授史上占据关键地位的穀梁子唯有一人,众多名讳只不过是后世在考证穀梁子为何人时提出的种种推测,而这些推测又都没有十足的证据,因此对《穀梁传》的断代问题来说,真正有意义的并非穀梁子的真名,而是穀梁子的生活年代。王先谦

---

① 参见顾德融、朱顺龙:《春秋史》,第6页。

《汉书补注》曾提出一种值得注意的观点:"《元和姓纂》一屋'穀梁'姓下引《尸子》云:穀梁俶传《春秋》十五卷。按尸子为六国时人,见闻较确,则以名俶是也。"显然,王氏之说指出了尸子与《穀梁传》的关联性,而《穀梁传》也确曾引"尸子曰"①。除此之外,皮锡瑞《经学通论》之四《春秋》又论道:"名赤见《新论》……后《左氏》百余年,年代不能与子夏相接,而与秦孝公同时颇合。"这是把穀梁子的生活年代界定为秦孝公时期了。尸子与商鞅同时,商鞅又是孝公时代人,所以王、皮二氏之言实际上是指向同一个结论的。前文所引杨士勋疏又提到穀梁子为荀子先师,荀子生活于孝公之后,这似乎亦可证明穀梁子为孝公时代人的相对可信性。不过,由于《穀梁传》曾引"穀梁子曰",如《穀梁传》为穀梁子自作,则穀梁子即便要表达自己对史事的评论,也大可不必特意加以标识,因此《穀梁传》的成书当在孝公时代之后。②

　　尽管如此,将《穀梁传》的成书年代断在汉景帝之后又未免过于保守了。近年来,学者们一直都在强调,《穀梁传》的流行远在汉朝成立之前,其著于竹帛而成为定本则在汉初。③ 吴涛博士更明确地指出了西汉初年的陆贾、贾谊及韩婴都曾在其著作中援引《穀梁传》之言的事实,并认为将《穀梁传》书于竹帛者很可能是出于荀子门下

---

　　① 《春秋穀梁传·隐公五年》传文就提到:"《尸子》曰:'舞《夏》,自天子至诸侯皆用八佾。初献六羽,始厉乐矣。'"
　　② 有关这一点,参见浦卫忠:《春秋三传综合研究》,文津出版社1995年版,第192—193页。
　　③ 参见浦卫忠:《春秋三传综合研究》,第154页;谢金良:《穀梁传漫谈》,顶渊文化事业有限公司1997年版,第1—37页;徐复观:《两汉思想史》(第三卷),华东师范大学出版社2001年版,第153页。

的汉初儒生浮丘伯。① 综合上述学者的观点,似乎可以对穀梁学的传承状况与《穀梁传》的成书年代作如下概括:子夏所言《春秋》经义经若干年传到穀梁子;当时此类学说已较为流行,而穀梁子又将其传于荀子,荀子再传于其门人,至汉初《穀梁传》被书于竹帛而成书。应当承认,如前文对公羊学之传承与《公羊传》之成书年代的推测一样,此处的结论难言完全准确,但《穀梁传》反映了战国时期尤其是战国中后期的思想这一点,大体上是可以肯定的。② 因此,如以《穀梁传》为史料,考察战国时人在对古礼的改造上提出了何种不同于《公羊传》的思路,这大概也是可行的。

(四)"三礼"

有关"三礼"的成书年代,除了今本《礼记》基本被认定为最初由西汉戴圣亦即小戴纂辑之外,《仪礼》与《周礼》的复杂程度可谓各不相同。《仪礼》原说出于周公旦,但后学已考证此说为不可信。目前,学界一般认为《仪礼》成书于春秋至战国年间,实为记载作为古礼之残存的春秋时代礼制的重要史料。③ 与《仪礼》相比,古今学者们对《周礼》之成书年代的认识更为繁杂。据彭林先生总结,大致有六说:① 周公手作,② 作于西周,③ 作于春秋,④ 作于战国,⑤ 作

---

① 参见吴涛:《"术""学"纷争背景下的西汉〈春秋〉学——以〈穀梁传〉与〈公羊传〉的升降为例》,第241—248页。陈苏镇先生也曾作出类似的推论,因其未详加展开,故此处正文仅论及吴氏之说。参见陈苏镇:《〈春秋〉与"汉道":两汉政治与政治文化研究》,中华书局2011年版,第135—136页。

② 赵伯雄先生也曾明确指出,尽管准确说出《穀梁传》的作者是颇为困难的,但把它归为先秦《春秋》学的文献总是毫无疑问的。参见赵伯雄:《春秋学史》,山东教育出版社2004年版,第54—56页。

③ 参见顾德融、朱顺龙:《春秋史》,第9页;陈戍国:《中国礼制史》(先秦卷),第28页。

于周秦之际,⑥刘歆伪造。① 彭氏本人则按照《周礼》之主体思想的基本特征,将其成书时间断为汉初。② 事实上,这些观点可谓各有其理,亦各有其难以解释之处。③ 因此,在《周礼》的断代问题上,相对稳妥的做法是遵从学界的通说,即此书之写定不晚于西汉早期,其内容主要是西周至战国的先秦官制。④

以"三礼"各自的成书年代及其内容来看,"三礼"相互间的关系其实是较为清晰的。《仪礼》保存了古礼的残存信息,而《礼记》则是对《仪礼》所载礼制之内在含义的解说。对这一点,朱熹早已有所阐发:

> 《仪礼》,礼之根本,而《礼记》乃其枝叶。《礼记》乃秦汉上下诸儒解释仪礼之书,又有他说附益于其间。今欲定作一书,先以《仪礼》篇目置于前,而附《礼记》于后。如射礼,则附以射义,似此类已得二十余篇……今士人读礼记,而不读仪礼,故不能见其本末。(《朱子语类》卷八十四《礼一》"论修礼书")

对金文资料极为熟稔的刘雨先生也指出,《仪礼》所记载的礼制是可以得到金文资料的证实的,所以认为《仪礼》真实地反映了春秋时代以来古礼的基本面貌是适当的,亦可以这种古礼为阶梯进一步迈向西周古礼。⑤ 由此观之,对本书的探讨来说,《仪礼》的史料价值显

---

① 参见彭林:《〈周礼〉主体思想与成书年代研究》,中国人民大学出版社2009年版,第3—6页。
② 参见彭林:《〈周礼〉主体思想与成书年代研究》,第166—186页。
③ 参见杨天宇:《周礼译注》,上海古籍出版社2004年版,"前言",第16—17页。
④ 参见顾德融、朱顺龙:《春秋史》,第8—9页。
⑤ 参见刘雨:《金文论集》,第146页。

然高于《礼记》。至于《周礼》，其内容尽管与礼制密切相关，却带有过多的理想成分，因此在考察古礼时，该书也只能作为《仪礼》的辅助来使用。

上述文字已对史料问题作出简要说明，以此为基础，下文将以古礼的双重品格为起点层层推进，以期实现"题解"部分所设定的目标。

第一章 《左传》所见古礼的双重性格

绪论部分已暗示,礼是中国传统文化的重要组成部分,传统则由各个历史时期累积而成,因此礼不是一成不变的,而是它置身其间的特定时代背景的缩影。日本学者高木智见先生曾对中国古代史的发展阶段作出了这样的界分:"夏、殷、周三代为'原中国';秦到清为'传统中国';民国以后为'现代中国'。但是在原中国和传统中国之间有春秋战国时代这个过渡期……实际上春秋时代与战国时代有很大的不同。因此作为过渡期的春秋战国时代,可以严密划分如下:春秋时代浓郁地残存有其以前时代的特征,因此应该看作是原中国的完成期或终末期;而战国时代则可以定义为传统中国理论的形成初期,即初始期。"① 此语像绪论一般点明,在文化风貌上,上古三代与秦汉之后存在着巨大的差异,穿插其间的则是春秋战国时期。对前者,春秋为其尾声;对后者,战国为其起始。与此相适应,对秦汉之后的礼制而言,从原始时代延续下来并至周代集其大成的古礼无疑是一个异质物,而本章所欲阐述的则正是在早期中国之国家形态的变化中游动的古礼的内在精神。不过,必须指出,有关古礼的研究在相当程度上受到了史料的制约。身处春秋年代的孔子

---

① 〔日〕高木智见:《先秦社会与思想:试论中国文化的核心》,何晓毅译,上海古籍出版社 2011 年版,第 4—5 页。

虽明知"殷因于夏礼,所损益,可知也;周因于殷礼,所损益,可知也",却不得不感慨"夏礼,吾能言之,杞不足征也;殷礼,吾能言之,宋不足征也。文献不足故也,足则吾能征之矣"[①]。对今日的研究者而言,尽管大量出土资料的发现提供了研究古礼的良好条件,但我们仍无足够的信心宣称,我们对资料的掌握必定胜于孔子。而且,在对史料所蕴含的文化信息的理解上,我们也未必强于身临其境的孔子。所以,对有文字记载之前的历史,学者们只能凭借聚落遗址、墓葬规格、陪葬物等历史痕迹粗线条地描述其礼制;对商周,学者们一方面沉醉且受困于对甲骨文、金文的五花八门的释读,另一方面又通过对《仪礼》《周礼》等传世文献的精耕细作来描绘过于静态的礼制图像。但是,这并不意味着有关古礼的研究无法再向前推进。事实上,春秋时代为上古三代文化的残存阶段,以春秋时代的礼制为线索迂回地迫近古礼的大致状况,似乎是一种颇为可取的考察古礼的方法。在这一点上,基于《左传》对春秋史事的详细记载,下文就将以《左传》为基础并结合相关史料分析古礼的内在精神。

第一节　古礼的双重性格:等级与对等

古礼的内在精神究竟为何?如果要先行给出答案的话,那就是古礼包含着双重性格即等级与对等,以下将分述之。

[①] 《论语·八佾》。

一、等级

毋庸赘言,法史学界在探讨礼时最为强调的或许是礼为等级的载体。此种论述尽管是以秦汉之后的礼法观为典型展开的,但实际上也适用于古礼。考古资料显示,在大汶口文化早期墓葬中,基于社会阶层之别而出现的墓葬规格的差异已然出现,至其晚期则更甚。到龙山时代,不仅大中小型墓葬迥然有别,各自陪葬物的数量及精美程度差异明显,而且大中型墓中往往葬有玉钺、石钺、石磬等象征地位和权力的物件。[①] 这些都表明,在远古时代的聚落中,等级分化作为当时社会的组织形式已通过礼制而初步形成,其影响力波及文明时代。如在殷商时期,据学者对殷墟西区墓的分析,墓室面积从 $1\,m^2$—$45\,m^2$ 不等,随葬物或有或无,且有随葬物者的随葬器具(如觚、爵等)搭配也有所不同,部分墓还存在人殉现象,其数量少则1人多则12人。[②] 这说明殷商时代通过礼制来划分社会等级的做法已相当成熟。至西周,作为古礼之集大成的周礼则更为全面地设计了适用于不同等级的礼制:于丧葬礼,西周比殷商更强调陪

[①] 有关远古时代各文化类型之墓葬出土情况的详细论述,参见卜工:《文明起源的中国模式》,第125—130页;沈长云、张渭莲:《中国古代国家起源与形成研究》,第188—212页;苏秉琦主编:《中国远古时代》,上海人民出版社2010年版,第113—235页;曹建墩:《先秦礼制探赜》,第1—27页;许倬云:《西周史》,生活·读书·新知三联书店2012年版,第21—31页。

[②] 参见朱凤瀚:《商周家族形态研究》,天津古籍出版社2004年版,第121—136页。

葬礼器的规律性组合，尤以用鼎制度①为其特征；于射礼，各等级行礼者所射之侯即射靶亦有差异②；于祭礼，天子可祭天下山川，诸侯则祭境内山川。凡此种种，不一而足。如果说西周社会是一个等级社会，而周礼则是等级的制度化，这恐怕是不过分的。至春秋年代，周礼的等级意味仍渗透于社会生活中。鲁隐公五年（公元前718年），鲁惠公夫人仲子之庙初成，隐公将行祭礼，故就祭礼所用万舞的执羽人数向众仲咨询，众仲曰：

> 天子用八，诸侯用六，大夫四，士二。夫舞所以节八音而行八风，故自八以下。③

此语无非是说，执羽人数不同，祭祀场景的隆重程度亦有区别，因此各等级只能享用与其等级相适应的祭礼。又，鲁宣公十六年（公元前593年），晋侯使士会即范武子调和王室纠纷，周定王遂以享礼待士会，席间令奉上肴烝（即节解牲体连肉带骨置于俎）。士会不明其理，定王云：

> 季氏，而弗闻乎？王享有体荐，宴有折俎。公当享，卿当宴，王室之礼也。④

---

① 所谓用鼎制度是指，贵族生前须据其等级享用鼎、簋等礼器，死后亦随葬与其身份相合的礼器。参见陈戍国：《中国礼制史》（先秦卷），第216—217页。
② 《周礼·天官·司裘》云："王大射，则共虎侯、熊侯、豹侯，设其鹄。诸侯，则共熊侯、豹侯。卿大夫，则共麋侯。皆设其鹄。"
③ 《左传·隐公五年》。
④ 《左传·宣公十六年》。

士会深以不知礼为耻,"归而讲求典礼,以修晋国之法"。上述二例仅仅是随意摘录的,实际上《左传》中揭示礼尚等级的事例相当多。① 正因为此,《左传》将礼制与等级间的关系概括为"名位不同,礼亦异数,不以礼假人"②,社会众人之间的上下区分也因此而被描述为"天有十日,人有十等,下所以事上,上所以共神也。故王臣公,公臣大夫,大夫臣士,士臣皂,皂臣舆,舆臣隶,隶臣僚,僚臣仆,仆臣台。马有圉,牛有牧,以待百事"③;直至鲁哀公二年(公元前493年),赵鞅即赵简子仍以等级地位的提升作为奖赏手段,"克敌者,上大夫受县,下大夫受郡,士田十万,庶人工商遂,人臣隶圉免"④。

尽管古礼与秦汉之后的礼一样蕴含着等级精神,但这并不是说二者可以等量齐观。相反,二者之间存在着巨大差异,最根本的区别在于古礼所指向的等级是固定的,而秦汉之后的礼所欲维护的等级向不同阶层开放。美国学者墨菲(Robert F. Murphy)在其著作《文化与社会人类学引论》中提到了拉尔夫·林顿(Ralph Linton)对社会地位的两种界分:"有一些天生授予我们或至少生来就预定好的地位,其余的是我们在变幻莫测的生活中获得或至少是无意中获得的。林顿把后者叫做'获致地位'(achieved statuses),而前者则称为'归属地位'(ascribed statuses)。"⑤可以说,古礼是归属地位的

---

① 如《左传·庄公十八年》:"十八年春,虢公、晋侯朝王,王飨礼,命之宥,皆赐玉五毂,马三匹。非礼也。"《左传·僖公十二年》:"王以上卿之礼飨管仲,管仲辞曰:'臣,贱有司也,有天子之二守国、高在。若节春秋来承王命,何以礼焉? 陪臣敢辞。'王曰:'舅氏,余嘉乃勋,应乃懿德,谓督不忘。往践乃职,无逆朕命。'管仲受下卿之礼而还。"
② 《左传·庄公十八年》。
③ 《左传·昭公七年》。
④ 《左传·哀公二年》。
⑤ 〔美〕罗伯特·F. 墨菲:《文化与社会人类学引论》,王卓君、吕迺基译,商务印书馆1991年版,第61页。

强化剂,秦汉之后的礼则是获致地位(除了帝王家这种基于出身而形成的阶层之外)的形象化展示。那么,古礼尤其是作为其典型的周礼为何会有如此固定甚至近于僵化的等级精神呢?

王国维先生在概括殷周制度的区别时指出:"周人制度之大异于商者,一曰立子立嫡之制,由是而生宗法及丧服之制,并由是而有封建子弟之制、君天子臣诸侯之制;二曰庙数之制;三曰同姓不婚之制。"①这段评论以周人的制度创造为焦点,也指出了古礼与固定等级紧密相连的原因,即以嫡长子继承制为基础的宗法分封制。众所周知,据嫡长子继承制,只有嫡长子才能继承其父的身份、爵位或官职,其余诸子则被出封以为封地的始祖。这样,在天子、诸侯、卿大夫、士等各阶层之间就出现了逐级向下分封的做法,如《左传·桓公二年》所载:

> 天子建国,诸侯立家,卿置侧室,大夫有贰宗,士有隶子弟,庶人、工、商,各有分亲,皆有等衰。是以民服事其上而下无觊觎。

由此,宗法分封制又衍生出了另一种更为有趣的文化现象,即姓氏之别。《左传·隐公八年》曾提及如下事件:

> 无骇卒。羽父请谥与族。公问族于众仲。众仲对曰:"天子建德,因生以赐姓,胙之土而命之氏。诸侯以字为谥,因以为族。官有世功,则有官族,邑亦如之。"公命以字为展氏。

有关众仲之语,杨伯峻注曰:

---

① 《观堂集林》卷第十《史林二·殷周制度论》。

> 《国语·齐语》韦注云："胙，赐也。"《韵会》云："建置社稷曰胙。"……此谓天子封诸侯，既因其所由以赐之姓，又封以土地而命之氏。如周封舜后于陈，赐姓曰妫，命氏曰陈……此谓诸侯子大夫，以其字为其谥，而其后人因之以为族姓。以字为族者，多用于公族。当时之制，诸侯之子称公子，公子之子称公孙，公孙之子不可再称公孙，乃以其祖父之字为氏……谓以先世有功之官名为族姓……谓以先世所食之采邑以为族姓。①

可见，对某一血族来说，姓是其所有成员的共同标志，但在血族之一支被分封或该血族成员世居某官、某邑后，命氏就为此支系或血族添上了新符号，甚至氏标识族别的显著性逐渐超过了姓。② 如此，王、诸侯、卿大夫、士各有其姓或氏，姓、氏的差别自然也就意味着由宗法分封制而形成的社会等级的上下位阶，姓、氏的不断传承则使以血缘为内在机理而建构起来的等级秩序成为了世人所认可的习惯。

上文只不过是从抽象层面论述了周礼欲严格维护的等级，但各个等级的持续存在必然要依赖于该等级对特定经济、政治权利的享有，这也是宗法分封制的应有之义。那么，被分封者究竟获得了什么样的经济、政治权利？所谓"授民授疆土"这一分封制度的核心内容又该作何理解？在这一点上，宜侯夨簋铭文值得特别注意。

> 唯四月辰在丁未，(王)省武王、成王伐商图，徣省东国图。王立于宜，入大饗。王令虐侯夨曰："迁侯于宜。"赐瓚鬯一卣，

---

① 杨伯峻编著：《春秋左传注》，第 61—62 页。
② 童书业先生就指出："氏或称为'族'；'族'是'氏'的实体，'氏'是'族'的标志。"童书业：《春秋史》，上海古籍出版社 2003 年版，第 72 页。

商瓒(戟),彤弓一,彤矢百,旅公十,旅矢千,赐土:厥甽三百□,厥□百又□,厥宅邑卅又五,厥□百又四十。赐在宜王人□□又七姓,赐郑七伯,厥庐□又五十夫,赐宜庶人六百又□六夫。宜侯矢扬王休,作虡公父丁尊彝。①

有关这篇铭文的断代,陈邦怀、唐兰、陈梦家诸先生定为康王时器,郭沫若先生定为成王时器。从铭文提到武王、成王这两个谥号来看,当以康王说为宜。② 由于该簋为西周早期的器物,因此其记载的内容很可能较为真实地反映了分封的最初做法。该铭文的文义大体如下:某年四月丁未,康王查看武王、成王的伐商地图,又查看了殷东部地区的地图。康王到宜地,改令虞侯矢为宜侯,并赐予鬯和弓矢等物件,土地若干及宜地王人、庶人等民众。矢表示感谢,遂做器以为纪念。此处,"民"与"疆土"这两个分封的要素都出现了,而且庶人与田地同时被赐予的事实似乎只能理解为以所赐之庶人耕种所赐之田的意思。进一步的问题就是,土地经营方式如何。铭文中一处令人感到怪异的记载或许有助于对此问题的解答,这就是"赐宜庶人六百又□六夫"。按照通常理解,矢既已被封为宜侯或者说宜地的统治者,则宜地民众自然就被置于矢的统治之下,何必再赏赐? 费解之处的存在表明,当时的统治者对土地与民众的关系及土地经营方式显然有着独特的认识。朱凤瀚先生曾对西周的土地经营方式作出了这样的论述:"西周封建制度将附着于田土的耕作者与田土一起赐予贵族,实际上亦即建立起生产者对贵族土地所有者的人身依附关系。这种关系一旦建立,农民

---

① 中国社会科学院考古研究所编:《殷周金文集成释文》(第三卷),香港中文大学中国文化研究所2001年版,第452页。

② 参见王辉:《商周金文》,文物出版社2006年版,第59页。

便被束缚于封土内,要在贵族公田上服劳役,并交纳某些贡品,以供养贵族家族,他们还往往作为田邑的附属物而被贵族转让或赠送……服农役的直接生产者多是土著居民,他们所耕种的维持自己必要生活资料的土地(私田),并非由贵族在受封后,将封得的土地重新授予他们的,当时并没有对直接生产者授田的过程,只是由于封赐制度从法权上将他们所占有的耕地归属于贵族,使这些耕地以一种法律虚构的形式,在名义上成为贵族授予他们的私田。而在此种法权下,他们必须要以服农役的方式来为授予他们私田的贵族尽义务。"① 此结论极富洞察力,也有助于说明"赐宜庶人六百又□六夫"的深意,即将民与田同时赏赐的做法构建起了"普天之下,莫非王土;率土之滨,莫非王臣"② 的法权拟制,民能耕种私田是以他们无偿地为宜侯矢耕种公田和服农役为代价的,这就是宜侯矢所获得的经济权利。当然,宜侯矢簋所揭示的是分封诸侯的情形,至于诸侯如何分封卿大夫尚有待考证。不过,在周代,姬姓封国众多,其余封国亦多为姬姓的婚姻之国,而且"政府官员并没有定期的俸禄……只是不定期地给予其官员各种形式的赏赐,其中最重要的就是地产"③,因此有理由相信宜侯矢簋中的信息是适用于各级贵族的分封的④,《国语》即曰:

---

① 朱凤瀚:《商周家族形态研究》,第 326 页。
② 《诗经·小雅·北山》。
③ 李峰:《西周的灭亡:中国早期国家的地理和政治危机》,徐峰译,上海古籍出版社 2007 年版,第 107 页。
④ 朱凤瀚先生就认为:"当时贵族家族所受赐之封土上的田地多即以封土中的采邑为名,或以之为单位……说明当时的农田与邑关系密切。可以想见,这些农田当是以采邑为中心,分布于其周围。农田所以要围绕邑,是因为耕作农田的农人即居于这些邑中……当王或贵族赏赐下级贵族言'易田于某(邑)'时,即等于是说将这些邑与其周围的田全部赐予。因此可以推知,在这种情况下,虽然铭文没有直言赐予耕作者,但实际上在赐田邑时已将邑中的耕作者包括在内,一起作为赏赐物了。"朱凤瀚:《商周家族形态研究》,第 323 页。

"公食贡,大夫食邑,士食田,庶人食力,工商食官,皂隶食职,官宰食加。政平民阜,财用不匮。"①

各级贵族由于有其封地作为独立的经济来源,自然就可畜养私人政府和武装。这一点在春秋时代的卿大夫阶层中表现得尤为突出。《左传·宣公十七年》载:

> 十七年春,晋侯使郤克征会于齐。齐顷公帷妇人,使观之。郤子登,妇人笑于房。献子怒,出而誓曰:"所不此报,无能涉河。"献子先归,使栾京庐待命于齐,曰:"不得齐事,无复命矣。"郤子至,请伐齐,晋侯弗许。请以其私属,又弗许。

郤克即郤献子虽身为晋国重臣,却身形略驼,走路一瘸一拐。齐顷公居然在谈论国政之时,许其母萧同叔子于帷帐之后观看郤克的走姿,并终至大笑,这未免过于儿戏,郤克的愤怒也确实是可以理解的。但是,在晋侯不许郤克讨伐齐国的情况下,郤克竟提出以其私属即私人武装去讨伐当时的大国,这种豪气恐怕是以其私人武装的强大为前提的。除此之外,《左传》在记录春秋战争的时候也屡次提到卿大夫的私人武装:

> 吴伐楚。阳匄为令尹,卜战,不吉。司马子鱼曰:"我得上流,何故不吉。且楚故,司马令龟,我请改卜。"令曰:"鲂也,以其属死之,楚师继之,尚大克之。"(《左传·昭公十七年》)
>
> 六月,丙子,越子伐吴,为二隧。畴无余、讴阳自南方,先及郊。吴大子友、王子地、王孙弥庸、寿于姚自泓上观之。弥庸见姑

---

① 《国语·晋语四》。

蔑之旗,曰:"吾父之旗也。不可以见仇而弗杀也。"大子曰:"战而不克,将亡国。请待之。"弥庸不可,属徒五千,王子地助之。乙酉,战,弥庸获畴无余,地获讴阳。(《左传·哀公十三年》)

不用说,周王需要诸侯国的支持,拥有独立经济来源和私人武装的卿大夫阶层同样是王室或各国诸侯所倚赖的对象,他们在政治上的重要地位也是毋庸置疑的,所谓世卿世禄即为其证明[1],而且有时

---

[1] 有关世卿世禄制,通说将其解释为职位或爵位上的父死子继。不过,金文资料显示的情况与通说有所差异。如,虎簋铭文曰:"隹(唯)卅年四月初吉甲戌,王才(在)周新宫,各(格)于大(太)室。密叔内(入)右虎即立(位),王乎(呼)入(内)史曰:'册令(命)虎。'曰:'䚃乃且(祖)考事先王,䚃(司)虎臣,今令(命)女(汝)曰:更(赓)乃且(祖)考……女(汝)毋敢不善于乃政……'虎敢拜稽首……虎用乍(作)文考日庚𤯌毁,子孙其永宝用,夙夕(享)于宗。"王翰章、陈良和、李保林:《虎簋盖铭简释》,《考古与文物》1997 年第 3 期。"更(赓)乃且(祖)考"一语显然指明,虎将担任的职务不同于其父之职。此种现象在曶鼎铭文中也有所展现:"唯王元年六月既望乙亥,王在周穆王大(室,王)若曰:'曶,令女更乃祖考䚃卜事,赐女赤⊖(市□)用事。'"中国社会科学院考古研究所编:《殷周金文集成释文》(第二卷),香港中文大学中国文化研究所 2001 年版,第 414 页。由此,李峰先生对世卿世禄制的通说提出了质疑:"我相信我们可以看到西周时期政府职位的世袭继承是怎样进行的,而且其实际情况要比简单的子承父位复杂得多。一般来讲,这里并没有官职与仕途家庭之间一对一的对应关系,因此这为周王(或高级官员)控制任命过程留有余地。同样,年轻官员不仅是其父职位的候选者,而且他们面前也有担任其他职位的新机会,这取决于周王的决定。即使这样,他们仍将自己看作为其父和祖的职位的继承者。这种情况促使我们重新思考西周政府服务的本质以及该制度中世袭权利可以让一个人做到什么等等问题。很可能的情况是,世袭权利仅作为一个人进入政府服务的资格(qualification),而不是担任其父、祖之前相同职位的绝对权利(exclusive right),至少在他仕途刚刚开始的阶段是这样。西周国家的政府服务,如同许多其他古代社会一样,是一个充满机会和挑战的职业,它承诺社会精英中的年轻者以更好的政治和经济的未来,亦即韦伯所说的'一个特殊的社会尊重'(a distinct social esteem)。"李峰:《西周的政体:中国早期的官僚制度和国家》,吴敏娜等译,生活·读书·新知三联书店 2010 年版,第 199 页。在他看来,所谓世卿世禄并不是指父子间直接的职位继承,而是指子可在父去世后获得任职的资格,今后的仕途仍有赖于他自身的能力和业绩,因此西周时代已存在包含晋升可能性的官僚制度。不过,以笔者愚见,尽管此种质疑明确了资格与实际任职之间的差异,但仍不足以从本质上否定世卿世禄制,因为资格也只是特定阶层的子嗣才能享有而非向各阶层开放的。

一国甚至会因为存在这样的贵族而对他国产生强大的威慑力。鲁昭公五年（公元前537年），晋韩宣子与叔向因晋楚通婚而送晋女至楚，楚灵王却以晋为其敌国而欲羞辱二人。楚臣薳启强谏曰：

> 韩起之下，赵成、中行吴、魏舒、范鞅、知盈；羊舌肸之下，祁午、张趯、籍谈、女齐、梁丙、张骼、辅跞、苗贲皇，皆诸侯之选也。韩襄为公族大夫，韩须受命而使矣。箕襄、邢带、叔禽、叔椒、子羽，皆大家也。韩赋七邑，皆成县也。羊舌四族，皆强家也。晋人若丧韩起、杨肸，五卿八大夫辅韩须、杨石，因其十家九县，长毂九百，其余四十县，遗守四千，奋其武怒，以报其大耻，伯华谋之，中行伯、魏舒帅之，其蔑不济矣。君将以亲易怨，实无礼以速寇，而未有其备，使群臣往遗之禽，以逞君心，何不可之有？①

此语一出，楚灵王立刻表示"不谷之过也，大夫无辱"。楚灵王态度的转变以实例证明了强有力的卿大夫阶层对于一国之存续的价值，但与此相应的是此类贵族必然成为上位贵族的潜在威胁，所以他们更加重视其官爵及与之相伴的封邑的保有。如宋国司城公子荡去世后，其子公孙寿预见到宋国将因宋昭公无道而陷入混乱，为了避免其整族受牵连，公孙寿辞去司城一职而由其子荡意诸担任。公孙寿向他人解释其做法的一番话颇耐人寻味：

---

① 《左传·昭公五年》。

> 君无道,吾官近,惧及焉。弃官则族无所庇。子,身之贰也,姑纾死焉。虽亡子,犹不亡族。①

可以说,正是因为当时的贵族极为清晰地知道其官爵及封邑对其自身之地位维持的重要性且竭尽全力地维系此二者,所以除了王室和诸侯长久存续之外,不少公族或非公族卿大夫也能"保姓受氏,以守宗祊,世不绝祀"②。如鲁国的季氏就有颇为冗长的世系:

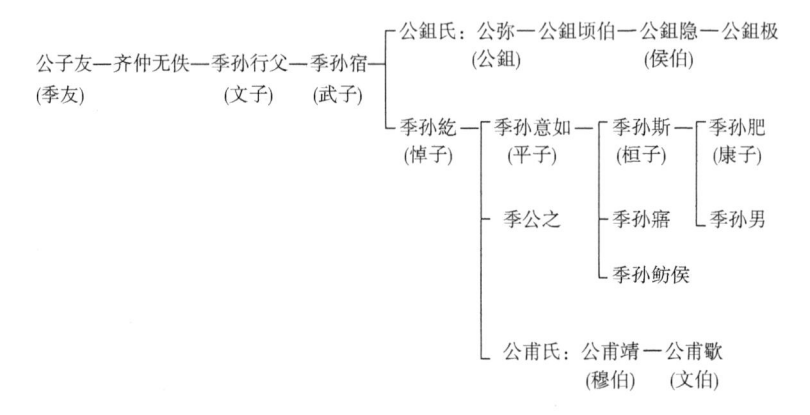

```
公子友—齐仲无佚—季孙行父—季孙宿─┬─公鉏氏:公弥—公鉏顷伯—公鉏隐—公鉏极
(季友)        (文子)      (武子)  │         (公鉏)              (侯伯)
                                  │
                                  ├─季孙纥─┬─季孙意如─┬─季孙斯─┬─季孙肥
                                  │ (悼子) │  (平子)  │ (桓子) │ (康子)
                                  │        │          │        │
                                  │        ├─季公之    ├─季孙寤 └─季孙男
                                  │        │          │
                                  │        │          └─季孙魴侯
                                  │
                                  └─公甫氏:公甫靖—公甫歜
                                           (穆伯)  (文伯)
```

图一　春秋时代鲁国季氏的世代传承③

又,晋国赵氏的世系也毫不逊色:

---

① 《左传·文公十六年》。
② 《左传·襄公二十四年》。
③ 何怀宏:《世袭社会:西周至春秋社会形态研究》,北京大学出版社 2011 年版,第 112 页。

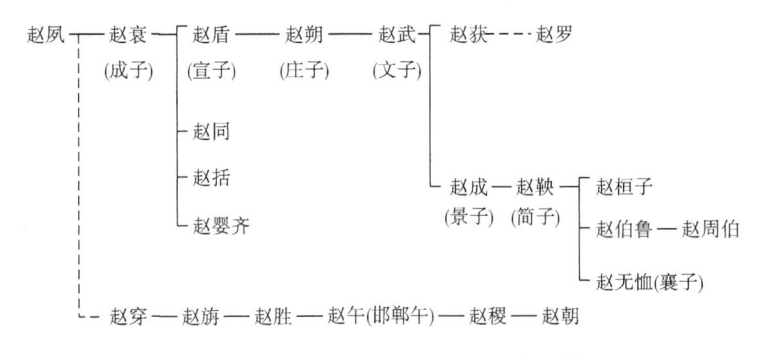

```
赵夙—赵衰—┬赵盾——赵朔——赵武—┬赵狄---赵罗
        (成子)│(宣子) (庄子) (文子)│
             ├赵同                  │
             ├赵括                  │
             └赵婴齐                └赵成—赵鞅—┬赵桓子
                                   (景子)(简子)├赵伯鲁—赵周伯
                                              └赵无恤(襄子)
  └-赵穿——赵旃——赵胜——赵午(邯郸午)——赵稷——赵朝
```

图二　春秋时代晋国赵氏的世代传承①

这两张图似乎解明了公孙寿那番话的耐人寻味之处，并间接揭示了以嫡长子继承制为基础的宗法分封制的现实根源。也就是说，贵族们能够长久且固定地维持自己的社会地位，是因为只要其行为符合礼制，他们的实力可以在相当程度上保证其上位贵族不能随意地剥夺其地位，而等级在其下者当然也无法轻易地挑战他们的地位。

如果要对以上论述稍作总结，或可在血缘、礼制与等级之间建立起这样的逻辑关系，即个体因与分封者的血缘亲疏关系之别而获得各自的等级，民众、土地等现实要素则保证个体能在社会的上下位阶中维持自身的地位，以强化血缘的等级意义，礼制又规定了各等级的行为准则并成为等级的外在标志。② 由于血缘的亲疏关系是不可变更的，因此在古礼时代，个体的等级在出生之时就已被确

---

① 何怀宏：《世袭社会：西周至春秋社会形态研究》，第 122 页。
② 台湾学者管东贵先生也有类似的表述："周人封建制的特性是：政治组织跟血缘组织(宗法制)相结合，而以由血缘组织的运作所形成的'礼制'作为施政的准则。"管东贵："从秦皇到汉武历史急遽震荡的深层含义——论中国皇帝制的生态"，载侯仁之主编：《燕京学报》(新十四期)，北京大学出版社 2003 年版，第 2 页；后收入管东贵：《从宗法封建制到皇帝郡县制的演变：以血缘解纽为脉络》，中华书局 2010 年版，第 130 页。不过，管氏并未对隐藏于血缘关系背后的现实根据作太多强调，留了了些许遗憾。

定且固定化，个体如欲追求等级上的变化，则只能在现实力量上寻求突破，这正是春秋时代礼制变更的助动力之一。

二、对等

所谓对等意指在行礼时，参与者应遵守礼制并通过礼仪行为使各方处于相当的实际境遇中。关于这一点，法律史学界几乎少有论及。究其原因，最根本的在于，法律史学界对既有史料的解读尚未达到见微知著的程度。那么，既有史料如何展示古礼的所谓对等精神？此处仍将以《左传》为起点展开论述。

《左传》以细腻的笔调记录了春秋时代列国内外的激烈变动，而战争为推动此种变动的重要原因，所以《左传》对战争的描述是相当丰富的，[①]也在多处提及从上古三代尤其是周代残存下来的军礼。如，出征之前，君主要在祖庙发布命令、分发兵器，[②]还要祭社并在祭祀结束后将祭祀所用之肉颁赐于诸人以示神灵降福的共享；[③]若凯旋而归，则有振旅、饮至、献俘献捷之礼，即整顿军队、祭告于祖庙并饮酒庆祝，向王或侯伯告捷，如战败方为夷狄，还需向王或侯伯敬

---

① 据统计，有关征伐的内容占《左传》文字总体的百分之四十。参见〔日〕高木智见："关于春秋时代的军礼"，载刘俊文主编：《日本中青年学者论中国史》（上古秦汉卷），姚荣涛、徐世虹译，上海古籍出版社1995年版，第132页。该文原题为"春秋时代の軍礼について"，载《名古屋大学東洋史研究報告》第11号。
② 《左传・隐公十一年》载："郑伯将伐许，五月甲辰，授兵于大宫。"《左传・庄公八年》亦云："八年春，治兵于庙，礼也。"
③ 《左传・闵公二年》曰："帅师者受命于庙，受脤于社，有常服矣。"杨伯峻注："脤，《说文》作'祳'，云：'社肉，盛之以蜃，故谓之祳。'……此出兵前受脤之事。古代出兵祭社，其名为宜。祭毕，以社肉颁赐诸人，谓之受脤。"

献夷俘。① 当然,对于古礼的对等精神而言,最值得注意的是征伐过程中的行为。

首先,在双方正式交战之前,犒师似乎是一种习惯性做法。但犒师不是为休整军队以收以逸待劳的效果:其犒师对象并非本方军队而是对方军队。《左传·僖公二十六年》就说:"夏,齐孝公伐我北鄙……公使展喜犒师。"正义曰:"犒者,以酒食饷馈军师之名也。"服虔云:"以师枯槁,故馈之饮食。"显然,犒师的目的是,使对方的军队得到修整,并向对方表示本方已做好堂堂正正作战的准备,以免胜之不武。正因为此,鲁僖公三十三年(公元前627年),秦国欲攻打郑国,途经滑国。郑国商人弦高为解救本国的危难,乃以牛十二犒师并指出:

> 寡君闻吾子将步师出于敝邑,敢犒从者,不腆敝邑,为从者之淹,居则具一日之积,行则备一夕之卫。②

随后,又使人回本国通报秦军来攻的消息。最终,秦军以为"郑有备矣,不可冀也",只能"灭滑而还"。在此事中,弦高的爱国与机敏值

---

① 这方面的记载颇多,如《左传·僖公二十八年》曰:"丁未,献楚俘于王,驷介百乘,徒兵千。郑伯傅王,用平礼也。"又云:"城濮之战……秋七月丙申,振旅,恺以入于晋。献俘授馘,饮至大赏,征会讨贰。杀舟之侨以徇于国,民于是大服。"《左传·成公二年》亦载:"晋侯使巩朔献齐捷于周,王弗见,使单襄公辞焉,曰:'蛮夷戎狄,不式王命,淫湎毁常,王命伐之,则有献捷,王亲受而劳之,所以惩不敬,劝有功也。兄弟甥舅,侵败王略,王命伐之,告事而已,不献其功,所以敬亲昵,禁淫慝也。今叔父克遂,有功于齐,而不使命卿镇抚王室,所以来抚余一人,而巩伯实来,未有职司于王室,又奸先王之礼,余虽欲于巩伯,其敢废旧典以忝叔父?夫齐,甥舅之国也,而大师之后也,宁不亦淫从其欲以怒叔父,抑岂不可谏诲?'士庄伯不能对。"
② 《左传·僖公三十三年》。

得赞许,但其计谋能够成功的前提还在于,当时存在着通过犒师使敌方达到与本方相当之作战状态的应战习惯。其次,在正式交战之后又有致师行为。鲁宣公十二年(公元前597年),晋楚之间爆发邲之战,楚许伯、乐伯及摄叔三人"致晋师":

> 许伯曰:"吾闻致师者,御靡旌,摩垒而还。"乐伯曰:"吾闻致师者,左射以菆,代御执辔,御下两马,掉鞅而还。"摄叔曰:"吾闻致师者,右入垒,折馘,执俘而还。"皆行其所闻而复。晋人逐之,左右角之。乐伯左射马,而右射人,角不能进,矢一而已。麋兴于前,射麋丽龟。晋鲍癸当其后,使摄叔奉麋献焉,曰:"以岁之非时,献禽之未至,敢膳诸从者。"鲍癸止之曰:"其左善射,其右有辞,君子也。"既免。①

可见,所谓致师乃指本方的武勇之士冲入对方阵营拼杀,以炫耀武力、鼓舞士气的行为,晋鲍癸的评论则表明时人对孔武有力者持赞许态度,"君子"并非熟习诗书的文人,而是拥有尚武精神的武士。出于对尚武精神的推崇,时人也反对在战争中乘人之危。在这方面,最有名的例子无过于宋襄公的仁义之举。

> 冬十一月己巳朔,宋公及楚人战于泓。宋人既成列,楚人未既济。司马曰:"彼众我寡,及其未既济也,请击之。"公曰:"不可。"既济而未成列,又以告。公曰:"未可。"既陈而后击之,宋师败绩。公伤股,门官歼焉。国人皆咎公。公曰:"君子不重

---

① 《左传·宣公十二年》。

伤,不禽二毛。古之为军也,不以阻隘也。寡人虽亡国之余,不鼓不成列。"①

在后人看来,宋襄公的做法未免过于迂腐,但"古之为军也"一语指明宋襄公只不过是在严格遵守自古以来就已存在的军礼。此种古礼主张,"君子"为战应在阵列布置妥当后进行,不能对已受伤的敌人再予以打击,不能擒拿黑发、白发相间的老者,亦不能凭借险要地势攻击敌人。这对以兵道为诡诈之术的后世兵家来说,显然是不可理解的。然而,时人却以此为习惯,认为自己尊重敌方并希望单纯依凭武勇战胜敌方,敌方也应如此对待自己。《左传·文公十二年》又记载了这样一个事例:

> 十二月戊午,秦军掩晋上军,赵穿追之,不及。反,怒曰:"裹粮坐甲,固敌是求,敌至不击,将何俟焉?"军吏曰:"将有待也。"穿曰:"我不知谋,将独出。"乃以其属出。宣子曰:"秦获穿也,获一卿矣。秦以胜归,我何以报?"乃皆出战,交绥。秦行人夜戒晋师曰:"两君之士皆未憖也,明日请相见也。"臾骈曰:"使者目动而言肆,惧我也,将遁矣。薄诸河,必败之。"胥甲、赵穿当军门呼曰:"死伤未收而弃之,不惠也;不待期而薄人于险,无勇也。"乃止。秦师夜遁。复侵晋,入瑕。

此处,胥甲、赵穿二人的言辞可谓是宋襄公之语的翻版,而秦人能从战场上撤退,自然是因为他们意识到时人仍尊重军礼对双方都准备

---

① 《左传·僖公二十二年》。

妥当方可交战这一精神的强调,并自觉地利用着这一规范。宋襄公等为贯彻军礼的对等精神贻误战机,华豹则为对等而殒命。鲁昭公二十一年(公元前521年),在宋国华氏内乱中出奔的公子城携晋师回本国救乱,华豹在战场上遇到公子城,二人之间遂出现如下场景:

> 华豹曰:"城也!"城怒而反之,将注,豹则关矣。曰:"平公之灵,尚辅相余。"豹射,出其间。将注,则又关矣。曰:"不狎,鄙!"抽矢。城射之,殪。①

华豹在第一箭未中的情况下欲连续射第二箭,却因公子城的呵斥而停止,并将攻击的机会拱手让给公子城以致身死疆场。不用说,公子城的呵斥能够起作用的原因就在于,在当时尚武的"君子"们的观念中,战场上的射箭是一来一往的对等性行为,即使这样做会让自己陷入不利境地,也在所不惜。

通过上文的论述,可以看出,从上古三代尤其是周代残存下来的军礼将战事界定为交战双方在相当状态下最大程度地展示武勇的君子行为,战争的目的并非纯粹为了杀戮,所以对交战双方来说,以相互尊重、共享同样待遇为内容的对等精神是应当予以肯认的。问题的关键在于,时人为何要遵守以对等相尚的军礼。对此,日本学者高木智见曾试图在其论文"关于春秋时代的军礼"中作出解答。首先,他简要地指出,春秋时代的士兵源于具有自身的价值观且以参战为权利与义务的国人以上阶层,他们在日常生活中以礼为实践准则,在战场上自然也会以礼制精神为尚。紧接着,高木氏又详细

---

① 《左传·昭公二十一年》。

论道,当时的军事行为多涉及祖先神,如前文注释中曾提到的出征前的"受命于庙""授兵于大宫"等,出征时携带的祖先牌位,作战时的军门排列、旌旗指挥及军鼓鼓舞等,因此他将当时战争的本质概括为祭祀集团相互间的较量。与此同时,由于在时人的观念中,祖先神只接受同血族人的祭祀,亦即"神不歆非类,民不祀非族"①,而断了血食的祖先则将变成厉鬼到处作乱②,因此时人既竭诚供奉自己的祖先,也不希望断绝他人的祖先祭祀。也就是说,时人对本族祖先与他族祖先抱以共同尊重,礼制中的对等意识遂由此衍生出来,军礼的实施情形即为一例。③

为了增强其观点的说服力,高木氏在此后的论文"关于春秋时代的聘礼"中以聘礼为焦点,进一步论证了祖先祭祀与礼的对等精神的关联性。所谓"聘礼"是聘国派遣聘使携君主交代的话语、玉圭及币三者出使主国,传达及转让此三者的仪式性行为;若出使成功,将持主国作为返礼所赠之币及其归还的玉圭返回,并在归国后反命即向君主报告出使情况。《左传》既为对春秋诸国之内外生存环境

---

① 《左传·僖公十年》。

② 有关这方面的记载,如《左传·昭公七年》云:"郑子产聘于晋。晋侯疾,韩宣子逆客,私焉,曰:'寡君寝疾,于今三月矣,并走群望,有加而无瘳。今梦黄熊入于寝门,其何厉鬼也?'对曰:'以君之明,子为大政,其何厉之有?昔尧殛鲧于羽山,其神化为黄熊,以入于羽渊,实为夏郊,三代祀之。晋为盟主,其或者未之祀也乎?'韩子祀夏郊,晋侯有间,赐子产莒之二方鼎。"又云:"郑人相惊以伯有,曰'伯有至矣',则皆走,不知所往。铸刑书之岁二月,或梦伯有介而行,曰:'壬子,余将杀带也。明年壬寅,余又将杀段也。'及壬子,驷带卒,国人益惧。齐、燕平之月壬寅,公孙段卒。国人愈惧。其明月,子产立公孙泄及良止以抚之,乃止。子大叔问其故,子产曰:'鬼有所归,乃不为厉,吾为之归也。'"

③ 参见〔日〕高木智见:"关于春秋时代的军礼",载刘俊文主编:《日本中青年学者论中国史》(上古秦汉卷),姚荣涛、徐世虹译,第142—152页。

的记录,对作为外交礼节之一的聘礼自然也多有提及。① 遗憾的是,《左传》并未详细描述聘礼的实际场景。所幸作为有关周礼的相对可信材料,《仪礼》的"聘礼"篇弥补了这一缺憾。据《仪礼·聘礼》,聘礼的仪注可谓相当复杂甚至近于繁琐:

(1) 决定和任命宾,并在出发前一天将币交给宾。

(2) 出发当天,于朝时将装于椟中的玉圭交给宾,同时告知将对访问国国君转达的话语。如此准备后出发。

(3) 途中,如经过第三国,要取得该国的通行许可,并预先演练聘礼中最重要的仪节——聘、享中的威仪行为。

(4) 宾一行到达诸国的国境后要对关人告知来意,从此时至到达国都住所间,要三次确认币与玉圭的存在。

(5) 宾一行至近郊时,对主国来说,须使卿持币实行"郊劳"亦即对宾的慰劳仪式。但是,由于郊劳的实施场所是作为宾之住所的公馆,因此聘礼中的宾主立场暂时发生逆转,宾为主且主国之卿为宾而行礼。

(6) 随后,宾一行到达国都,主国以"不腆先君"云云之语表示欢迎,其意是指与祖先之灵一起迎接。

(7) 聘的当天,主国之君自行迎出至大门,并引导宾进入大门、雉门、庙门。在进入各门时,宾主相互间三次揖让。如此,整个聘礼的高潮部分到来。亦即,宾在庙堂上向主国国君传达聘国国君之命以及玉圭。此一仪节就被称为"聘"。紧接着就是赠币仪式即"享",此仪节通过揖、让而互示敬意。如果

---

① 参见〔日〕高木智见:"春秋时代の聘禮について",《東洋史研究》第47卷第4号。

除了聘、享之外,宾对主国有所通告、请求或询问,则在享礼后借揖让而行。于是,主国国君招待宾的仪节接续其后,君向宾揖让并赠予醴及币。然后,宾以个人身份持币见主国国君,国君受之以客礼而非臣礼。在聘、享、主君礼宾、私觌等一系列最重要仪式完成后,宾退出。君自行送宾,此时问聘国君及重臣之安否,并再次慰劳宾的辛苦。

(8) 此后,主国国君命卿至宾的宿舍赠送食物,其场所如郊劳一般在宾的宿舍,宾主关系则转变为宾为主,主国之卿为宾,并通过揖让表示互敬之意,而宾则对主国之卿赠币以示慰劳。上述仪节完成后,主国国君令卿着与自己接受白圭时相同的服装,并将宾从聘国带来的玉圭返还至宾的宿舍。并且,为了表示对聘、享的回报,对聘国的国君呈送相应的赠物。

(9) 宾一行将踏上归途之时,主国国君亲自到宾的住所,宾则滞留于近郊并接受主国再次赠予的币。

(10) 完成使命的宾一行禳除途中的不祥之后进入本国,于朝时执返还的玉圭及主国作为返礼而赠送的币向本国国君反命,并将此类物件交给本国国君。①

对上述礼仪,高木氏首先注意到了其中的三个问题点:第一,用以互示敬意的揖让非常频繁地实施;第二,对一方的赠予,他方一定会提供作为返礼的赠予,而且,不仅赠予的频率均等,赠予的量也几乎均等;第三,宾主关系并非固定,而是依场合而互换。从这三个问题点

---

① 有关聘礼仪注的更详细描述,参见〔日〕高木智见:《春秋時代の聘禮について"》,《東洋史研究》第47卷第4号。

出发,高木氏认为:"在互施聘礼的诸侯间存在着礼的秩序、赠予上的互酬性以及立场上的互换性。因此……此种诸侯关系并非单方面的、片面的支配与被支配关系,其间体现出交互派遣使者和改换宾主立场的'对等'关系。即使是立足于因现实的实力均衡而出现的上下支配关系来考察,聘礼的前提仍然是宾与主相互间'对等'关系的存在。"①然而,高木氏的思考并未驻足于此。他极为敏锐地把目光投向在聘礼实施过程中由聘使敬呈主国国君且最终由主国国君命卿返还给聘使的玉圭。他借鉴林巳奈夫的观点指出,诸侯在分封之际所得的圭、璧并不是单纯的瑞节,而是可据以在封地降神且支撑祭祀、盟誓的重要器物。正因为圭、璧的作用如此重要,所以在聘礼中,玉圭是需要返还的;也正因为玉圭是众神尤其是祖先神的依凭,聘礼所反映的其实是聘国及主国的祖先神与现实当事者共同参与的礼制场景,是神人一体化的"对等"性举动的汇集。② 此一论断可谓极富洞察力,它不仅使后学明了《左传》中经常提到的以圭、璧为立誓或祈祷器具的相对合理原因③,而且从军礼之外的另一侧面确认了礼的对等精神根源于祖先祭祀这一点。

事实上,除了军礼及聘礼,《左传》中涉及礼的对等精神的记载还有不少:当一国国君或夫人去世时,该国要将消息告知他国,其盟

---

① 参见〔日〕高木智见:"春秋時代の聘禮について",《東洋史研究》第47卷第4号。
② 同上。
③ 如《左传·僖公二十四年》载:"及河,子犯以璧授公子,曰:'臣负羁绁从君巡于天下,臣之罪甚多矣。臣犹知之,而况君乎?请由此亡。'公子曰:'所不与舅氏同心者,有如白水。'投其璧于河。"又如《左传·文公十二年》云:"秦人欲战……秦伯以璧祈战于河。再如《左传·襄公十八年》曰:"晋侯伐齐,将济河。献子以朱丝系玉二瑴,而祷曰:'齐环怙恃其险,负其众庶,弃好背盟,陵虐神主。曾臣彪将率诸侯以讨焉,其官臣偃实先后之。苟捷有功,无作神羞,官臣偃无敢复济。唯尔有神裁之!'沉玉而济。"

国甚至王都会派使者来赠送车马束帛以助葬①,邻国国君当为该国之丧撤乐②,他国对该国的攻伐也因丧而自动停止③;当新国君登基时,该国同样要将消息告知他国,他国则或朝或聘以续旧好④;当一国发生饥荒、内乱时,本国须告知他国,他国应提供救助,霸主之国则更是如此⑤;当一国与他国会盟时,该国亦当告知,⑥如因出使或军事行动而须经过他国,则应借道(如上文仪礼中的仪注所示)。正因为这些记载都对礼的对等精神有所反映,高木氏遂在其著作《先秦社会与思想:试论中国文化的核心》中强调,祖先祭祀从根本上规定了先秦社会的基本性格:"当时的社会,以祭祀祖先为纽带,由祭祀祖先的集团构成。在这些集团中,祖先神与现世人互相存在的根据,是在祭祀与生命的相互依存关系的基础上,所有课题都相互共有。在此意义上,当时社会可以看作是人神共同体。在这里,各个共同体,亦即自己本族的存亡是至高无上的命题。这样的祖先观念

---

① 《左传·隐公元年》就说道:"秋七月,天王使宰咺来归惠公、仲子之赗……天子七月而葬,同轨毕至;诸侯五月,同盟至;大夫三月,同位至;士逾月,外姻至。"

② 《左传·襄公二十三年》载:"二十三年春,杞孝公卒,晋悼夫人丧之。平公不彻乐,非礼也。礼,为邻国阙。"

③ 《左传·襄公四年》云:"三月,陈成公卒。楚人将伐陈,闻丧乃止。"又《左传·襄公十九年》也说:"晋士匄侵齐,及谷,闻丧而还,礼也。"

④ 《左传·襄公元年》曰:"凡诸侯即位,小国朝之,大国聘焉,以继好结信,谋事补阙,礼之大者也。"

⑤ 《左传·隐公六年》载:"冬,京师来告饥。公为之请籴于宋、卫、齐、郑,礼也。"《左传·宣公十年》论道:"夏,齐惠公卒。崔杼有宠于惠公,高、国畏其逼也,公卒而逐之,奔卫……凡诸侯之大夫违,告于诸侯曰:'某氏之守臣某,失守宗庙,敢告。'所有玉帛之使者,则告,不然,则否。"又,《左传·僖公元年》曰:"凡侯伯,救患、分灾、讨罪,礼也。"

⑥ 《左传·隐公八年》载:"冬,齐侯使来告成三国。公使众仲对曰:'君释三国之图以鸠其民,君之惠也。寡君闻命矣,敢不承受君之明德。'"

和血族意识,从根本上规定了当时的社会和生活在该社会的人们。"①应当承认,高木氏的论证思路和论点展示了其深厚的史料功底及丰富的学术想象力,但在敬佩之余,似乎仍有些许问题值得商榷。最主要的是,以军礼和聘礼为例,如从根源意义上说,二者与祖先祭祀或血族意识密切相关,这或许是合适的,而高木氏一直强调的也正在于此;然而,如从具体仪注的角度出发,这种关联性未免显得过于间接,因为行礼者在战场上射箭或在外交仪式中进退揖让时,似乎难以频繁追思遥远的祖先。毋宁说,他们的习惯性举措在很大程度上受到了高木氏所简化或略谈的日常礼制实践的影响。如此一来,对高木氏的理论作出适当的修正似乎是必要的,而思考的主要方向则为,时人的日常礼制实践究竟如何,又与前文所述的战争、外交行为存在何种联系。下文将从士冠礼、蒐礼、射礼及士相见礼等四个方面略作考察。

1. 士冠礼。所谓士冠礼是指对男子加冠以示成年的礼仪。士冠礼要分三次加冠,分别为缁布冠、皮弁、爵弁。据杨宽先生研究,缁布冠表示授予加冠者"治人"的特权,意味着加冠者从此可"治民"和"治礼";皮弁表示加冠者将被武装以便从事田猎和战斗,因为加冠者成人后应当"与戎事";爵弁是一种祭服,无非表示加冠者从此有在宗庙中参与祭祀的权力。② 由于在当时,"国之大事,在祀与戎"③,因此"士冠礼"的举行表明加冠者已作为一名成年人员而被社会群体普遍接受,他已具有参与"大事"的大志,并将在今后的生活中实实在在地践习各种重要礼仪、体会诸礼的精神内涵。

---

① 〔日〕高木智见:《先秦社会与思想:试论中国文化的核心》,何晓毅译,上海古籍出版社2011年版,第53页。
② 参见杨宽:《西周史》,上海人民出版社2003年版,第781—789页。
③ 《左传·成公十三年》。

2. 蒐礼。所谓蒐礼最初即指田猎礼,兼具军事训练和演习的性质。之所以如此,是因为在原始时代,人们参战的武器是狩猎工具,作战方式也与集体围猎相同;至文明初期,尽管武器的进步与战法的提升不容置疑,但以狩猎为形式来演练军事的远古遗风仍被保存下来。① 蒐礼的仪注颇为复杂,可以分为两大部分,即前半部分的教练和检阅之礼、后半部分的借用田猎演习之礼。据《周礼·夏官·大司马》"中冬教大阅"②,前半部分礼的仪注大体包括:

(1) 建筑教场,树立标木:在场一边树立标木四根,叫做"表",以便校正军队行列和指挥其行动。

(2) 建旗集合,排列阵势:由司马建旗于后"表",作为集合信号,由群吏率领所属集合。至鸡鸣后、早食前,把旗收下,检点人员,排列阵势,全体坐下。

(3) 阵前誓师:由群吏在阵前听誓。宣誓前要斩牲。

(4) 教练进退和作战:由中军元帅击鼙(小鼓)指挥。元帅击鼙后,鼓人击鼓三次,司马振铎,群吏举旗,于是"车徒皆作"。等到鼙鼓打着"行"的音节,镯鸣,于是"车徒皆行",从末一根"表"前行到第二"表"为止。再经鼓人三鼓、司马振铎、群吏下旗,于是

---

① 参见杨宽:《西周史》,第 699—700 页。
② 《周礼·夏官·大司马》:"中冬,教大阅。前期,群吏戒众庶,修战法。虞人莱所田之野为表,百步则一,为三表,又五十步以为一表。田之日,司马建旗于后表之中,群吏以旗物、鼓、铎、镯、铙各帅其民而致。质明弊旗,诛后至者,乃陈车徒,如战之陈,皆坐。群吏听誓于陈前,斩牲以左右徇陈,曰:'不用命者,斩之。'中军以鼙令鼓,鼓人皆三鼓。司马振铎,群吏作旗,车徒皆作,鼓行,鸣镯,车徒皆行,及表乃止。三鼓,摝铎,群吏弊旗,车徒皆坐。又三鼓,振铎,作旗,车徒皆作。鼓进,鸣镯,车骤徒趋,及表乃止、坐、作如初。乃鼓,车驰徒走,及表乃止。鼓戒三阕,车三发,徒三刺,乃鼓退,鸣铙,且却,及表乃止,坐、作如初。"

"车徒皆坐"。接着,又由鼓人三鼓、司马振铎、群吏举旗,"车徒皆作"。等到鼟鼓打着"进"的音节,镯鸣,于是"车骤徒趋",这比"车徒皆行"要快些,从第二"表"前进到第三"表"为止。随后又如前一样"车徒皆坐",接着又如前一样"车徒皆作"。等到鼟鼓打着"驰"的音节,于是"车驰徒走","走"是"奔"的意思,这比"车骤徒趋"又要快些,从第三"表"向前驰奔到最前"表"为止。这样,就象征地到了最前线,于是鼓发出"戒"的信号三通,车上甲士就拉弓发矢三次,步卒用戈矛刺击三次,这样操练才算完毕。随后,鼓打着"退"的音节,鸣铙,车徒逐步退却,退到末一根"表"为止。①

至于后半部分的仪注,据《周礼》《穀梁传》及《毛诗正义》,②大致包括:

---

① 有关蒐礼前半部分仪注的更详细介绍,参见杨宽:《西周史》,第 694—695 页。
② 《周礼·夏官·大司马》:"以旌为左右和之门,君吏各帅其车徒以叙和出,左右陈车徒,有司平之。旗居卒间以分地,前后有屯百步,有司巡其前后。险野人为主,易野车为主。既陈,乃设驱逆之车,有司表貉于陈前。中军以鼟令鼓。鼓人皆三鼓,群司马振铎,车徒皆作,遂鼓行,徒衔枚而进。大兽公之,小禽私之,获者取左耳。及所弊,鼓皆駴,车徒皆譟。徒乃弊,致禽饁兽于郊,入献禽以享烝。"《穀梁传·昭公八年》:"秋,蒐于红。正也。因搜狩以习用武事,礼之大者也。艾兰以为防,置旃以为辕门,以葛覆质以为槷,流旁握,御鳖者不得入。车轨尘,马候蹄,揜禽旅,御者不失其驰,然后射者能中。过防弗逐,不从奔之道也。面伤不献,不成禽不献。禽虽多,天子取三十焉,其余与士众,以习射于射宫。射而中,田不得禽,则得禽。田得禽而射不中,则不得禽。是以知古之贵仁义,而贱勇力也。"又,《诗经·小雅·车攻》:"我车既攻,我马既同。四牡庞庞,驾言徂东。田车既好,田牡孔阜。东有甫草,驾言行狩。之子于苗,选徒嚣嚣。建旐设旄,搏兽于敖。驾彼四牡,四牡奕奕。赤芾金舄,会同有绎。决拾既佽,弓矢既调。射夫既同,助我举柴。四黄既驾,两骖不猗。不失其驰,舍矢如破。萧萧马鸣,悠悠旆旌。徒御不惊,大庖不盈。之子于征,有闻无声。允矣君子,展也大成。"毛传曰:"田者,大芟草以为防,或舍其中。褐缠旃以为门,裘缠质以为樴,间容握,驱而入,击则不得入。之左者之左,之右者之右,然后焚而射焉。天子发然后诸侯发,诸侯发然后大夫、士发。天子发抗大绥,诸侯发抗小绥,献禽于其下,故战不出顷,田不出防,不逐奔走,古之道也。"

(1) 建筑围猎场所：在猎场周围建有栅栏作为围墙，叫做"防"。

(2) 建置军舍与军门：军舍系临时拔除野草后建置，在军舍周围建有壁垒，叫做"和"。在"和"的东西两面用旗杆作为门柱，设有左右两个军门。

(3) 依次出军门，分列左右，排列成阵：阵势排列时，由有司端正其出入行列，由群吏执旗率领所属，划分区域而屯驻，每支以车徒分别为前后二屯。在较险的荒野以步兵为主，徒居前，车居后；在平易的荒野以车为主，车居前，徒居后。

(4) 猎场周围设置驱逆之车：目的在驱逐禽兽，使便于围猎，不逃出"防"外。

(5) 阵前立"表"祭祀，并誓师：立"表"祭祀叫"表貉"。"誓"中具体发布禁令，具有法律的性质。

(6) 进军狩猎：由中军元帅击鼙，鼓人三鼓，司马振铎，于是"车徒皆作"。等到鼓打着"行"的音节，"车徒皆行"。随后，车徒皆进，射击禽兽。按规定，追逐野兽不能出"防"，发射时应按等级为次序，否则将被认为失礼。按礼，射杀禽兽还应射中一定部分，要不伤面部，不损坏毛，完整地擒住。

(7) 凯旋：凯旋时，击鼓奏"馘"乐，车徒欢呼。

(8) 献禽：如同战胜后献俘一样，"取左耳"也和战争时取"馘"相同。

(9) 庆赏和处罚：如同战胜后的"饮至"一般，且须用军法处罚违命者。①

---

① 有关蒐礼后半部分仪注的更详细介绍，参见杨宽：《西周史》，第695—697页。

以上仪注确实令人很容易地联想到上古时代部族成员间群体协作、进退有序的狩猎行为,以及以此为依托的战争场面。由于在上古时代,部族人口有限,壮年男子的数量应该也不会太多,因此此类狩猎或战争场景很有可能是部族全体壮年男子都参与其间的。这样一来,部族首领或将借此机会商讨除战争之外的部族大事,蒐的功能遂趋于复杂化,这一点也在后世保存下来。《左传》多次提到蒐礼,其中有以狩猎及军事演习为目的者①,但更多的情形则指向远较此二者复杂的目的。如鲁僖公二十七年(公元前633年),宋国为楚国所围,晋国为救宋国而蒐于被庐,遂由此推行军制改革即"作三军"并遴选新元帅;又如鲁文公六年(公元前621年),晋蒐于夷,新任中军主帅赵盾因晋国军政合一的行政模式而在蒐礼进行中推出一系列改革措施和法度。有鉴于此,杨宽先生将蒐礼界定为"武装'民众大会'",并指出"这是当时国家用来巩固贵族组织、团结'国人'和加强统治的一种重要手段"。② 因此,对时人来说,即便蒐礼的仪注极为琐碎,蒐礼自身仍然是时人作为社会群体的一员必须时常操练的礼仪,否则其人的存在感将被削弱。

3. 射礼。射礼是古代贵族在习射时遵从的礼仪,其分类颇多,但最基本的是乡射礼与大射礼之别。不过,从射礼的基础礼节上说,这二者没有本质差异,区别只在于大射礼因主持和参与者地位较高,在场掌礼和服务人员的官职也较高,人数更多,故比乡射礼隆重,其礼节也更为繁复。射礼的主要程序是所谓的"三番射",据《仪

---

① 如《左传·桓公四年》:"四年春正月,公狩于郎。书,时,礼也。"《左传·桓公六年》亦云:"秋,大阅,简车马也。"
② 杨宽:《西周史》,第714—715页。

礼》①,其仪注大致可概括为:

【第一番射】

(1) 请射:由主人挑选一人掌管射事,叫做"司射"。当射礼正式开始时,由司射向来宾请射。

(2) 纳射器:由司射命令弟子送纳各种射器进堂,如弓、矢等,以便应用。

(3) 比三耦:由司射把挑选出来的弟子六人,相配成三组,每组有上射一人、下射一人,称为"三耦",即上耦、次耦、下耦。

(4) 张侯倚旌:此时,总管饮酒礼的"司正",改任为"司马",开始总管有关射礼的事务。命令弟子张"侯"(布制箭靶),命令"获者"(射中的报告员)取旌依靠在"侯"的正中,提请参与者注意。

(5) 迁乐:由乐正命令弟子帮助乐正把乐器迁到堂下,以便堂上行射礼。

(6) 俟射:由司射命令"三耦"接取弓矢,"三耦"都手执弓,腰带插矢三枝,手指挟矢一枝,前进而俟射。

(7) 诱射:司射作示范教学,叫做"诱射"。他将带弓矢升堂,把四矢依次尽发,然后把"扑"(教鞭)插在腰带,回到原位,指挥和监督射事。

(8) 命射:先由司马命令"获者"执旌背对"侯"而立;次由司射引导"上耦"升堂,合足俟射;再由司马命令"获者"执旌躲藏到"乏"(避矢用的小屏风)后,准备观察和报告射中情况;于

---

① 在今本《仪礼》中有"大射礼""乡射礼"两篇,因文字众多,此处不作具引。

是由司射发布发射命令说:"无射获,无猎获。"就是说:不能射中"获者",不能射到"获者"身旁。

(9) 三耦射:由"上耦"的"上射"先射,"下射"再射,各发四矢;接着"次耦"和"下耦"依次各发四矢。然后,司射将"扑"放下,升堂告宾说:"三耦卒射。"当"获者"见到有人射中"侯"的质的时,扬旌唱"获"。因为这番射是学习性质,虽然"获者"扬旌唱获,"释获者"(射中的统计员)并不用筹算统计,所谓"获而未释获"。

(10) 取矢委楅:由司马命令弟子把"楅"(箭囊)设置于中庭,搜求发射出来的矢,转到"楅"中。于是第一番射完毕。

【第二番射】参加者除了原来由弟子配合的"三耦"外,还有主人、宾和众宾参加,着重于射的比赛。

(1) 请射:如同第一番射。

(2) 比耦:由司射告于宾,再告于主人,使主人与宾配合成耦。接着,告于大夫,使大夫与士配合成耦,再使众宾配合成"众耦"。

(3) 三耦拾取矢:由原先的"三耦"依次到中庭,从"楅"中拾取矢,退回原位。

(4) 众宾受弓矢:众宾接受弓矢前进,继"三耦"之南,依次而立,俟射。

(5) 请释获:司射去"扑"升堂,向来宾"请释获",即计算射中次数而分胜负。随即命令"释获者"设置"中"(盛筹算的器具),并前往察看。"释获者"把"算"(筹算)八根插入"中"中,以便计算。如果行礼时,有人射中"侯"的质的,"获者"扬旌唱获,"释获者"就把"算"抽出一根以待统计,故称

"释算"。

(6) 命射：司射发布发射命令说："不贯不射。"即，如果不贯穿"侯"的质的，不能"释算"计数。

(7) 耦射：先由"三耦"射，次由宾和主人配耦而射，大夫配耦而射，众宾配耦而射。如果射中一次，则由"释获者"释放一根"算"于地，"上射"射中的放在右边，"下射"射中的放在左边。等到全体射毕，由"释获者"报告宾说"左右卒射"。

(8) 取矢委福：如同第一番射。对于大夫的矢，则用茅束在手所握处，加以保护。

(9) 数获：在司射监视下，"释获者"统计射中次数。先计算"右获"，即每耦中"上射"射中的次数；次计算"左获"，即"下射"射中的次数。再看左右两方谁所"获"的多，以"获"多的为胜。

(10) 饮不胜者：由司射命令弟子奉丰（安放爵觯的器座）升堂放置，由胜者弟子洗觯，安放在丰上，给不胜者饮酒。

(11) 献"获者"和"释获者"：由司马用爵献酒给"获者"，司射用爵献酒给"释获者"，以表示慰劳。

【第三番射】 参加人员与基本仪注都和第二番射相同，同样要"释获"，具有比赛性质，但比第二番射更进一步，射箭时要用音乐来节奏，射者必须按照音乐的节奏来行动和发射。①

---

① 有关三番射的更详细描述，参见杨宽：《西周史》，第717—721页。

根据以上仪注,可以看出,三番射虽有胜负,但并不以此为唯一目的,否则第一番射的演习与第三番射的奏乐就都没有存在的必要了。进一步说,在三番射中,几乎所有习射者都要帮忙布置比赛场地,比赛过程中又应遵循先后次序,胜者要为败者"饮酒"即敬酒,诸如此类举动都使射礼富含互敬互让的内在意识。如再考虑到第三番射的奏乐,则射礼真可谓礼乐文明的一个典型事例。《仪礼》的叙述并非纸面文章,在金文史料中确实提到了射礼,如静簋铭文云:

> 唯六月初吉,王在莾京。丁卯,王令静司射学宫,小子眔服、眔小臣、眔夷仆学射。雩八月初吉庚寅,王以吴㳄、吕剛燅蠶师,邦君射于大池。静教无尤,王赐静鞞瑑。静敢拜稽首,对扬天子丕显休,用作文母外姞尊簋,子子孙孙其万年用。①

该簋的断代被认为是穆王早年,②其意大概是说,静在学宫传授射艺,而六月、八月的两次射礼举行得很成功,所以王赏赐静,静做器以为感谢。《仪礼》所载的射礼应指陆上习射,因此金文资料显然提到了《仪礼》未能记载的事项,即"射于大池"③,但西周时代确曾实行过射礼则是毋庸置疑的。至于金文记录射礼的简略性,或可归因于金文的字数限制,或可归因于本篇金文的叙事目的本就不在于记

---

① 中国社会科学院考古研究所编:《殷周金文集成释文》(第三卷),第 386 页。
② 参见王辉:《商周金文》,文物出版社 2006 年版,第 99 页。
③ 在这一点上,《左传·隐公五年》的记录或可为"射于大池"的佐证:"五年春,公将如棠观鱼者……遂往,陈鱼而观之。"

录射礼,抑或可归因于在穆王早期射礼尚未发展至如《仪礼》所说的那样复杂的程度。然而,至春秋时期,《仪礼》所载以三耦对射为重要环节的射礼的实施则可谓毋庸置疑,如《左传·襄公二十九年》就记载:"范献子来聘,拜城杞也。公享之,展庄叔执币。射者三耦,公臣不足,取于家臣,家臣:展瑕、展玉父为一耦。公臣,公巫召伯、仲颜庄叔为一耦,鄫鼓父、党叔为一耦。"又如,孔子也曾说"君子无所争,必也射乎!揖让而升,下而饮,其争也君子"①。由此可知,射礼对时人的礼制修养的熏陶应当是实质性的,并造就了崇尚互相敬重且文质彬彬的君子们。

4. 士相见礼。顾名思义,士相见礼即士人相见时的礼节。据《仪礼·士相见礼》②,宾客初次会见主人时,必须执"贽",冬天执雉,夏天执腒即干雉,要"左头奉之"。会见时,宾奉"贽"入门左,主人再拜受"贽",宾再拜送"贽"。因为礼尚往来,主人照礼要回见。回见时,主人向宾客奉还其带来的"贽"。受贽和还贽二者可谓"士相见礼"的主要环节。若是士往见大夫,大夫地位较士为高,则不必回见,所以当士初次奉"贽"来见时,就应当场辞谢而不受。某士如曾任为大夫的臣属,则应按臣礼往见,要"奠挚再拜",即把"贽"安放在地上而不亲授;主人要待宾还出时,派"摈者"还其"贽"于门外。至于大夫相见,大体上与士相见礼相同,只是所用的"贽"不同。③ 可以说,在士相见礼中,作为礼物的"贽"是实质性的,也是礼仪性的。之所以是实质性的,是因为"贽"的差异体现了等级的差异;之所以是礼仪性的,是因为"贽"最终仍然被返还。在

---

① 《论语·八佾》。
② 因《仪礼·士相见礼》文字众多,此处不作具引。
③ 有关士相见礼的详细介绍,参见杨宽:《西周史》,第793—794页。

受贽和还贽的交互行为中,士相见礼所蕴含的互让意识也被展现出来。

上文颇为冗长地介绍了四种礼,如欲对此略作总结,则可认为,在古礼残存的年代,时人从其被认可为成年的时刻开始,就已被纳入由各种礼节编织而成的现实世界中。诸种礼节的极度繁琐、复杂是不消多说的,但如此而为却绝非毫无意义。蒐礼的田猎行为须在本方准备妥当、猎物也已进入猎场后进行,田猎中如猎物逃出猎场,则不能穷追;射礼中习射者须按序比赛,射完者当对下一位射箭者揖让、胜者当为败者敬酒以示尊重;士相见礼中"贽"经历了给予和返还的整个过程。诸如此类仪节无不展现出古礼对对等精神的强调,即使对方只是猎物(当然亦可说是假想的敌方),也应如此,后世儒家所说"亲亲而仁民,仁民而爱物"①或许正可谓古礼的道德化总结。若回转到前文对军礼及聘礼的考察,就可发现在前后所论诸礼之间确实存在着众多可类比之处:蒐礼对本方及猎物之准备状态的期待——"不以阻隘""不鼓不成列""不待期而薄人于险",对出逃猎物的放纵——"不重伤,不擒二毛",射礼对胜负双方间互敬的强调——公子城对华豹的呵斥,"贽"的收受与归还——聘礼中玉圭与币的往复给予等。这样看来,如果说战场上的军礼行为与聘礼是时人在日常生活中经常践习的蒐礼、射礼或士相见礼的扩大化,恐怕是不过分的。也正因为此,时人才会在战争或外交行为的各个环节中自觉或不自觉地去展示礼的对等精神。此结论正是对前文的探讨中高木氏诸论的补充。

在考察完古礼的双重性格之后,更多的问题又出现了。其一,

---

① 《孟子·尽心上》。

如以上文对士冠礼等四种礼的介绍为基础来界定此四种礼的性质，则与其说它们均为体系化的制度，毋宁说更像先民的真实生活状况或习俗的记录。进一步看，无论是像士冠礼那样使男子在成年后即为社会群体所熟悉和普遍认可，像蒐礼那样举行群体行动，还是像乡射礼那样用"乡"字限定行礼范围，此类礼仪行为都只能以相对狭小的地域空间和相对有限的人口数量为前提举行。那么，这样的地域空间究竟指什么？其二，尽管上述诸礼内含对等精神，但其中显然也蕴藏着等级精神，如田猎时参与者射猎物的前后顺序、大射与乡射之别、不同等级所用之"贽"的差异等等。确切地说，作为时人之行为规范的诸礼是在等级的设定之下追求对等，那么，二者究竟共享着何种背景以至于能够并存于同一套礼制中？带着这两个问题，下文将从地域空间入手分析古礼所赖以存在的国家形态。

第二节　邑与国家：古礼的践行空间

在既往学说中一直存在着一种理论倾向，即因王朝循环论的影响，早期中国的历史被纳入道德政治的评述框架中，故秦汉之后的国家形态也被附带地套用于早期中国之上，尤其是夏商周三代更被设想成地域广阔的统一王朝。但是，考古学界早已开始反思此种观点，如张光直先生就认为："我觉得我们过去对三代古代看法的两个元素，现在要经过根本性的修正。这两个元素，一是对三代的直的继承关系的强调……二是将三代一脉相承的文明发展看作在中国古代野蛮社会里的一个文明孤岛上孤立发展。"① 事实上,以考古学界的实地考察情况论,在国家诞生前的龙山文化时期,中国大地上就已星星点点地存在着众多聚落,且聚落中心都通过夯土墙而筑城。尽管其规模不算太大,时人对它的称呼亦不得而知,但其作为独立地域的意义则颇为明显,② 所以史书以"天下万邦"来概括上古时代或许是恰当的。至国家诞生后的三代,甲骨文、金文中还出现了"邑"字。该字在甲骨文、金文中均作"邑","从囗从人",杜正胜先生指出:"囗或作○,表示城墙,人居墙下曰邑。"③ 显然,"邑"字形象地指明,上古年代的筑城聚居现象在商周时期仍被保存下来。即使是周人的分封制度,也大都表现为受封者至一地筑邑并以邑为中心逐步扩张。④ 因此,在接续西周之后的春秋年间,各诸侯国的君臣多以"敝邑"来指称本国,无疑就是这些诸侯国的既往历史在后人观念中的遗痕。

---

① 张光直:《中国青铜时代》,第 66 页。
② 参见苏秉琦主编:《中国远古时代》,第 215—220 页
③ 杜正胜:《编户齐民:传统政治社会结构之形成》,联经出版事业公司 1990 年版,第 98 页。
④ 在这一点上,沈长云先生也认为:"按我国上古时期,包括夏商周三代的政治格局,也一直维持着'天下万邦'的局面……那么,我国夏商周三代众多的方国或邦国,与其稍前的'五帝'时期的邦国是否性质相同呢? 应当说,基本是相同的。除了西周时期通过周室分封建立起来的少数诸侯国(它们也仍称作'邦',不过应视作次生形态的邦)外,它们无论在外部形态和内部结构上并无大的差别。"沈长云、张渭莲:《中国古代国家起源与形成研究》,第 97 页。李峰先生也持大致相同的观点:"一个地方封国首先以它所占有的土地和人口为标志。在空间上,地方封国由一群散布的邑所界定……地方封国的人口富有多样性,而且存在典型的分层分级。它首先由一小群征服者,周人及其近属,依附于诸侯家族的社会权贵组成……在社会阶梯的最底部是大量的当地居民,他们是地方封国新的统治对象。"李峰:《西周的政体:中国早期的官僚制度和国家》,第 240 页。

表一　各主要诸侯国的君臣提及"敝邑"的场合

国别	言　论	出　处
卫	君若伐郑以除君害，君为主，敝邑以赋与陈、蔡从，则卫国之愿也。	《左传·隐公四年》
郑	请君释憾于宋，敝邑为道。	《左传·隐公五年》
晋	今虢为不道，保于逆旅，以侵敝邑之南鄙。	《左传·僖公二年》
楚	君惠徼福于敝邑之社稷，辱收寡君，寡君之愿也。	《左传·僖公四年》
鲁	寡君闻君亲举玉趾，将辱于敝邑，使下臣犒执事。	《左传·僖公二十六年》
郑	敝邑以侯宣多之难，寡君是以不得与蔡侯偕。	《左传·文公十七年》
宋	敝邑易子而食，析骸以爨。	《左传·宣公十五年》
齐	子以君师，辱于敝邑，不腆敝赋，诘朝请见。	《左传·成公二年》
曹	君唯不遗德刑，以伯诸侯。岂独遗诸敝邑？	《左传·成公十六年》
吴	寡君闻君将治兵于敝邑，卜之以守龟。	《左传·昭公五年》
燕	敝邑知罪，敢不听命？先君之敝器，请以谢罪。	《左传·昭公七年》

当然，在春秋年代，邑绝不只是某国的代称，一国的"国"即国都、"都"即国都之外的重要城市、"鄙"即城市之外的地域皆可称为

"邑",因此说邑是春秋列国的基本地域单位应该不会有太大偏差。① 由此看来,从商周至春秋,邑作为当时人口的分布点是不间断地存在的;考虑到上古时期与商周在筑城而居这一点上的共通性,邑这一名称或许对上古时期的城堡亦可适用。关键问题在于,在进入文明社会之后,邑的规模如何;邑的居民为何者;诸邑的地理分布形式又如何。

对第一个问题,在传世文献中,有一些记载提到了邑的人口规模:

> 九夫为井,四井为邑,四邑为丘,四丘为甸,四甸为县,四县为都。(《周礼·地官·小司徒》)
> 制五家为轨,轨有长。六轨为邑,邑有司。十邑为率,率有长。十率为乡,乡有良人。三乡为属,属有帅。(《管子·小匡》)
> 三十家为邑,邑有司;十邑为卒,卒有卒帅;十卒为乡,乡有乡帅;三乡为县,县有县帅;十县为属,属有大夫。(《国语·齐语》)

《周礼》以三十六夫为一邑,《管子》《国语》则以三十家为一邑。以此二者论,前者的数据未免过少,后者的数据相对来说略显合理。不过,无论如何,至少可以认为,在春秋时期,邑的规模并不大。这一点亦可通过《左传》的相关记载来证明:

---

① 有关以"邑"指称"国""都"及"鄙"的问题,参见〔日〕吉本道雅:"春秋国人考",徐世虹译,载刘俊文主编:《日本中青年学者论中国史》(上古秦汉卷),第87页。该文原文为"春秋国人考",《史林》第69卷第5号。

> 六月，公会晋赵武、宋向戌、郑良霄、曹人于澶渊以讨卫，疆戚田。取卫西鄙懿氏六十以与孙氏。（《左传·襄公二十六年》）
>
> 崔氏之乱，丧群公子。故鉏在鲁，叔孙还在燕，贾在句渎之丘。及庆氏亡，皆召之，具其器用而反其邑焉。与晏子邶殿，其鄙六十，弗受……与北郭佐邑六十，受。（《左传·襄公二十八年》）
>
> 仲至自齐，季孙欲立之。南遗曰："叔孙氏厚则季氏薄。彼实家乱，子勿与知，不亦可乎？"南遗使国人助竖牛以攻诸大库之庭。司宫射之，中目而死。竖牛取东鄙三十邑，以与南遗。（《左传·昭公五年》）

在上引史料中，各国当政者赏赐他人邑的数量达到数十，如果邑的规模宏大，如此厚重的赏赐恐怕是很难想象的。当然，上引《周礼》等史料所指向的基本都是分布于"鄙"亦即城市之外的邑，至于以邑为名称的城市自身的人口规模则不得而知。不过，从春秋时代的战争规模来看，有理由相信城市的人口数量也不至于过高。许倬云先生曾作过如下估计："虽然我们知道有时一次战役投入几百乘战车，但由于每辆战车的士兵数量没有记载，所以很难对投入军队的实际人数进行估算。每辆战车上有一名驾车手和两名武士。按照传统的说法，每辆战车配备72名步卒，但有理由相信这数字太高……每乘战车的士兵数量并不大，且很可能是5的倍数。如果我们假设每乘战车的徒兵为10人，加上车上的3名甲士，则史料记载春秋时期最大规模的军队，就是公元前589年参与齐晋鞌之战的晋国军队。晋国这支军队，有战车800乘，总人数估计有上万人：2400甲士和大约 8000 徒兵……基本可以说明春秋时期军队数量乃以千计,而鲜有上万者。"①前文已略有提及,在春秋时代,参战是国人以上的贵族阶层的权利和义务,并且春秋时期存在国野区分,城市则是贵族家庭的居住地,所以尽管不能排除个别特殊情况,但军队数量在相当程度上反映出城市的人口规模并不大。揆诸历史演进的一般认识,如果春秋时代邑的规模较小,那么,在此之前的殷周时代也不太可能遍布人口众多的邑。朱凤瀚先生曾估计武王伐纣时的周部族人口约为 15 万②,以当时邑的数量为分母,每一邑的人数之少显然是可以想象的。这表明从春秋时代的情况反推西周时代的大致状态,并非毫无根据的随意揣测。

那么,这种小规模邑的主要居民为何者?在这个问题上,张光直先生的观点极富洞察力:"整个青铜时代的基本社会单位是有城墙围绕的城邑;华北的黄土地貌上点布着数以千百计的这种城邑……青铜时代的城邑是建来维护宗族的权力的。中国古代社会是以社会人类学者称为'分支宗族'(segmentary lineages)的亲族系统为特征的。中国古代的父系氏族实际上是许多由系谱上说真正有血缘关系的宗族组成的;这些宗族经过一定的世代后分支成为大宗与小宗,各据它们距宗族远祖的系谱上的距离而具有大大小小的政治与经济上的权力。当宗族分支之际,族长率领族人去建立新的有土墙的城邑,而这个城邑与一定的土地和生产资源相结合。从规

---

① 许倬云:《中国古代社会史论——春秋战国时代的社会流动》,邹水杰译,广西师范大学出版社 2006 年版,第 79 页。除了许倬云先生提到的鄌之战的军队规模之外,当时其他战争的俘获数也有一定的参考价值,如《左传·宣公二年》就提到了郑宋之间的一场战争,作为战胜方的郑国的俘获数仅为"甲车四百六十乘,俘二百五十人"。

② 参见朱凤瀚:《商周家族形态研究》,第 239 页。

范上说,各级宗族之间的分层关系与各个宗邑的分层关系应该是相一致的。"①也就是说,邑的初始居民应当是某一血族。随着该血族的壮大,其分支又移动到一个新地区以建置新邑。这样一来,各个邑的居民主要由有共同血缘者构成。即使在西周分封初期,受封诸侯曾率领不同血族至封国定居②,但《左传·定公四年》所说的"启以商政""启以夏政"诸语表明,周人分封并未破坏当地的血族聚居状态及其生活习俗。如此一来,邑的居民就以祖先神为精神寄托一起参与祭祀、田猎及军事行动。③《左传·成公十三年》提到:"国之大事,在祀与戎,祀有执膰,戎有受脤,神之大节也。"杨伯峻注曰:"膰,祭祀宗庙之肉,祭毕,分与有关人员。"这可以说是颇为真实地展现了邑的居民通过"祀"与"戎"共享祖先福祉并借此加强血脉联系的古代社会习俗,而礼也就在此过程中逐渐衍生出来。

更值得玩味的是,现有文献显示,在西周、春秋年代,当王或

---

① 张光直:"中国考古学上的聚落形态——一个青铜时代的例子",载黄宽重、邢义田、邓小南总主编,王健文主编:《台湾学者中国史研究论丛·政治与权力》,中国大百科全书出版社2005年版,第2—3页。

② 《左传·定公四年》:"昔武王克商,成王定之,选建明德,以蕃屏周。故周公相王室,以尹天下,于周为睦。分鲁公以大路,大旂,夏后氏之璜,封父之繁弱,殷民六族,条氏、徐氏、萧氏、索氏、长勺氏、尾勺氏。使帅其宗氏,辑其分族,将其类丑,以法则周公,用即命于周。是使之职事于鲁,以昭周公之明德。分之土田倍敦,祝、宗、卜、史,备物、典策,官司、彝器。因商奄之民,命以《伯禽》,而封于少皞之虚。分康叔以大路,少帛、綪茷、旃旌、大吕,殷民七族,陶氏、施氏、繁氏、锜氏、樊氏、饥氏、终葵氏;封畛土略,自武父以南,及圃田之北竟,取于有阎之土,以共王职。取于相土之东都,以会王之东蒐。聃季授土,陶叔授民,命以《康诰》,而封于殷虚。皆启以商政,疆以周索。分唐叔以大路,密须之鼓,阙巩,沽洗,怀姓九宗,职官五正。命以《唐诰》,而封于夏虚,启以夏政,疆以戎索。"

③ 参见〔日〕增渊龙夫:《中国古代の社会と国家》,岩波书店1996年版,第335页。

诸侯对下位贵族赏赐邑及附属于邑之上的田地时，这些邑或田地并不是连成一片的。如，鲁隐公八年（公元前715年），"郑伯请释泰山之祀而祀周公，以泰山之祊易许田"①。其原因在于，周成王在营建王城时曾有迁都之意，故赐周公许田以为鲁君朝见周王时的朝宿之邑；至西周末年，郑桓公又因有功而被赐以祊田以为天子祭泰山时的助祭汤沐之邑；祊田近鲁，许田近郑，这导致二国领土互相交错，颇为不便。桓公元年（公元前711年），郑国终以璧"假许田"而完成了二邑的互换。不仅如此，田地或邑有时还是交易的对象。如，被认为是共王时器的五祀卫鼎铭文载：

> 唯正月初吉庚戌，卫以邦君厉告于邢伯、伯邑父、定伯、琼伯、伯俗父，曰厉曰："余执恭王䘏工，于邵大室东逆䇋二川。"曰："余舍女田五田。"正𤔲讯厉曰："女贮田不？"厉𤔲许曰："余审贮田五田。"邢伯、伯邑父、定伯、琼伯、伯俗父𤔲顑，使厉誓。𤔲令三有𤔲𤔲徒邑人趞、𤔲马颂邦、𤔲工陶矩、内史友寺芻，帅履裘卫厉田四田，𤔲舍寓于厥邑。厥逆疆眔厉田，厥东疆眔散田，厥南疆眔散田，眔政父田，厥西疆眔厉田。邦君厉眔付裘卫田。厉叔子夙、厉有𤔲𤔲䕊季、庆癸、燹彘、荆人敢、邢人偶屖，卫小子逆其饗、㑂。卫用作朕文考宝鼎，卫其万年永宝用。唯王五祀。②

---

① 《左传·隐公八年》。
② 中国社会科学院考古研究所编：《殷周金文集成释文》（第二卷），第402页。

该铭文的大意是说,正月庚戌,裘卫向邢伯等状告畿内封君厉。其状告理由大概是,厉受命治理河道,须占用裘卫的部分田地,遂答应以自己的五田作交换,结果并未将五田交付于裘卫。经邢伯等审问,此事属实。邢伯等乃令三有司下属踏勘本应属裘卫的厉田四田之四至,并将此四田及邑中的房屋一并交付给裘卫。裘卫遂做器以示纪念。这场诉讼及其涉及的交易本身并无过度的纠葛,但值得注意的是,如日本学者伊藤道治先生所描绘的,裘卫四田是被他人的田地所包围的,并未与裘卫本人的其他土地接壤。① 由此可知,经过赏赐、交易等,当时的诸邑呈现出一种犬牙交错的地理分布状态。《左传·哀公十二年》提到"宋郑之间有隙地焉,曰弥作、顷丘、玉畅、岩、戈、锡",这虽然是以宋郑二者的领土状况为论述对象的,却概括性地说明了春秋乃至其前中国领土的分散性。② 张光直先生所绘的若干地图清晰地展示了这一结论:

---

① 参见〔日〕伊藤道治:《中国古代国家の支配構造——西周封建制度と金文》,中央公论社 1987 年版,第 193 页。
② 其实,关于这一点,童书业先生早已有所提及:"周代的中国,不曾开辟的地方正不知有多少;当时的所谓'蛮夷'之区不必去说它,就是中原(那时人称为'中国')之地未开辟的所在也到处都是。"童书业:《春秋史》,第 92 页。遗憾的是,童先生的论断一直未能引起足够的重视。近年来,又有若干学者对此予以强调,如朱凤瀚先生指出:"实际上,王畿地区诸贵族的土地大多是不与居处相接壤的。"朱凤瀚:《商周家族形态研究》,第 322 页。李峰先生也认为:"一个贵族宗族的财产分布在多个不同地点,而且很多可能位于其他宗族各块土地的包围之间。"李峰:《西周的政体:中国早期的官僚制度和国家》,第 160 页。

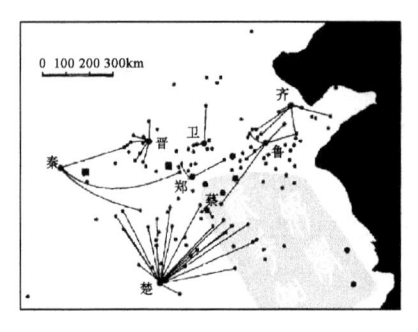

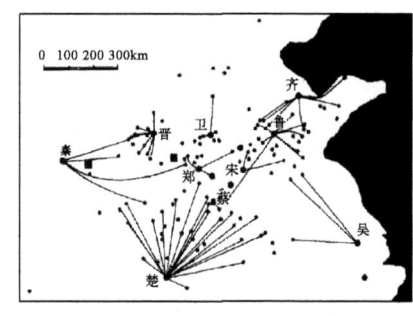

(公元前 600 年)　　　　　　　(公元前 500 年)

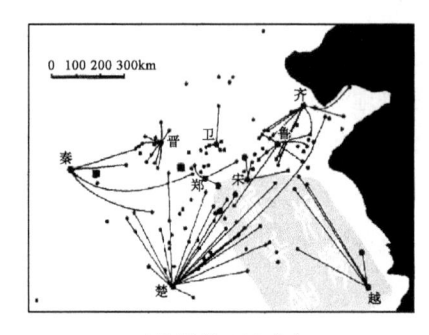

(公元前 400 年)

图三　春秋主要城邑政治隶属形势①

如果回顾本部分开头所说的"夏商周三代更被设想成地域广阔的统一王朝",那么,不用说,上古三代乃至春秋时代的中国实际上更应被视为一种由诸邑为点而逐渐辐射开来的地理空间。

紧随于此的问题是,呈现出此种分布状况的数量繁多的邑究竟构成了一个什么样的国家。有关这一问题,据李峰先生总结,国内

---

① 张光直:"中国考古学上的聚落形态——一个青铜时代的例子",载黄宽重、邢义田、邓小南总主编,王健文主编:《台湾学者中国史研究论丛·政治与权力》,中国大百科全书出版社 2005 年版,第 9—10 页。

外学界大致形成了五种学说。①

其一,城市国家论。城市国家的概念源于对希腊文化的研究,并以希腊城邦作为其参考的原型。其历史可追溯至文艺复兴时期,当时的意大利城市国家就借助古代的先例以验证他们现行政治制度的合理性。除去希腊和意大利这两个城市国家外,城市国家模式随后也被应用于其他的文明之中。美国学者叶山(Robin Yates)、陆威仪(Mark Lewis)、吉德炜(Keightley),日本学者贝塚茂树、宫崎市定、江村治树,中国学者侯外庐、杜正胜等就认为战国之前中国的国家形态可以用"城市国家"来概括。② 但是,城市国家具有一个显著却又时常被忽视的特征,即城市国家并不能自身单独存在,而必须与相邻的其他城市国家一起存在于一个网络中。当然,这不是一个纯粹单复数的问题,而是要强调城市国家的性质,即它是在共同文化和语言背景之上由一群多且小的自决实体所构成的城市网络中的一员。然而,问题在于,至少在西周时代,遍布于中国领土上的各个邑之间并非独立,亦非处于自由竞争的状况中,它们受到了王室的监视,至春秋时期又受到霸主之国的控制,因此城市国家论与中国的实际情况不符。

其二,领土国家论。"领土国家"的概念起源于1648年的《威斯特伐利亚和约》(Treaty of Westphalia),主张领土国家以明确的领土范围为特点,在这个范围内,国家能够充分行使领土权。炊格

---

① 参见李峰:《西周的政体:中国早期的官僚制度和国家》,第270—296页。
② 日本学者江村治树先生曾对"城市国家论"作过这样的总结:"从殷周开始到西汉前期,也许称之为城市时代是不过分的。殷周到春秋这段时期基本是由城市形成国家的主要组成部分的。在日本学术界,这样国家的时代又称为'都市国家'或者'邑制国家'。"〔日〕江村治树:"古代城市社会",载〔日〕佐竹靖彦主编:《殷周秦汉史学的基本问题》,吕静等译,中华书局2008年版,第20页。

尔(Trigger)进一步将"领土国家"发展成与"城市国家"相对立的理论模式,甚至常常将其等同于"帝国"。基于张光直的著作,炊格尔将这个模式应用到中国的商代与西周,认为它们是两个前后相承的领土国家,而非陆威仪所说的网状组织的城市国家。而在日本学术界,一般认为"领土国家"出现较晚,应在春秋晚期。但是,从严格意义上讲,整个周的疆域的管理不是通过一个已规划妥当且受中央政府指挥的行政网络来完成的。而且,西周国家的领土规模的确定实际上并不取决于边界线,而是有赖于众多诸侯国的分布位置,每个诸侯国的范围又由一群"邑"的分布而得以确认。除去陕西的王畿,可能没有一处"领土"(territory)可以称之为周。相反,现实状况是,靠道路与许多地方中心连接起来的成千的邑构成了西周国家。这些邑之间和外围分布着森林、荒地,也可能存在着一些由非周部族占据的聚落。如此分布形式的邑的整体很难被称为"领土",所以用"领土国家"来概括战国之前中国的国家形态同样是不合适的。

其三,Feudal 国家论。在西方汉学界,Feudal(Feudal 一词常被误译为"封建")国家模式拥有比"城市国家"和"领土国家"模式更长的历史。Feudal 源于对中世纪的研究,取字于法文中的"领地"(feu,feud 或 feudum)。作为形容词的"feudal"是在 17 世纪时由法国和英国的法学家杜撰而成以表现当时的土地所有制的,"feudalism"的概念也由此产生。"feudalism"的必要特征就是隶属关系(vassalage)和领地。通过隶属,契约式的领主—封臣关系得以确立;而为了领地,封臣则必须为领主服兵役。20 世纪中期以来,当日本学者开始探讨周为"都市国家"时,法国学者就将"Feudal 国家"模式系统地应用于西周,此后美国汉学家如顾立雅(Herrlee G.

Creel)也加入这一行列。但是,"Feudal 国家"模式的缺陷既在于"feudalism"这一概念自身的固有问题,也在于对中国古代社会和政治制度的误解。首先,"feudalism"来源于一种特殊的土地所有形式(领地),并以此来总括整个中世纪社会的特征,因此它对一个复杂的历史状态作出了过于简单的解释。以这种带有片面性的概念分析中国古代,必然有其窒碍之处。如领主—封臣关系具有契约性质,但周王与不同诸侯之间却是君臣关系;又如,中世纪的领地是薪酬的一种形式,也是一种附带有限权利和契约义务的财产,而西周的诸侯国实质上是一种政府组织形式。可见,Feudal 国家论同样面临着理论与实际的落差。

其四,分立国家(Segmentary State)论。此种模式起初是纯粹的人类学理论,但现在已成为一个运用于更广泛领域的社会政治理论。简单地说,"分立国家"包括中心和边缘,统治者只能在中心领地行使其主权,而对边远地区他只拥有礼仪上的宗主权。在西方汉学家中,最先讨论"分立国家"的是蒲百瑞(Barry B. Blakeley)。他认为,"分立国家"比之"feudalism"更适应于与欧洲相似却不能被指称为"Feudal"的社会政治体制,而战国之前的中国就处于此种体制下。但是,如同 Feudal 国家论模式自身受到挑战一样,"分立国家"模式也存在着一些严重的内在问题,并且战国之前的中国拥有一套以"天命"观念为基础的完整权力运行理论,这与所谓的分立几乎没有可比性。因此,以"分立国家"模式来分析战国之前中国的国家形态同样是困难的。

其五,邑制国家论。此论先由日本学者松本光雄先生提及,后被其他一些学者发展,尤其是由松丸道雄先生进一步将其提升为解释战国之前中国的社会政治模式的理论。作为一名以甲骨文和金文为研究对象的学者,松丸氏首先研究了"邑"的含义,将所有称为邑的聚落归为三类即都邑、族邑和属邑,并认为邑的三级分层是商周国家的基本结构。① 进而,松丸氏又发现青铜器铭文在语言上对这三类"邑"基本不作区分,这说明它们都担当着类似的社会经济功能;"族邑"为商周社会的基本单位,因此战国之前的中国可以被称为"邑制国家"。这些邑或"邑制国家"大体上为自治的实体,商周国家则均是若干"邑制国家"的联盟。在众多模式中,邑制国家论最能反映西周国家的内部组织原则,尤其是它所倡导的邑的分层结构形式具有重要理论价值。但是,它并未对国家政治权力予以充分强调,而这种权力恰恰是明显地附着于邑的组织结构之上的;并且,不甚清楚的是,"族邑""属邑"等的横向空间关系如何,或者说战国之前中国的不同板块是如何结合成一个政治整体的。所以,邑制国家论也有可修正之处。

鉴于上述诸说的优缺点并结合自己的研究,曾先后在日本及美国游学的李峰先生对战国之前尤其是西周的国家形态提出了新认识,即所谓"权力代理的亲族邑制国家论"(Delegatory Kin-ordered Settlement State):"西周国家首先被设想为邑群的集结体,它们靠国家政治权力组成一个分层的网状组织。其中,边远的属邑通过路径与族邑连接起来,而族邑又进一步借助道路与王室宗族所在的诸侯国都保持联系。在顶层,王都——即渭河平原的'五邑'和东部的成周构成了权力的网状组织,周王正是通过这个网络进行巡行。根据委任原则和王室宗族的血缘结构,国家权力由王都分派至诸侯国

---

① 有关这一点,更详细的介绍参见〔日〕松丸道雄:"殷周春秋史总说",载〔日〕佐竹靖彦主编:《殷周秦汉史学的基本问题》,第4页。

的国都,并且通过诸侯国的政治结构,进一步到达不同的土著宗族。在西部的王畿地区,它由王都直接传至管理着众多偏远属邑的宗族中心。"[①]李氏之说显然认识到西周以邑为基本地域单位的事实,强调邑的层级区分,并指出诸邑之间通过以血缘差异为内涵的权力委任联系在一起,这无疑如李氏本人所希望的那样对邑制国家论作出了补充。此论尽管不能不作调整地直接适用于西周之前的历史时期,但由于殷商时代也以邑为基本地域单位,且如松丸氏所说,诸邑之间存在着层级区分,邑的居民又主要以血缘为其连接点,因此李氏之说大体可适用于殷商年代源于同一血族如子族的诸邑所构成的地域空间;至于远古时期因国家尚未诞生,自然不能套用,但远古时代同样以邑为聚落中心,其血缘联系或许比殷周年代更为强烈,且殷周时期又保留了众多远古遗风,因此李氏之论或多或少也包含了适用于远古时代的影子。

以此种"权力代理的亲族邑制国家论"为基础,并重新思考上一部分的结尾所提出的两个问题,古礼的践习空间已可大体明确。首先,由于所谓"邑制国家"建基于诸邑之上,邑的规模又不算大,因此如士冠礼、蒐礼、乡射礼等均以一个或若干个邑为单位进行,那么无论是加冠者为人所熟悉,还是狩猎以群体行为的形式举行且借此商讨除狩猎之外的共同体的其他大事,就都是可以理解的,也是有效的。其次,由于诸邑的联系以血缘为基础,因此血缘亲疏决定了等级的高低;而不同等级者又在有所差异的代理范围内行使着权力,所以其实力显然是有区别的,也形成了特定等级得以维持的现实基础并限制了不同等级间的流动。可以说,以血缘和邑为基本要素的

[①] 李峰:《西周的政体:中国早期的官僚制度和国家》,第 302 页。

"权力代理的亲族邑制国家"是礼的等级性和对等性所共享的社会和政治结构,缺少任何一个要素,礼的双重精神就将崩溃。本来,姓氏的区分从长时段上看就将造成血缘的淡化。平王东迁之后,各诸侯、卿大夫乃至家臣更借权力下移的机会谋求其实力的增强,各个等级间的僭越变得日益频繁,而且随着诸侯国内部动乱和诸侯国之间吞并的持续以及由此而产生的对人才的强烈需求,以高层贵族下沉与士人乃至庶民上升为重要内容的社会地位变动也已成为屡见不鲜的事实①,原先以血缘来划分的固定等级面对现实实力的冲击基本已成为摆设,许倬云先生的文学化语言很形象地指明了西周灭亡后各社会等级的变动:"在旋涡中,物体的位置比在静水中变动得更快、更突然。水草可能漂向水表,而漂浮物也许被推向水底。"②

---

① 如许倬云先生所说,"士阶层,一反此前不显眼的态势,开始加入了创造历史的行列。到了春秋末期,士变得最为活跃";"可以肯定的是,许多俘虏失去了所有优越的社会地位,他们在一个陌生的国度,社会地位低微,并且在归国无望的境况下度过余生。任何一个国家被打败或被征服,都会有一些被征服国臣民的社会地位降低。这就发生了向下层的社会流动。由此而导致失去原有社会地位的人数甚至无法估计。但既然春秋时期发生了几百次战役,100多个国家被灭绝,这个数目应该是相当大的"。许倬云:《中国古代社会史论——春秋战国时代的社会流动》,第27、74页。

② 许倬云:《中国古代社会史论——春秋战国时代的社会流动》,第93页。事实上,血缘被现实利益所击败的现象从西周后期就已经开始了,松丸道雄先生通过分析曶鼎铭文指出:"匡季虽与匡同一家族,却无视这一事实,勾结毫无血缘关系的曶,协助他起诉,结果使匡败诉。这样一来,匡季这种不顾血缘结合关系,去与虽非血缘关系,却能指望得到经济利益的曶相结合的行动,在所谓氏族制结合极其坚固的时代,应该说是难以想象的。殷、西周社会是以基于血缘观念而结合的氏族制为基础的。而接续其后的变革时期——春秋、战国时代,概括地说,是在某种意义上,对这种氏族制遗制进行分化和重新组合的时代。这几乎已成为当今研究者中共同的理解。从这一点出发考察该案背景,就能看到在西周后半期,与非血缘者的经济型联系已优先于血缘结合,氏族的结合已经濒临崩溃的情形。"〔日〕松丸道雄:"西周后期社会所见的变革萌芽——曶鼎铭解释问题的初步解决",载刘俊文主编:《日本学者研究中国史论著选译》(第三卷),第178页。

与血缘崩解同时进行的是，独立的邑逐渐被连接在一起。前文所说的鲁郑交换田地的事件当然会导致远离本国的土地被分出和靠近本国的土地被吸入，两国的疆域范围遂变得合理，这是诸邑逐渐连成一片的一个实例。此二国疆域的变化是以和平方式进行的，春秋年代更多的则为通过战争兼并他国土地，悬隔的诸邑因此合并这似乎也应该是顺理成章的。除此之外，随着各国土地的开发，原来诸邑之间的空隙地带想来也会逐渐消失。如此一来，以独立的邑的连接为契机，从远古时代传承下来的某些社会风俗逐步淡出，以此类风俗为依托的礼的对等精神，也就蒸发得只剩下些许水渍了。

总而言之，在春秋战国时期，中国的国家形态经历了所谓"权力代理的亲族邑制国家"逐步崩溃并走向统一帝国的过程，社会风俗也随之发生改变。对此，顾炎武的总结可谓精辟："如春秋时犹尊礼重信，而七国则绝不言礼与信矣。春秋时犹宗周王，而七国则绝不言王矣。春秋时犹严祭祀、重聘享，而七国则无其事矣。春秋时犹论宗姓氏族，而七国则无以言及之矣。春秋时犹宴会赋《诗》，而七国则不闻矣。春秋时犹有赴告策书，而七国则无有矣。邦无定交，士无定主。此皆变于一百三十三年之间，史之阙文而后人可以意推者也，不待始皇之并天下而文武之道尽矣。"① 在这种情况下，自上古三代尤其是周代传承下来的古礼也逐渐被否定并面临调整，其变动方向则为以下各章试图回答的问题。

---

① 《日知录》卷十三《周末风俗》。

小　结

　　本章是围绕如下疑问展开的：与秦汉之后的礼有所不同的早期中国的礼，或者说以周礼集其大成的古礼包含着何种文化内涵，又置身于何种社会、政治背景中。对第一个问题，本章第一节通过对《左传》《周礼》《仪礼》及金文等史料的分析并结合今人研究成果，证实了绪论对古礼的界定，即古礼是偏重于升降揖让等形式性的外在表现的行为规范，但也蕴藏着双重品格即等级和对等。在前者，尽管古礼的等级也以社会地位有别者的差异性特权、服饰、行为要求等表现出来，但此种等级是以固定的血缘亲疏关系为基础的，因此其等级同样是固定的，这明显不同于仅指示不同等级的外在差异，而等级自身却向各阶层开放的秦汉时代的礼；在后者，对等精神是以古邑民众的社会生活为原型逐渐形成的互敬互让意识，其背后则隐藏着时人以对祖先神的崇拜为前提构建起来的共有价值系统。因为此二者以同一套礼为载体，所以可以想象，在中国文明的早期发展阶段很可能存有一种特殊的社会、政治结构，它成为了古礼的践习空间并使古礼的双重品格能同时被衍生出来。为此，本章第二节就转向了对前文所预设的第二个问题的探讨。这一节首先提出，以邑为基本地域单位的政治体是从上古时代至春秋时期一直存在的，邑以血族聚居为基本社会形态，因此邑的规模并不大；并且，诸邑是分散的而非连成一片，所以早期中国的国家形态无疑是以邑为中心逐渐辐射开来的地域空间。对这种地域空间，以城市国家论、领土国家论、Feudal国家论、分立国家论及邑制国家论来概括都有欠妥当。从这一点出发,第二节的最后部分采纳了学界有关早期中国国家形态的最新认识即"权力代理的亲族邑制国家论",并认为此种国家形态正是古礼的双重品格得以存在的社会政治背景。也正因为此,如这种国家形态逐渐被消解,则古礼自然无法继续维持,下一章就将在这方面展开论述。

第二章　早期中国国家形态的变化与古礼之实质化的初显

第一章的末尾指出,古礼是与以血族聚居及邑的广布为基本要素的国家形态相适应,且对繁琐的进退揖让仪式有所偏重的行为规范。从这一点上看,古礼无疑具有很强的形式性。随着诸邑的合并及血族的崩解,形式化的古礼逐渐失去其赖以生存的现实环境且面临调整。不过,此论断终究只是蜻蜓点水式的概论,如欲更为直观地说明早期中国国家形态的变化以展示古礼遭到冲击的时代背景,以具体的问题点为基础详加考察似乎是必要的。以下将循此思路展开论述并进而揭示古礼的变化方向。

第一节　早期中国国家形态之变化的两个观察点

毋庸置疑,早期中国国家形态之变化的信号会通过各个侧面流露出来。如果能对所有侧面予以通盘研究,那自然会令结论本身具备强大的说服力。不过,这终究是难以完成的学术任务,现实的做法大概只能是以史籍经常提及的某些现象为线索,寻求对宏观问题的大致理解,而国人与盟正是两个值得注意的观察点。

第二章 早期中国国家形态的变化与古礼之实质化的初显

一、国人的浮沉

国人是存在于早期中国历史中的一个社会群体。在西周时期，导致厉王出奔的所谓"国人暴动"是国人彪炳史册的一页①；在战国时期，也偶有史料提及"国人"②二字；国人形象最为丰满的则在春秋时期。尽管国人在这些历史阶段都留下了自己的活动痕迹，但在对一国重大事务的影响上，战国时期的国人远不如春秋之前的国人。换句话说，国人这一群体自身在春秋时代经历了根本性变化，而此种变化恰为社会背景全面调整的一种暗示。所以，分析国人之变动的意义远远超过了这一群体自身。那么，国人究竟是什么样的群体，又经历了何种变化？他们对一国的影响体现在哪些方面？

（一）何为国人

如撇开史料，仅从字面意思上解读，国人二字大概包括两种含义，即一国之人与居于国中之人。但，如以记载春秋史事最为

---

① 《国语·周语上》云："厉王虐，国人谤王……三年，乃流王于彘。"
② 《战国策·楚策四》载："楚考烈王无子，春申君患之，求妇人宜子者进之，甚众，卒无子。赵人李园，持其女弟，欲进之楚王，闻其不宜子，恐又不宠……乃出园女弟谨舍，而言之楚王。楚王召入，幸之。遂生子男，立为太子，以李园女弟立为王后，楚王贵李园，李园用事。李园既入其女弟为王后，子为太子，恐春申君语泄而益骄，阴养死士，欲杀春申君以灭口，而国人颇有知之者。"《孟子·梁惠王下》曰："左右皆曰贤，未可也；诸大夫皆曰贤，未可也；国人皆曰贤，然后察之；见贤焉，然后用之。左右皆曰不可，勿听；诸大夫皆曰不可，勿听；国人皆曰不可，然后察之；见不可焉，然后去之。左右皆曰杀，勿听；诸大夫皆曰杀，勿听；国人皆曰杀，然后察之；见可杀焉，然后杀之。故曰，国人杀之也。如此，然后可以为民父母。"《孟子·离娄下》又云："君之视臣如手足，则臣视君如腹心；君之视臣如犬马，则臣视君如国人；君之视臣如土芥，则臣视君如寇雠。"

详细的《左传》观之,第一重含义上的"国人"基本都不是用此二字来表示的,而是代之以"国号+人"的方式,如鲁人、齐人、晋人等;在第二重含义上,《左传》所载的"国人"即指此,且首先被限定于身处国都之人。① 如,鲁文公七年(公元前620年),"宋昭公将去群公子",尽管乐豫建言"公族,公室之枝叶也",但宋昭公仍然固执己见。结果,"穆、襄之族率国人以攻公,杀公孙固、公孙郑于公宫。六卿和公室,乐豫舍司马以让公子卬,昭公即位而葬"②。此处,所谓"穆、襄之族"是在决定其存亡的关键时刻发难的,其时间的紧促性可想而知,所以此处的国人如为宋国人,则在调动上未免困难重重,故只能被理解为是宋国国都之人。又如,《左传·文公十八年》言道:

> 莒纪公生大子仆,又生季佗,爱季佗而黜仆,且多行无礼于国。仆因国人以弑纪公,以其宝玉来奔,纳诸宣公。

莒太子仆显然与"穆、襄之族"一样突然发起动乱,其中的"国人"也应该是指国都之人,否则恐怕与行动自身的瞬时性不符。像此类以"国人"指称国都之人的实例还不限于上述二者,下表将揭示其冰山一角。

---

① 在这一点上,日本学者吉本道雅先生持大致相同的观点:"'国号+人'是面向他'国'的表现,出现于某'国'对他'国'的决策之际。它的对象多为世族或卿、大夫。'国人'的出现,多限定在'国'内的范围。"〔日〕吉本道雅:"春秋国人考",徐世虹译,载刘俊文主编:《日本中青年学者论中国史》(上古秦汉卷),第97页;〔日〕吉本道雅:《中国先秦史的研究》,京都大学学术出版会2005年版,第210页。
② 《左传·文公七年》。

表二 作为国都之人的"国人"实例

史　　事	出　　处
宋武氏之族道昭公子,将奉司城须以作乱……公子朝卒,使乐吕为司寇,以靖国人。	《左传·文公十八年》
晋郤缺救郑,郑伯败楚师于柳棼。国人皆喜,唯子良忧曰:"是国之灾也,吾死无日矣。"	《左传·宣公九年》
十二年春,楚子围郑……国人大临,守陴者皆哭。	《左传·宣公十二年》
六月丁卯夜,郑公子班自訾求入于大宫,不能……子驷帅国人盟于大宫,遂从而尽焚之,杀子如、子駹、孙叔、孙知。	《左传·成公十三年》
曹人使公子负刍守,使公子欣时逆曹伯之丧……冬,葬曹宣公。既葬,子臧将亡,国人皆将从之。	《左传·成公十三年》
右师苟获反,虽许之讨,必不敢。且多大功,国人与之,不反,惧桓氏之无祀于宋也。右师讨,犹有戌在,桓氏虽亡,必偏。	《左传·成公十五年》
曹人请于晋曰:"自我先君宣公即位,国人曰:'若之何忧犹未弭?'而又讨我寡君……是大泯曹也……"	《左传·成公十六年》
冬十月,邾人、莒人伐鄫。臧纥救鄫,侵邾,败于狐骀。国人逆丧者皆髽。	《左传·襄公四年》
子产闻盗,为门者,庀群司,闭府库,慎闭藏,完守备,成列而后出,兵车十七乘,尸而攻盗于北宫。子蟜帅国人助之,杀尉止。	《左传·襄公十年》
楚公子午为令尹……以靖国人。	《左传·襄公十五年》
十一月甲午,国人逐瘈狗,瘈狗入于华臣氏,国人从之。华臣惧,遂奔陈。	《左传·襄公十七年》
郑子孔之为政也专。国人患之,乃讨西宫之难,与纯门之师……甲辰,子展、子西率国人伐之,杀子孔而分其室。	《左传·襄公十九年》

续表

史　　事	出　　处
叔孙宣伯之在齐也,叔孙还纳其女于灵公。嬖,生景公。丁丑,崔杼立而相之。庆封为左相。盟国人于大宫。	《左传·襄公二十五年》
二月庚寅,宁喜、右宰谷伐孙氏,不克。伯国伤。宁子出舍于郊。伯国死,孙氏夜哭。国人召宁子,宁子复攻孙氏,克之。	《左传·襄公二十六年》
仲至自齐,季孙欲立之。南遗曰:"叔孙氏厚则季氏薄。彼实家乱,子勿与知,不亦可乎?"南遗使国人助竖牛以攻诸大库之庭。	《左传·昭公五年》
郑人相惊以伯有,曰"伯有至矣",则皆走……及壬子,驷带卒,国人益惧。齐、燕平之月壬寅,公孙段卒。国人愈惧。	《左传·昭公七年》
晏平仲端委立于虎门之外,四族召之,无所往……国人追之,又败诸鹿门。栾施、高强来奔。陈、鲍分其室。	《左传·昭公十年》
郑大水,龙斗于时门之外洧渊。国人请为禜焉,子产弗许。	《左传·昭公十九年》
阳虎又盟公及三桓于周社,盟国人于亳社,诅于五父之衢。	《左传·定公五年》
夏六月戊辰,陈乞、鲍牧及诸大夫,以甲入于公宫。昭子闻之,与惠子乘如公,战于庄,败。国人追之。	《左传·哀公六年》
公子荆之母嬖,将以为夫人,使宗人衅夏献其礼。对曰:"无之。"……公卒立之,而以荆为大子。国人始恶之。	《左传·哀公二十四年》
公患三桓之侈也,欲以诸侯去之……秋八月甲戌,公如公孙有陉氏,因孙于邾,乃遂如越。国人施公孙有山氏。	《左传·哀公二十七年》

第二章　早期中国国家形态的变化与古礼之实质化的初显

由上表可知,在《左传》中,除了若干含义不明的记载之外①,"国人"大都以国都为居住地点,此即为春秋时代"国人"的整体面貌。

然而,这并不是说居于国都中的所有人皆为"国人",童书业先生就曾指出:"'国人'屡见战国以前古籍,其身份至应注意……国都范围内士、农、工、商四民之'国人',固包括农民在内矣;指国都城内之人之'国人',则主要指'士'与'工'、'商'也。"②以居住地点为界定标准的"国人"其实只是一个泛化的概念,所以如以国都自身的建置为参照系,"国人"的外延将进一步缩小。若再考虑到对列国国政的实质性影响,则"国人"的外延自然就更小了。之所以会如此,当然是因为对一国国政的主动参与需要一定的经济基础和社会地位以为保障,如日本学者吉本道雅先生所说:"首先,春秋'国人'拥有'国'以外的土地,是以此为经济基础的领主。虽然土地的耕作者和'国人'的法律关系还全然不知,确切地说还不能用'领主'一语;而且其具体的剥削方式也不得其详。其次,'国人'在身份上是兵役的承担者,也是春秋时期'国'的唯一或最主要的兵源。'国人'除了承担'国'的兵役外,还要负担军赋——军需品的提供。"③显然,春秋"国人"是具有现实实力

---

① 如,《左传·桓公五年》云:"五年春正月,甲戌、己丑,陈侯鲍卒,再赴也。于是陈乱,文公子佗杀大子免而代之。公疾病而乱作,国人分散,故再赴。"又如,《左传·宣公十二年》曰:"晋师在敖、鄗之间。郑皇戌使如晋师,曰:'郑之从楚,社稷之故也,未有贰心。楚师骤胜而骄,其师老矣,而不设备,子击之,郑师为承,楚师必败。'彘子曰:'败楚服郑,于此在矣,必许之。'栾武子曰:'楚自克庸以来,其君无日不讨国人而训之于民生之不易,祸至之无日,戒惧之不可以怠。在军,无日不讨军实而申儆之于胜之不可保,约之百克而卒无后,训以若敖、蚡冒,筚路蓝缕,以启山林……不可谓骄……郑不可从。'"不过,在这些场合中,将"国人"解释为"国都中之人",似乎也无太大问题。
② 童书业:《春秋左传研究》,中华书局2006年版,第120—121页。
③ 〔日〕吉本道雅:"春秋国人考",徐世虹译,载刘俊文主编:《日本中青年学者论中国史》(上古秦汉卷),第105—106页。

的社会群体,且对古代人来说,影响政治行动的根本力量在于军事,而承担兵役恰恰是国人群体的特权。如此一来,在"工商食官"的情况下,国人只能是指居于国都中的士或者说低级贵族。也正因为此,国人与君主之间就不仅仅是臣服者与权力者关系,毋宁说是基于实际需要而共存。前文已引用的高木智见说认为,战国之前尤其是春秋时代的人们以祖先祭祀或祖先血脉的传承为至高无上的人生命题,所以君主也正是利用了这种心理并通过祭祀上的权威来维持自己对国人群体的政治优势的,"决定'国人'行为依据的公的权威,发端于公在祭祀中所居处的法定地位。在春秋'国'的祭祀中,人们认为左右'国'全体成员命运的是天(上帝),而能够最有效地作用于天的,又是在上天侍奉上帝的公的祖先神,因此公便成为可以施行祭祀的唯一的存在对象。在这个大环境中,'国人'趋于习惯而从属于公"①。关键在于,此种习惯及国人的参战特权是如何形成的,与第一章所说的以邑为基本单位的国家形态之间又存在何种联系?要回答这两个问题,我们必须将历史追溯至春秋之前尤其是西周的分封体制建立时。

前文在考察邑的规模时曾提及周部族最初的人口数量并不大,因此周人虽然取代了殷人以为天下共主,却仍时时以小邦自居。为了巩固其统治,周人采取了一项重要的政治制度即分封。《荀子·儒效》就说:

> 武王崩,成王幼,周公屏成王而及武王,以属天下,恶天下之倍周也。履天子之籍,听天下之断,偃然如固有之,而天下不称贪焉。杀管叔,虚殷国,而天下不称戾焉。兼制天下,立七十

---

① 〔日〕吉本道雅:"春秋国人考",徐世虹译,载刘俊文主编:《日本中青年学者论中国史》(上古秦汉卷),第107页。

一国,姬姓独居五十三人,而天下不称偏焉。

分封其实是一种政治殖民,即作为统治者的周人至一地设立邑亦即诸侯国最初的国都,并以此邑为中心逐步开拓,统治当地土著,其结果则为所谓"权力代理的亲族邑制国家"之雏形的出现。然而,由于周人最初并不强大,分封又导致周民族自身被分划至两个区域即王畿之内和封国,①因此周统治者就必须团结其他部族,尤其是统治地位刚刚被取代的殷民,以寻求周人基业的永固。前文曾在注释中引用的《左传·定公四年》所载子鱼的一番话就是对当年场景的回顾。为了便于分析,此处将再次引用:

> 昔武王克商,成王定之,选建明德,以蕃屏周。故周公相王室,以尹天下,于周为睦。分鲁公以大路,大旂,夏后氏之璜,封父之繁弱,殷民六族,条氏、徐氏、萧氏、索氏、长勺氏、尾勺氏。使帅其宗氏,辑其分族,将其类丑,以法则周公,用即命于周。是使之职事于鲁,以昭周公之明德。分之土田倍敦,祝、宗、卜、史,备物、典策,官司、彝器。因商奄之民,命以《伯禽》,而封于少皞之虚。分康叔以大路、少帛、綪茷、旃旌、大吕,殷民七族,陶氏、施氏、繁氏、锜氏、樊氏、饥氏、终葵氏;封畛土略,自武父以南,及圃田之北竟,取于有阎之土,以共王职。取于相土之东都,以会王之东蒐。聃季授土,陶叔授民,命以《康诰》,而封于

---

① 朱凤瀚先生曾指出:"克商以后随着封建制的推行,以姬姓周族为主干的周民族本身亦大致分化成两部分:一部分随从受封的贵族离开西土,成为新建诸侯国的统治基础;一部分则附属于被任命为王朝卿士的贵族,以西土故邑为中心就地扩张,开创了所谓西周王畿地区之版图。"朱凤瀚:《商周家族形态研究》,第239页。

殷虚。皆启以商政,疆以周索。分唐叔以大路,密须之鼓,阙巩,沽洗,怀姓九宗,职官五正。命以《唐诰》,而封于夏虚,启以夏政,疆以戎索。三者皆叔也,而有令德,故昭之以分物。

据上引史料,各部族最初都是以一姓之若干族的形式被迁往封国的,他们作为国都的初始居民很可能都保持着自身的血缘意识。即使随着时间的推移,姓氏分化的现象必然出现,但对同姓各族人来说,有共同的祖先仍然是不容置疑的。因此,对周人而言,充分利用此种血缘意识是维持自己与各族间关系的重要手段。在这方面,周人在整个王国的层面确立了天道的权威,强调周王秉承天道以为天下共主的正当性;作为周王权力代理者的封国国君自然也被视为天道的维护者,遂可通过祭祀其祖先神来统合各族的力量。另一方面,接受分封者在当地土著看来实为入侵者,各种抵抗是在所难免的。为了应付这种局势,周人就通过自身居住于都邑内、从事农耕的当地土著居住于都邑外的空间分割方式,来维持周人高于当地土著的社会地位,此即为国野分别的渊源。不过,仅仅凭借此种空间差异想必是不足以维持长久统治的,一定军事实力的存在实为必然。所以,周初追随各受封贵族至封土的周人族众应多为武士。除此之外,朱凤瀚先生曾指出为:"自西周时期起,殷遗民即成为周人统治的土著族的重要依靠力量……商人诸强宗大族各有其军事武装,所谓'共(供)职事于鲁',大概主要是作为武士供职于鲁国。正因为殷民六族提供了伯禽东封时的部分武力,所以直到春秋,其后裔仍以专事戎事的国人身份存在。"[①]也就是说,殷商遗民也是以武

---

① 朱凤瀚:《商周家族形态研究》,第263页。

者的身份参与封国的建设的,并且成为了"国人"的祖先。周初分封时,其他族众几乎与殷商遗民同时被迁徙,因此其迁徙方式应该不会有太大的变化。这样看来,国人从事征战的特权实际上是作为周初分封的遗迹而被保存下来了。

综上所述,在以邑为基本地域单位的国家形态下,周初分封所追求的就是以国都或都邑为中心的不断扩张,因此都邑内外的区分是必然存在的,而最初追随周人贵族迁徙至封地的周部族民众及其他部族则都居住在都邑中,他们自有其经济来源,尽管其田地很可能如前文所述的那样远离其住处;他们共襄祭祀和军事行动以维护统治者的利益,其自身也变成了一个特殊的社会群体。至其后世,则变为所谓的"国人"。可见,国人其实是历史遗留物,上文所提及的国人的参战特权及国人与封君间以祭祀为纽带的结合,也都应在这样的背景下来理解。同时,历史遗留物的彻底消失是以时间流逝为条件的,因此具有一定经济基础和参战特权的国人在春秋年代仍能对列国国政产生不可忽视的影响。那么,国人究竟能通过哪些渠道积极参与列国国政的演化呢？

(二) 国人的政治作用

前文已述,国人拥有承担兵役的特权,因此国人的第一项政治作用就是参与本国的对外军事行动。在这方面,史料记载颇为丰富。如卫懿公喜好鹤,竟至以鹤立于战车上。鲁闵公二年(公元前660年),狄人入侵卫国,国人乃云:"使鹤,鹤实有禄位,余焉能战!"[1]国人之言带有讽刺意味是毋庸置疑的,而讽刺意味的来源自然是当时以国人为军队主体举行对外征伐的习惯。这种习惯之所

---

[1] 《左传·闵公二年》。

以能成立,是因为当时的战争以车战为主要作战方式,车战的参与者如所谓的车左、车右和御者又皆须有专门技艺,自然就只能由身为武士的国人担当了。

如国人武装被用于国内,则国人多成为政变所涉各方必须争取的重要力量。如,东郭偃、棠无咎有宠于齐崔杼,却与崔杼二子崔成、崔强交恶。鲁襄公二十七年(公元前546年),崔成、崔强欲联合庆封杀东郭偃与棠无咎,而庆封又欲借此机会消灭崔氏,《左传》中乃有如下一段记载:

> 九月庚辰,崔成、崔强杀东郭偃、棠无咎于崔氏之朝。崔子怒而出,其众皆逃,求人使驾,不得。使圉人驾,寺人御而出。且曰:"崔氏有福,止余犹可。"遂见庆封。庆封曰:"崔、庆一也。是何敢然?请为子讨之。"使卢蒲嫳帅甲以攻崔氏。崔氏堞其宫而守之,弗克。使国人助之,遂灭崔氏,杀成与强,而尽俘其家,其妻缢。①

显然,在这场政变中,"国人助之"是崔氏被灭的重要原因。又,莒黎比公生有二子即去疾与展舆,展舆曾被立为继任者,后又被废黜。由于莒黎比公性格暴虐,"国人患之",因此展舆就利用国人的这种心理发动了一场政变,"十一月,展舆因国人以攻莒子,弑之,乃立"②。此类记载除了上述二者之外还有不少:

---

① 《左传·襄公二十七年》。
② 《左传·襄公三十一年》。

> 癸丑,晨,自墓门之渎入,因马师颉介于襄库,以伐旧北门。驷带率国人以伐之。(《左传·襄公三十年》)
>
> 秋八月,莒著丘公卒,郊公不慼。国人弗顺,欲立著丘公之弟庚舆。(《左传·昭公十四年》)
>
> 莒子庚舆虐而好剑,苟铸剑,必试诸人。国人患之。又将叛齐。乌存帅国人以逐之。(《左传·昭公二十三年》)
>
> 冬十一月,荀跞、韩不信、魏曼多奉公以伐范氏、中行氏,弗克。二子将伐公,齐高强曰:"三折肱知为良医。唯伐君为不可,民弗与也。我以伐君在此矣。三家未睦,可尽克也。克之,君将谁与?若先伐君,是使睦也。"弗听,遂伐公。国人助公,二子败,从而伐之。丁未,荀寅、士吉射奔朝歌。(《左传·定公十三年》)

可以说,由于国人是一国军队的主要构成人员,因此国人的倾向性对于一国政权的走势将产生实质性影响。

正因为此,当政者对国人的意见是相当重视的。鲁僖公十八年(公元年前642年),邢人、狄人入侵卫国,卫文侯乃以国事"朝众"①,杨伯峻注曰:"众,国人。谓使国人共议于朝。"这表明,卫文侯于"国之大事,在祀与戎"的背景下,在对外作战的重大问题上,是充分尊重国人的意见的。又,鲁定公八年(公元前502年),晋卫将立盟,晋臣涉佗、成何二人对卫君施以侮辱,因此卫君在归国后欲背叛晋国,但又担心此举将遭到国人的反对,毕竟晋国是当时的霸主之国。不

---

① 《左传·僖公十八年》载:"冬,邢人、狄人伐卫,围菟圃。卫侯以国让父兄子弟及朝众曰:'苟能治之,燬请从焉。'众不可,而后师于訾娄。狄师还。"

过,当卫君使王孙贾就此事问于国人时,国人的回答坚定了卫君的决心:"五伐我,犹可以能战。"①结果,卫君"乃叛晋"。此事亦可见国人的意见之于君主决策的重要性。再,鲁哀公元年(公元前494年),吴国在攻入楚国后,欲令楚国的附庸陈国依附于己,陈怀公于吴、楚皆不敢得罪,遂将决定权交予国人:"欲与楚者右,欲与吴者左。陈人从田,无田从党。"②以上数例均为遵从国人意愿者,国人自然也对当政者予以支持。如为相反情形,则当政者的前景就不太乐观了。鲁僖公二十八年(公元前632年),晋因伐曹而借道于卫,卫人弗许,遂引来晋的进攻。为了缓解危机,在晋齐结盟之际,卫侯请求加入同盟,晋则同样拒绝。于是,卫侯采取了新的防卫策略:

> 卫侯欲与楚,国人不欲,故出其君以说于晋。卫侯出居于襄牛。③

卫侯的新思路显然与国人的看法不合,竟导致卫侯出奔,国人之意见的重大参考价值于此可见一斑。当然,在春秋年代,亦有不遵从国人之言说者。鲁昭公四年(公元前538年),郑子产作丘赋,国人批评道:"其父死于路,己为蛋尾。以令于国,国将若之何?"④然而,子产仍坚持其改革措施,但这并不是说国人的议论可以被忽略,而是因为子产为当时极为杰出的政治家,具有卓绝于世的魄力和时政驾驭能力,就如他自己所说的:"苟利社稷,死生以之。且吾闻为善

---

① 《左传·定公八年》。
② 《左传·哀公元年》。
③ 《左传·僖公二十八年》。
④ 《左传·昭公四年》。

者不改其度,故能有济也。民不可逞,度不可改。《诗》曰:'礼义不愆,何恤于人言。'吾不迁矣。"①对其他当政者而言,国人对自己为政的评价恐怕还是非常值得注意的,《左传·襄公十八年》就提到:

> 郑子孔欲去诸大夫,将叛晋而起楚师以去之。使告子庚,子庚弗许。楚子闻之,使杨豚尹宜告子庚曰:"国人谓不穀主社稷,而不出师,死不从礼。不穀即位,于今五年,师徒不出,人其以不穀为自逸,而忘先君之业矣。大夫图之!其若之何?"

从这一角度上说,当政者与国人之间实际上是处于一种微妙的权力平衡关系的,这无疑颇为真实地展现了西周初年分封时封君广泛争取支持者的策略效果。

概言之,春秋时代的国人能够从参与战争、评论政略、介入君主废立等多个途径实质性地影响列国的权力运行,诸多影响得以确立的基础则是国人的经济实力及其承担兵役的特权。如果进一步往春秋之前的历史追溯,那么春秋国人的形象所反映的其实是以邑为基本地域的国家形态创设的国野之别,以及由此带来的不同族群间的地位差异。所以,若国人的特殊之处逐渐被泯灭,这在很大程度上要以与国人相伴随的国家形态的变革为整体背景。此正为传承着古代遗风的春秋国人被动地进入的历史话剧。

(三)国人的演化

必须指出,国人的演化是与这一群体承担兵役之特权的逐步消失为前提的。《周礼·夏官·叙官》:"凡制军,万有二千五百人为

---

① 《左传·昭公四年》。

军。王六军,大国三军,次国二军,小国一军。"可见,周人最初曾按照诸国的等级规定其军队的数量,目的当然是从军事实力的层面维护周王室的优势地位,以确保政权的稳固。但是,鉴于春秋中期以来战争越来越频繁的现实情境,各主要诸侯国陆续将此种限制抛于脑后。如在晋国,曲沃吞晋时,"王使虢公命曲沃伯以一军为晋侯"①;至献公时,晋作二军;文公时,作三军;景公时,又作六军;尽管在景公改军制的三十年后,悼公"舍三军",晋恢复三军之制,但此时的三军恐怕不同于文公时的三军。如此快速的扩军过程必然导致兵役从国人群体扩散至一般民众,承担兵役的权利意味也逐渐淡化。当然,这只是一种粗线条的描述,以下将结合晋、鲁、郑、楚四国的改革作细节性的分析。

1. 晋。晋在献公时曾发生骊姬之乱,公子夷吾在外逃中听取郤芮之言而许秦以城池之利并请求秦帮助自己返国。鲁僖公九年(公元前651年),"齐隰朋帅师会秦师纳晋惠公"②,但夷吾即晋惠公返国后并未兑现自己对秦国的许诺。鲁僖公十三年(公元前647年),晋陷入饥荒,秦又"输粟于晋"③以为援助。一年后,秦发生饥荒而向晋求助,晋却置之不理。由是,秦晋交恶并最终以战争收场。在此战中,晋国战败,惠公被俘。尽管惠公此后被放归,但为了重新振兴晋国,晋国君臣作了这样的谋划:

> 晋侯使郤乞告瑕吕饴甥,且召之。子金教之言曰:"朝国人而以君命赏,且告之曰:'孤虽归,辱社稷矣。其卜贰圉也。'"众

---

① 《左传·庄公十六年》。
② 《左传·僖公九年》。
③ 《左传·僖公十三年》。

皆哭。晋于是乎作爰田。吕甥曰:"君亡之不恤,而群臣是忧,惠之至也。将若君何?"众曰:"何为而可?"对曰:"征缮以辅孺子,诸侯闻之,丧君有君,群臣辑睦,甲兵益多,好我者劝,恶我者惧,庶有益乎!"众说。晋于是乎作州兵。①

本段史料所提及的"作爰田""作州兵"就是涉及晋国兵役扩散化的一次重要改革。

然而,"作爰田"和"作州兵"二者的含义却可谓众说纷纭。杨伯峻先生在为《左传》作注时曾提及各种有代表性的学说,现概括如下:

【作爰田】

(1) 以应入公家之税赏于众人,以杜预注为代表;

(2) 赏众以田而变易田地疆界,以孔疏、《国语·晋语三》注引"贾逵云"等为代表;

(3) 恢复"上田、中田、下田有别,三年一换田地"的古制,以李贻德说为代表;

(4) 仅指赏田,以马宗琏、李亚农说为代表;

(5) 为当时田制改易之始,同于鲁哀公"用田赋",且与赏众无关,以惠栋说为代表;

(6) 解放农奴以使其转为农民,取消公田并将土地交给农民,放弃劳役地租而采用实物地租,以高亨说为代表。②

【作州兵】

(1) 扩大甲兵制造场所,以杜预注和沈钦韩说为代表;

---

① 《左传·僖公十五年》。
② 参见杨伯峻编著:《春秋左传注》,第361—362页。

(2) 改易兵制,非仅指修缮兵甲,以洪亮吉说为代表;

(3) 取消三郊服兵役的限制,扩大至三遂,以蒙文通说为代表;

(4) 建立地方兵团,以李亚农说为代表;

(5) 仅指增一州长为将,以顾栋高说为代表。①

如杨伯峻先生引前人之说予以驳斥的一般,有关"作爰田",学说(1)(3)(6)均具有臆测性;学说(2)(4)失之简略;学说(5)虽以"当时田制改易之始"一语提出创见,"与赏众无关"一语却与《左传》中的"以君命赏"及《国语·晋语三》中的"赏以悦众……焉作爰田"明显不符。有关"作州兵",学说(4)(5)同样带有臆测性;学说(2)(3)言改易兵制,则自当扩充军器制造,因此可以将学说(1)包含在内。以杨氏的批评论,上述诸说虽在赏田或改易兵制这两点上基本可通,但均或多或少地存在需修正之处。事实上,之所以会如此,是因为据《左传》,"作爰田"与"作州兵"是几乎同时推出的两项改革措施,二者之间很有可能存在颇为密切的关联性,但上述诸说却都将此二者分散开来予以解释。

那么,究竟如何理解晋国的这两项改革措施?杜正胜先生的观点颇值得重视:"接受赏田的是国人,听信吕甥之言,乐于征缮,使得甲兵益多的也是国人。因此,晋作州兵的对象当然只限于国人。兵役与授田相对待,获田地则服兵役,反之亦然。国人之正卒本来就有田耕作,而且要服兵役,所以新受赏田而新服兵役者自然是国人之余子了。"②杜氏认识到当时因田亩而出军赋、因军赋而为兵士的习惯,认为由于国人中的一部分已有田地且得以享有承担兵役的权

---

① 参见杨伯峻编著:《春秋左传注》,第363页。
② 杜正胜:《编户齐民:传统政治社会结构之形成》,第51页。

利,因此"作爰田"和"作州兵"无非是指令国人群体全部获得田地并承担兵役,这无异于兵役的扩大化,也符合晋寻求振兴的初衷。杜氏的卓见可谓深入历史的横断面,体现出设身处地的历史真切感。应该承认,作为层层分封的遗制,一定的社会地位是与现实实力相适应的,因此对缺乏田地的国人来说,他们作为低级贵族的资格是不完整的,也无法时时光荣地承担起作战的责任,而晋国的改革则使固定的国人群体被放大。以此为基础,随着土地开发的进一步展开和私田获得确认的趋势在春秋中后期出现,晋在五十多年后实现了兵役对象的再次扩大,作为国人之对立面的所谓野人也被要求服兵役[①],国人的特殊性趋于弱化,兵役的权利性质遂逐渐消退。此过程实际上也可被视为以国野的地理差异来表示各自居民之社会地位差异的传统做法逐步淡化的过程。

2. 鲁。鲁国曾先后实行三项与兵制有关的改革,即初税亩、作丘甲、用田赋。初税亩是在鲁宣公十五年(公元前 594 年)推出的。《左传·宣公十五年》载:"初税亩,非礼也。谷出不过藉,以丰财也。""非礼也"是一种否定性评价,所谓的"礼"当然就是指"谷出不过藉"。藉同借,意指借民力以耕作。前文在分析宜侯夨簋铭文时曾提到分封制下的田地经营方式,即出于封君对全国土地之法权的拟制,民众拥有私田是以他们为贵族公田无偿提供劳役为代价的,所以"谷出不过藉",大致是说公室的收入主要来源于借民力劳作的公田之所产。但是,随着私田的大幅度开发,公室自然不愿忽视私田的产出,所以就通过"初税亩"认可民众的私田所有权并开始征

[①] 如杜正胜先生所说:"大概在西元前六百年以后,不论晋公的中央军或贵族的私属,必已征发野人来当兵了。"杜正胜:《编户齐民:传统政治社会结构之形成》,第 58 页。

税,遂致出现"丰财"的效果。如考虑到当时田地与军赋间的关联性,则"初税亩"实际上已经在构筑兵役扩大化的基础。

在"初税亩"推出四年后的鲁成公元年(公元前 590 年),鲁国又因来自齐国的军事威胁而设计了"作丘甲"的改革措施。①"作丘甲"的含义如同"作爰田""作州兵"一样聚讼纷纭,以下也将根据杨伯峻先生的考证略作总结:

(1) 使一丘之人均作铠甲,以毛奇龄说为代表;

(2) 使一丘出一甸之赋,以杜预注为代表,后胡安国、万斯大、顾炎武、沈钦韩等诸说又对杜注有所修正,但在本质上并无太大改变;

(3) 一丘出一定数量的军赋并由丘中人按其田亩数分摊,以范文澜说为代表。②

在学说(1),鲁"作丘甲"是为了应对齐国的进攻,但如果其含义仅仅为"作铠甲",这对解决现实困难有何帮助? 在学说(2),《周礼·地官·小司徒》云"四丘为甸",则"作丘甲"将令一丘之民所承担的赋突然增加四倍,鲁君即便暴虐,也不至于压榨民众到如此程度;而且,如赋增加四倍,根据当时军赋与军队数量的对应关系,则鲁国军队也当增加四倍,但实际情况是直至鲁哀公十一年(公元前 484 年),鲁国才"作三军",这又如何解释? 在学说(3),倘若"作丘甲"意指军赋按田亩数分摊于丘中众人,那么,如同学说(1)一样,此种改革措施如何有助于应对现实困难? 由此看来,以此三说解释"作丘甲"均有其不可通之处,此三字究竟应如何理解,这里仍需提及杜正

---

① 《左传·成公元年》:"为齐难故,作丘甲。"
② 参见杨伯峻编著:《春秋左传注》,第 784 页。

胜先生的观点。杜氏认为,中国古代聚落以丘为名者至春秋时代依然较为常见,因此丘甲似可视为除国都之外的重要战略要地的军事力量。以此为前提,杜氏论道:"《左传》已经说得很清楚:'为齐难故,作丘甲。'鲁国作丘甲,征发更多的军队,为的防齐国入侵也。原来封建城邦时代,天子六军,大国三军,次国二军,小国一军,国家主要武力布署在首都,其他都邑虽有军队,不一定完全听命于国君调遣,若直属国君的要地,往往安置瓜代的戍军。但是春秋以来战事日益激烈、频繁,政府乃先在这些要略地区征发兵丁,建为正规军,以取代轮番的戍卫……西元前590年鲁国之'作丘甲'即代表这样的兵役改革……这次兵役改革虽非全面,但已将兵源从'国'扩充到重要的军略都邑了。"①杜氏此论从鲁"作丘甲"的现实背景上看,确实较其余诸说合理,所以"作丘甲"作为"初税亩"之后不久出现的改革方案,显然比"初税亩"更直接地指向兵役改革。

至鲁哀公十一年,鲁国又一次进行改革,即所谓的"用田赋"。②从字面意思即可知,"用田赋"乃指"有田者皆赋"。如此一来,军赋的征收对象已全面开放,也意味着有田者皆成为战士的候选人。鲁国国人的特殊之处亦如晋国国人一般被逐渐消解,此种现象之发生的背景则为既有的邑家之土地经营方式的剧变以及由此带来的封国居民的"齐民"化。③

3. 郑。郑国的大力度改革是在子产执政后开始的。鲁襄公三

---

① 杜正胜:《编户齐民:传统政治社会结构之形成》,第53—54页。
② 《左传·哀公十一年》:"季孙欲以田赋,使冉有访诸仲尼。"《左传·哀公十二年》:"十有二年春,用田赋。"
③ 所谓"齐民"可作如此理解:"政府按户登录人口,谓之'编户'。理论上,凡编户之民皆脱离封建时代各级贵族特权的束缚或压迫,是国君统治下的平等人民。"杜正胜:《编户齐民:传统政治社会结构之形成》,第1页。

十年(公元前543年),"子产使都鄙有章,上下有服,田有封洫,庐井有伍"①。"都鄙有章,上下有服"意指严明都与鄙、上与下之间的区别,其目的显然是恢复以差等为要义的礼制秩序。从这一角度上说,子产无愧孔子所说的"古之遗爱"。但是,"田有封洫,庐井有伍"表现出了创立新制的改革精神。封为田界,洫为水沟,伍则如杨伯峻注所言为赋税,所以此八字大致是说重新界定田地归属并征税,这与鲁国的"初税亩"有异曲同工之妙。

五年后,郑"作丘赋",即一丘之人出军赋若干,兵役对象由此从国人扩展至一丘的全体民众,国人的特殊地位也受到了挑战。正因为此,如上文分析国人的政治作用时曾提及的那样,国人对子产的改革予以抨击。然而,子产以其"苟利社稷,死生以之"的魄力坚定地推行改革,并在两年后(公元前536年)通过"铸刑书"来维护改革的成果。此举引来了叔向的批评,子产则再一次表达了自己的务实态度:"若吾子之言,侨不才,不能及子孙,吾以救世也。既不承命,敢忘大惠?"②此处,子产之所以提出"救世",当然是因为"作丘赋"等举措推动了郑国的扩军,使其得以在晋楚夹临的国际环境中艰难生存;更因为各国受田邑开发和土地合并的刺激而超越了邑国家的限制,并由此绘成了整个时代演进的重要色调。以此立论,尽管如前文所述,子产不顾国人的反对而力行改革的做法体现出了子产身为杰出政治家的高超政治驾驭能力,但其中实际上也伴随着为时代潮流所刺激而生的种种无奈。

4. 楚。楚作为春秋时代的大国必然需要一定军事实力的支

---

① 《左传·襄公三十年》。
② 《左传·昭公六年》。

撑。《左传·襄公二十五年》云："楚蒍掩为司马，子木使庀赋，数甲兵。甲午，蒍掩书土田，度山林，鸠薮泽，辨京陵，表淳卤，数疆潦，规偃猪，町原防，牧隰皋，井衍沃，量入修赋。赋车籍马，赋车兵、徒卒、甲楯之数。既成，以授子木，礼也。""使庀赋，数甲兵"表明子木将治赋与治兵视为一体，因此时任楚司马的蒍掩首先就受命登记了田地、山林的开发情况；更为重要的是，蒍掩还对薮泽等予以全面调查，而此类地域基本都属于国之外的"野"。① 如此一来，与赋相适应的兵役对象当然也从国人扩张到野人了。②

上文以晋、鲁、郑、楚为例分析了春秋时代此四国的国人基于参战特权而形成的特殊地位逐渐被否定的过程。但事实上，这一现象在其他诸侯国中也有所体现③，只不过以现有史料论，对此四国情形的记载相对丰富而已。如此看来，尽管据史料所载，春秋时代的国人仍拥有从春秋之前传承而来的重要政治作用，但其特质的衰退也是普遍存在的，这本身就反映出春秋在历史阶段上的承前启后性。当然，如前文所说的那样，国人之特质的衰退也仅为一种表象，

---

① 对薮泽的详细介绍，参见〔日〕增渊龙夫：《中国古代の社会と国家》，岩波书店1996年版，第319—376页。

② 在这一点上，杜正胜先生持大致相同的观点："调查、登录的范围不限于传统的'国'，而遍及国外之'野'，足证此年之后楚国便普遍编组野人为军了。"杜正胜：《编户齐民：传统政治社会结构之形成》，第56页。

③ 如有关齐国，《国语·齐语》和《管子·小匡》皆记述管仲改革、桓公称霸的业绩，内容相近，但征兵一节却截然有别。杜正胜先生注意到这一点并认为此种区别表明，在《齐语》，在鄙之人尚未服兵役，但《小匡》的记载却表明居于鄙的野人应该也和国人一样被编组成军。《齐语》的记载虽不一定坐实于桓公、管仲上，唯根据春秋列国兵制改革的历史来看，《齐语》的情形在先，而《小匡》所记者在后，《小匡》篇当可代表春秋中晚期的情形。所以，在征发野人服兵役方面，《小匡》和《齐语》的差别也正是时代的写照。春秋中晚期以后齐国必已征发野人服兵役了。参见杜正胜：《编户齐民：传统政治社会结构之形成》，第58—60页。

其背后深藏着春秋时代国家形态变革的重要趋势,即从以分散的诸邑为基本单位的国家形态向诸邑合并的帝制国家转变。在此种趋势下,国野在政治和社会等级意义上的区别被逐渐弭平。如果说国人能独享参战的权利是因为古代战争需要专门的技艺,国人则能通过射礼、蒐礼等学得此类技艺,那么,由国野区别渐渐消失而促成的战士的普遍化其实正反映出,诸邑周边的开发所致邑的合并、各国疆域的扩大以及东周时代战争频繁的现实压力已使追求君子之道的古礼失去了自己的践习空间和存在必要。在此点上,国人兴衰的意义超越了这一群体自身,他们既为时代的产物,同样也以其沉浮奏唱着不同时代的基本音律。

二、立盟

除了国人之外,在先秦尤其是春秋史籍中,盟也是经常被提及的社会现象,有学者就曾统计说,"仅《春秋》所载的242年间,明见于《经》《传》的会盟就达246次"①;还有学者作出了更具定性意义的概括:"如果说春秋的历史是通过'盟誓'而展开的,丝毫也不过分。这种凡事必盟、人人参盟的历史现象,在世界历史上亦显得极为特殊,而且在其后的时代这样的情况再也不复出现,可称为历史的'绝响'。"②然而,这并不是说盟以前后如一的形式存在,毋宁说虽然盟的程序并未发生实质性改变,但其参与主体、内容等则随着时代演

---

① 徐杰令:《春秋会盟礼考》,《求是学刊》2004年第2期。
② 吕静:《春秋时期盟誓研究:神灵崇拜下的社会秩序再建构》,上海古籍出版社2007年版,第12页。

进有所调整,而这同样是考察早期中国国家形态之变化的切入点。

(一)有关盟的概说

一般认为,盟与誓一样皆是依托神灵保障某种行为的实施,但二者之间又有所区别,此种区别的存在则显现出盟的特殊性,因此对盟的界定应当对照誓展开。日本学者滋贺秀三先生即循此路径并指出:"必须注意,称为'誓'的布令行为,主要是在战争(及准战争狩猎)——上古战争是具有高度宗教意味的行动——与祭祀仪式中实施,那时人们都处于高昂的宗教情绪之中。可以推定这样一种关系:通过对神明的宣誓,布令者的话语就成了对部下的绝对命令……无论是个人宣誓还是对群众誓告,发表宣言的主体都是个人,这是与盟的不同之处。誓告也是一种立法手段,这一点在法源史上应该受到重视……如果人们已有了在指挥者之下一致协力的意向——尤其是这一意向有宗教情绪支持时,誓就能发挥功能;如果想在独立性很强的人们之间形成秩序,则使用盟。"①这就是说,誓是在个人陈述其宣言或群体意见一致的情况下实施的使宣言或意见绝对化的行为,盟则是在群体间意见不一的情况下协商以达成同一认识并将其绝对化的行为。应当承认,此种区分是有其合理之处的,《说文》即云"誓,约束也,从言折声",《左传·成公十一年》又载:

> 声伯之母不聘,穆姜曰:"吾不以妾为姒。"生声伯而出之,嫁于齐管于奚。生二子而寡,以归声伯。声伯以其外弟为大

---

① 〔日〕滋贺秀三:"中国上古刑罚考——以盟誓为线索",载刘俊文主编:《日本学者研究中国史论著选译》(第八卷),姚荣涛、徐世虹译,中华书局1992年版,第4页。

夫，而嫁其外妹于施孝叔。郤犨来聘，求妇于声伯。声伯夺施氏妇以与之。妇人曰："鸟兽犹不失俪，子将若何？"曰："吾不能死亡。"妇人遂行，生二子于郤氏。郤氏亡，晋人归之施氏，施氏逆诸河，沉其二子。妇人怒曰："己不能庇其伉俪而亡之，又不能字人之孤而杀之，将何以终？"遂誓施氏。

在这段记载中，施氏为存己而放弃其妻即声伯之妹于先，溺声伯之妹与郤氏之二子于后，声伯之妹遂立誓以表达对施氏的无限愤恨。此立誓行为显然是声伯之妹的私下行为。正因为誓与盟之间存在意见一致与否的差异，所以二者之间在程序上也就有所不同，"誓重在言辞，希望以言辞来约束会盟者，无杀生歃血为盟的程序。而盟礼不仅用誓词来约束会盟各方，从而使人们遵守信用，还要歃血昭示神灵。另外，盟礼尚需要文字作为证词，也就是'载书'"。[①] 上述观点在国内外法律史学者中颇有市场，刘永平先生更进一步将誓和盟的区分与血缘认同联系起来并主张："揆诸卜辞，战争频繁地在这些族之间发生。在举行军事行动之前，族众会在其祖庙履行一系列仪式以祈求其祖先对战争胜利的护佑。誓（庄重宣言或诅咒）最初也许就是运用于这些场合中的最重要的宗教制度。通过共同发誓，族众表达了他们作为源自同一祖先之兄弟的决心，他们将共同进入生死战场……由于誓的仪式经常是在祖庙中举行，参与者又是源于同一血缘的本族成员，祖先崇拜和共同血缘或许就是誓言的最可靠保证。因此，族众将认为誓言的单纯口述已有满足需求的足够庄重

---

① 曹建墩：《先秦礼制探赜》，第119页。

性"①;"然而,当两个不同的族或方缔结军事联盟并将与敌对的方作战时,由于他们分属于不同的血缘群体,缔约各方自然要考虑在相互间创造拟制的血缘纽带。在卜辞中,学者们发现了'盟'的字形"②。

诸说虽各有所本,但对于盟的初始含义,恐怕尚未完全厘清。主要问题在于,"盟"字的字义与史籍记载的盟的行为之间不相对应。《释名·释言语》曰:"盟,明也,告其事于神明也。"《释名》对"盟"字字义的解释仅强调"告神"这一点,不包含双方或多方协议的意思。那么,如何理解"盟"字本身? 在这一点上,吕静先生的观点值得重视。"盟"字的古文为"盟(篆文为㑣)",吕氏通过对其上半部分"囧"的分析指出:

> "囧"可以指祭器"方明",因此结合甲骨文、金文观之,"盟"当指血祭祖先的一种祭名,商周时代人用以指称在神灵面前限制自己行为的词汇并非"盟"而是"誓"。尽管早在新石器时代就已存在起誓和结盟的行为,但今天已无法确知当时是用什么语言来表示这种行为的。今天具有起誓结盟意义之"盟",显然是借用了王室血祭祖先的一个祭法名称,并且此种借用恐怕不

---

① Yongping Liu, *Origins of Chinese Law: Penal and Administrative Law in its Early Development*, Hong Kong: Oxford University Press, 1998, p. 149.
② Yongping Liu, opcit, p. 150. 事实上,李力先生在《中国法制通史》(第一卷 夏商周)中也论道,甲骨文、金文均有"盟"字,"盟"最初可能导源于原始部落时代。部落间通过"盟"这种仪式联合起来以处理部落间的大事,参加"盟"的部落间的关系大致是平等的。参见张晋藩总主编、蒲坚主编:《中国法制通史》(第一卷 夏商周),法律出版社 1999 年版,第 429 页。

会早于春秋时代。①

吕氏之说包含三个要点，每一要点都较为妥当地回答了有关盟的疑问。其一，盟原为"血祭祖先的一种祭名"，因此即使像《释名》所说的那样，"盟"仅指祭神之事而不论参盟者意见一致与否也是可以理解的。其二，至春秋时代，由于结盟行为越来越频繁，血祭意义上的"盟"又因涉及祖先神而具有较强的神圣性，因此作为祭名的"盟"就吸纳了因缔结双方关系而结盟的义项，原来不知其名的结盟行为被名之以上文所说的与"誓"相区别且以双方合意为要素的"盟"。其三，"盟"最初既带有血祭之意，则当为同血族人的内部行为，所以在其介入结盟场合时，血缘纽带自然也是结盟各方的应有之义，盟和誓在程序上的差异遂随之而生。从这三个要点来看，吕氏之说较其他诸说更为全面，使我们很自然地联想到盟为何会与神灵联系起来，以及盟的具体程序设计。

紧随于此的问题是，盟的程序究竟如何。不用说，盟须经历由一系列行为组成的复杂流程，不管在结盟前或结盟后都有相应的仪式，但此处所欲明晰的是盟的关键环节，亦即立盟当时的程序。《礼记·曲礼下》云："约信曰誓，莅牲曰盟。"孔疏曰："盟者，杀牲献血，誓于神也。盟之为法，先凿地为方坎，杀牲于坎上，割牲左耳，盛以珠盘。又取血，盛以玉敦，用血为盟，书成，乃歃血而读书。"可见，立盟当时的程序包括如下环节：

---

① 参见吕静：《春秋时期盟誓研究：神灵崇拜下的社会秩序再建构》，第55—66页。

1. 凿地为穴或洞,以牺牲置于坎上并杀之;

2. 割去牺牲的左耳而以盘盛之,且取其血而以敦(一种容器)盛之;

3. 读载书(即盟约)以告神,并歃血;

4. 歃血后,以载书正本置于牺牲之上而埋之,副本则与盟者各持归并保藏。

应当指出,尽管如此作注的孔颖达是唐人,但《左传》中确有不少记载可证孔疏的可信性:

> 秋,秦、晋伐鄀。楚斗克、屈御寇以申、息之师戍商密。秦人过析隈,入而系舆人以围商密,昏而傅焉。宵,**坎血加书**,伪与子仪、子边盟者。商密人惧曰:"秦取析矣,戍人反矣。"乃降秦师。(《左传·僖公二十五年》)

> 正月乙未,入,逆而出。遂会于虢,寻宋之盟也……楚令尹围请**用牲,读旧书,加于牲**上而已。晋人许之。(《左传·昭公元年》)

> 宋寺人柳有宠,大子佐恶之。华合比曰:"我杀之。"柳闻之,**乃坎、用牲、埋书**,而告公曰:"合比将纳亡人之族,既盟于北郭矣。"公使视之,有焉,遂逐华合比,合比奔卫。(《左传·昭公六年》)

在明确了孔疏的可信性之后,即可对立盟环节作若干分析。首先,用牲一般来说是必须的,其目的当然是为了宰牲取血做准备。所用之牲多为牛、羊,如情况特殊,也有用豕代替者,如《左传·哀公十五年》载:"既食,孔伯姬杖戈而先,大子与五人介,舆獀之。迫孔悝于厕,强盟之,遂劫以登台。"其次,如"告神"二字所示,载书之所以要大声宣读,是因为如此而为可使神听到载书的内容以赋予载书神圣性。那么,载书的内容大致如何?关于此问题,可参考《左传》的若干片断以寻求解答:

1. 夏四月丁未,公及郑伯盟于越,结祊成也。盟曰:"渝盟无享国。"(《左传·桓公元年》)

2. 己酉,王享醴,命晋侯宥……癸亥,王子虎盟诸侯于王庭,要言曰:"皆奖王室,无相害也。有渝此盟,明神殛之,俾队其师,无克祚国,及而玄孙,无有老幼。"(《左传·僖公二十八年》)

3. 宋华元克合晋、楚之成。夏五月,晋士燮会楚公子罢、许偃。癸亥,盟于宋西门之外,曰:"凡晋、楚无相加戎,好恶同之,同恤蓄危,备救凶患。若有害楚,则晋伐之。在晋,楚亦如之。交贽往来,道路无壅,谋其不协,而讨不庭有渝此盟,明神殛之,俾队其师,无克胙国。"(《左传·成公十二年》)

4. 四月,诸侯伐郑……秋七月,同盟于亳。范宣子曰:"不慎,必失诸侯。诸侯道敝而无成,能无贰乎?"乃盟,载书曰:"凡我同盟,毋蕴年,毋壅利,毋保奸,毋留慝,救灾患,恤祸乱,同好恶,奖王室。或间兹命,司慎司盟,名山名川,群神群祀,先王先公,七姓十二国之祖,明神殛之,俾失其民,队命亡氏,踣其国家。"(《左传·襄公十一年》)

5. 十九年春,诸侯还自沂上,盟于督扬,曰:"大毋侵小。"(《左传·襄公十九年》)

6. 子鱼曰:"……晋文公为践土之盟,卫成公不在,夷叔,其母弟也,犹先蔡。其载书云:'王若曰,晋重、鲁申、卫武、蔡甲午、郑捷、齐潘、宋王臣、莒期。'藏在周府,可覆视也。吾子欲复文、武之略,而不正其德,将如之何?"(《左传·定公四年》)

在这几段史料中,"僖公二十八年"与"定公四年"所说的都是著名的践土之盟,当可合并以考察践土之盟的载书。如此一来,史料2、3、4、6所提及的载书都是较为完整的,其构成大体包括四个部分:(1)逐一列举或以"凡我同盟"概称的参盟者,(2)盟辞,(3)作为祈祷对象的神灵,(4)诅咒;史料1、5则只涉及载书的第(4)部分与第(2)部分。显然,载书的第(3)(4)两部分表达了参盟者将盟约的效力归诸神意,并希望借助神灵的力量监督盟约的履行,盟与神灵的紧密联系在此被展现出来。再次,有关歃血,一般认为指饮血,但吕静先生提出了质疑意见。在她看来,古代盟誓仪式肯定曾实行过饮血之俗。不过,春秋盟誓仪式大都采取手指蘸血涂于嘴唇的方式。之所以如此而为,是因为誓言要由"口"来表达,血涂于口将实现口的神圣化,盟誓中承诺的约定也就内含"不可虚言"之意。此论虽有其理,但未免过于武断。前文曾提及鲁定公八年(公元前502年)的晋卫立盟,在这次会盟中,卫君为晋臣所辱,具体场景如下:

> 晋师将盟卫侯于鄟泽。赵简子曰:"群臣谁敢盟卫君者?"涉佗、成何曰:"我能盟之。"卫人请执牛耳。成何曰:"卫,吾温、原也,焉得视诸侯?"将歃,涉佗捘卫侯之手,及捥。卫侯怒。①

---

① 《左传·定公八年》。

《说文》:"挼,推也。"捥即腕。倘若如吕氏所说,歃血是指将血涂于口上,涉佗推卫君之手竟至血流至腕恐怕就较难理解;反之,如歃血为饮血,涉佗推卫君之手以致盛血之器翻转,血倒是很有可能流至腕。这样看来,通说即饮血说还是较为合理的,但吕氏之说亦可谓有所本。或许,歃血以饮血为习惯做法,至春秋时期逐渐使用涂血于口的简易方式。事实上,如前文所述,结盟意义上的"盟"借用了古代的血祭仪式,通过饮血构建不同血族参盟者之间的血缘纽带确实也是顺理成章的;并且,以拟制血缘为基础,若一方违约并损害对方,则同样将损害自身,盟约的效力也由此得以强化。正因为歃血如此重要,在无牲可用的情况下,参盟者甚至会割臂或割胸口为盟。[①] 最后,载书副本的制作和收藏自然以使参盟各方的履约义务有所依据为目的,但载书正本与牲一起埋葬则寄托了参盟者希望神灵在享用牲的同时保证盟约不被废弃的愿望。

综观立盟的具体环节,可以看出,盟的仪式及通过此仪式形成的载书均表现出崇拜神灵和重视血族的文化信息。联想到本章第一节所提及的以血族聚居和"国之大事,在祀与戎"为基本社会状况的邑制国家,盟无疑是作为邑制国家之习俗的残留而存在的。但是,在春秋年代,盟的参与者及内容愈加复杂化,其蕴含的远古遗风也逐渐被形式化了。

(二)春秋时代的盟

毋庸置疑,在春秋年代,今日国交意义上的盟是存在的,如《左传·隐公八年》云"齐人卒平宋、卫于郑。秋,会于温,盟于瓦屋,以

[①] 如《左传·庄公三十二年》:"初,公筑台临党氏,见孟任,从之。閟,而以夫人言许之。割臂盟公,生子般焉。"又如,《左传·定公四年》:"王割子期之心,以与随人盟。"

释东门之役,礼也";《左传·桓公十七年》亦曰"十七年春,盟于黄,平齐、纪,且谋卫故也";《左传·文公十五年》又载"冬,十一月,晋侯、宋公、卫侯、蔡侯、郑伯、许男、曹伯盟于扈,寻新城之盟,且谋伐齐也"。但是,春秋年代的盟绝非如此简单。

首先,盟的内容趋于多样化。鲁僖公九年(公元前651年),齐桓公于葵丘大会诸侯,并通过此次会盟确立了自己的霸主地位,所谓"天子有事于文武,使孔赐伯舅胙"①。《左传》对此次会盟的载书只记录了寥寥数语:"凡我同盟之人,既盟之后,言归于好。"②《穀梁传》和《孟子》则更为详尽地回顾了葵丘之盟的盟辞:

> 毋雍泉,毋讫籴,毋易树子,毋以妾为妻,毋使妇人与国事。(《穀梁传·僖公九年》)

> 五霸,桓公为盛。葵丘之会诸侯……初命曰:"诛不孝,无易树子,无以妾为妻。"再命曰:"尊贤育才,以彰有德。"三命曰:"敬老慈幼,无忘宾旅。"四命曰:"士无世官,官事无摄,取士必得,无专杀大夫。"五命曰:"无曲防,无遏籴,无有封而不告。"曰:"凡我同盟之人,既盟之后,言归于好。"(《孟子·告子下》)

如以今人的眼光观之,此类盟辞似乎都是他国内政且多有家事之意,在今日正常国交中恐怕不会成为列国政要讨论的问题。这当然不是说古人的思维世界充满怪异,只能认为当时的霸主齐桓公所欲维护的国际秩序根本不同于现代人对国际社会的理解。葵丘之盟

---

① 《左传·僖公九年》。
② 《左传·僖公九年》。

的盟辞或要求参盟各国互相扶助,或主张参盟各国不可变乱血缘。这无疑是为了维持以血缘为纽带的诸邑国家间的并存,西周国家的统治模式在周王室的权威衰败之后,通过霸主得以延续。前文已引用的鲁襄公十一年(公元前562年)的亳之盟的载书写道:"凡我同盟,毋蕴年,毋壅利,毋保奸,毋留慝,救灾患,恤祸乱,同好恶,奖王室。"这显然也表达了作为霸主的晋国欲以保存"权力代理的亲族邑制国家"的愿望。至战国年代,远交近攻、合纵连横之说流行,如葵丘之盟与亳之盟的载书一般的盟辞就很少出现了[①],这也反映出春秋时代的盟在内容上的特殊性。

更有意思的是,春秋时代的盟除涉及诸侯国交往这样的国际问题外,就连国内问题,也多通过盟来解决,所以盟的内容就更为复杂了。滋贺秀三先生充分意识到这一点。《左传·襄公二十三年》载:

> 初,臧宣叔娶于铸,生贾及为而死。继室以其侄,穆姜之姨子也。生纥,长于公宫。姜氏爱之,故立之。臧贾、臧为出在铸。臧武仲自邾使告臧贾,且致大蔡焉,曰:"纥不佞,失守宗祧,敢告不吊。纥之罪,不及不祀。子以大蔡纳请,其可。"贾曰:"是家之祸也,非子之过也。贾闻命矣。"再拜受龟。使为以纳请,遂自为也。臧孙如防,使来告曰:"纥非能害也,知不足

[①] 现有史料中很少提到战国时代的盟。即使略有所论,也多涉及类似今日国交的内容,如《战国策·赵二》记载了苏秦从燕至赵说赵王合纵一事,苏秦谋划的盟辞即为:"秦攻楚,齐、魏各出锐师以佐之,韩绝食道,赵涉河、漳,燕守常山之北。秦攻韩、魏,则楚绝其后,齐出锐师以佐之,赵涉河漳,燕守云中。秦攻齐,则楚绝其后,韩守成皋,魏塞午道,赵涉河漳、博关,燕出锐师以佐之。秦攻燕,则赵守上层山,楚军武关,齐涉渤海,韩、魏出锐师以佐之。秦攻赵,则铧军姨阳,楚军武关,魏军河外,齐涉渤海,燕出锐师以佐之。诸侯有先背约者,五国共伐之。"

也。非敢私请！苟守先祀，无废二勋，敢不辟邑。"乃立臧为。臧纥致防而奔齐。其人曰："其盟我乎？"臧孙曰："无辞。"将盟臧氏，季孙召外史掌恶臣，而问盟首焉，对曰："盟东门氏也，曰：'毋或如东门遂，不听公命，杀適立庶。'盟叔孙氏也，曰：'毋或如叔孙侨如，欲废国常，荡覆公室。'"季孙曰："臧孙之罪，皆不及此。"孟椒曰："盍以其犯门斩关？"季孙用之。乃盟臧氏曰："无或如臧孙纥，干国之纪，犯门斩关。"

滋贺氏发现，一方面，由于进入帝制时代后，除了与外藩缔结条约外，盟诅作为立法手段的现象在国家法中完全消失，因此盛行诅盟实为上古时代的特色，而在上古时代，执行刑罚就通常伴随着立誓或立盟行为；另一方面，"毋或如"这样的词汇可以发挥提起盟誓的作用，如在此类词汇后缀以特定的人名，这就意味着社会群体与某人绝交。所以，这两方面的结合表明上古时代刑罚的内在理念为放逐。[1] 毋庸置疑，滋贺氏的结论对古代刑罚理念的研究来说极富参考价值，但其考证拘囿于自身的问题意识，上述引文中的盟辞的含义则绝不限于此。若将"毋或如"后面的人名去掉，则盟辞的首要作用毋宁说在于创设规范，其语句相当于"不得如……一般不听公命，杀適立庶"。这一点可在其他相关史料中获得旁证：

> 王乃之坛列，鼓而行之，至于军，斩有罪者以徇，曰："莫如此以环瑱通相问也。"明日徙舍，斩有罪者以徇，曰："莫如此不

---

[1] 参见〔日〕滋贺秀三："中国上古刑罚考——以盟誓为线索"，载刘俊文主编：《日本学者研究中国史论著选译》（第八卷）。

从其伍之令。"明日徙舍,斩有罪者以徇,曰:"莫如此不用王命。"明日徙舍,至于御儿,斩有罪者以徇,曰:"莫如此淫逸不可禁也。"……明日,迁军接酥,斩有罪者以徇,曰:"莫如此志行不果。"于是人有致死之心。王乃命有司大徇于军,曰:"谓二三子归而不归,处而不处,进而不进,退而不退,左而不左,右而不右,身斩,妻子鬻。"①

此处,即将与吴军作战的越王勾践于阵前先斩有罪者以示众,后对战士们发布命令,其言辞自然就带有规定某种罪行及其刑罚的意味,"莫如此"也像"毋或如"那样可被视为提示规范的语词。由此可见,《左传·襄公二十三年》中的盟辞包含法律条文型的内容。此类盟辞所涉及的参盟者显然人数众多,但从盟约束行为的功能出发,在春秋年代也有以二人相互间的行为规范为内容而表现出类似法律之效力的盟辞。如鲁桓公十五年(公元前697年),郑厉公突因不满祭仲专权而欲杀之,结果反而事败出奔。十七年后,郑厉公自栎邑入侵郑国并俘获傅瑕,傅瑕乃与厉公盟。盟的内容为:"苟舍我,吾请纳君。"②最后,傅瑕果然履行了盟辞的规定。还如,鲁庄公三十二年(公元前662年),庄公因"筑台"而至党家,见党氏之女孟任,乃追之。孟任闭门不出,庄公许以夫人之位,遂立盟。后,孟任果生庄公之子般。③ 又如,鲁僖公十八年(公元前642年),郑伯朝楚,楚王以金即铜赠之。既而,楚王又担心所赠之铜将被郑国用来铸造兵器,遂与郑伯盟:"无以铸兵。"④郑伯最终只能以铜铸"三钟"。再如,

---

① 《国语·吴语》。
② 《左传·庄公十四年》。
③ 参见前注所引史料《左传·庄公三十二年》。
④ 《左传·僖公十八年》。

鲁昭公十一年(公元前531年),泉丘有女梦"以其帷幕孟氏之庙,遂奔僖子",其邻家女从之,二女乃于清丘土地神社立盟曰:"有子,无相弃也。"①结果,泉丘女与孟僖子生孟懿子与南宫敬叔,其邻家女无子,遂令其养南宫敬叔。上述种种仅为史料所载春秋时期盟的一部分,但其涉猎面可谓相当广泛,亦足以明证随着时代的演进,社会现象远较血族聚居的邑家时代复杂,因此时人就以盟为设定双方或多方规范的惯常做法。这样一来,春秋时代的盟既以维护既往传统为目的,也面向传统逐渐困顿后出现的新情况,其内容的复杂性正展现了春秋时代的过渡品格。

除了内容之外,盟的参与者同样呈现出多样化趋势。对这一问题,上文已略有涉及,如在上文所举诸例中,既有国君与国君之间的盟、国君与大臣乃至普通人之间的盟,亦有普通人相互间的盟。尽管如此,各种事例皆为简单的叙述,其内藏的问题点仍有待进一步分析。这所谓的问题就在于,参盟者的多样化能反映盟的何种社会功能。在公元前632年践土之盟后,先前出奔的卫侯回到了卫国。为了确保卫国政局的稳定,卫宁武子与卫人盟于宛濮,其盟辞曰:"天祸卫国,君臣不协,以及此忧也。今天诱其衷,使皆降心以相从也。不有居者,谁守社稷?不有行者,谁扞牧圉?不协之故,用昭乞盟于尔大神以诱天衷。自今日以往,既盟之后,行者无保其力,居者无惧其罪。有渝此盟,以相及也。明神先君,是纠是殛。"②此举果然产生了良好效果:

国人闻此盟也,而后不贰。(《左传·僖公二十八年》)

---

① 《左传·昭公十一年》。
② 《左传·僖公二十八年》。

以《左传》的记载观之,与甯武子同盟者当为国人。前文已明,各封国最初的国人中有追随封君共赴封国的周人,更兼周的宗法分封制使与甯武子立盟的国人当中还有从公室分出并中经数代甚至数十代的卫公室后人。他们与公室之间显然是同姓亦即同血缘的,因此如在血族强盛的上古时代,他们与公室之间的关系或因本族宗法,而无须通过以协商及诅咒为要素的盟来加强。如今的情况却恰恰相反,这正表明姓氏分化已导致共同血缘的淡化,人际关系越来越以现实利益为导向。正因为此,甯武子乃以卫国的稳定与所有国人之生存的相关性为说辞而与国人结盟。《左传·定公六年》又云:

> 阳虎又盟公及三桓于周社,盟国人于亳社,诅于五父之衢。

阳虎作为鲁国的乱政者,他维持权势的难度是可以想象的,而其盟国人一事同样说明,在春秋年代,血缘纽带的衰退使当权者求助于盟以强化自己与臣民的上下关系,正如吕静先生的概括所指明的:"到了春秋中后期,盟誓的参与者有渐渐向社会各阶层扩大的趋势,尤其是向自由身份的末端人群波及的倾向,越来越明显。盟誓,越来越成为国君、实力派大夫等国的支配阶层,用于控制国内政治局势,再编国内政治秩序的一种有效手段。"[①]

盟的内容及参与者的多样化均表明,春秋时代的盟越来越明显地成为现实情势的应对方式,但盟的仪式却传承着春秋之前的文化信息,那么,时人频繁地使用盟是否切实出于对神灵监督盟辞之履行的信奉?答案当然是否定的,《左传》的记载中就不止一次地出现时人对盟之效力的质疑:

---

① 吕静:《春秋时期盟誓研究:神灵崇拜下的社会秩序再建构》,第 266 页。

> 陈及郑平。十二月,陈五父如郑莅盟。壬申,及郑伯盟,歃如忘。洩伯曰:"五父必不免,不赖盟矣。"(《左传·隐公七年》)
>
> 楚将北师。子囊曰:"新与晋盟而背之,无乃不可乎?"子反曰:"敌利则进,何盟之有?"(《左传·成公十五年》)
>
> 楚子伐郑,子驷将及楚平。子孔、子蟜曰:"与大国盟,口血未干而背之,可乎?"子驷、子展曰:"吾盟固云:'唯强是从。'今楚师至,晋不我救,则楚强矣。盟誓之言,岂敢背之?且要盟无质,神弗临也……明神不蠲要盟,背之可也。"乃及楚平。(《左传·襄公九年》)

这种质疑其实是相当正常的,其原因在于盟是以神灵信仰为效力来源的合意行为,但在春秋年代,神灵信仰虽未被完全否定,却正逐步让位于对人事的重视,《左传·庄公三十二年》就论道:

> 神居莘六月。虢公使祝应、宗区、史嚚享焉。神赐之土田。史嚚曰:"虢其亡乎!吾闻之:国将兴,听于民;将亡,听于神。神,聪明正直而一者也,依人而行。虢多凉德,其何土之能得!"

如史嚚般以人事解释神事的观点在《左传》中可谓屡见不鲜,①郑子

---

① 如《左传·僖公十六年》曰:"十六年春,陨石于宋五,陨星也。六鹢退飞过宋都,风也。周内史叔兴聘于宋,宋襄公问焉,曰:'是何祥也?吉凶焉在?'对曰:'今兹鲁多大丧,明年齐有乱,君将得诸侯而不终。'退而告人曰:'君失问。是阴阳之事,非吉凶所生也。吉凶由人,吾不敢逆君故也。'"又如,《左传·僖公二十一年》云:"夏,大旱。公欲焚巫尪。臧文仲曰:'非旱备也。修城郭,贬食省用,务穑劝分,此其务也。巫、尪何为?天欲杀之,则如勿生;若能为旱,焚之滋甚。'公从之。是岁也,饥而不害。"再如,《左传·襄公十八年》载:"晋人闻有楚师,师旷曰:'不害。吾骤歌北风,又歌南风。南风不竞,多死声。楚必无功。'董叔曰:'天道多在西北,南师不时,必无功。'叔向曰:'在其君之德也。'"

产的"天道远,人道迩,非所及也,何以知之"①,正可谓此种言论的总括。以如是情况论,时人为何仍诉诸于盟?易言之,时人要通过盟寻求何种保证承诺被实现的约束力量?在春秋之前血族聚居的邑国家中,人们可以通过向神灵盟誓来控制自己的行为,因此传统的盟就具有实质意义。但是,进入春秋年代之后,随着血缘纽带被缓缓拆解,人们转而在面向神灵的许诺中找到了履行承诺的道德本质亦即"信",《左传·桓公十二年》就提道:

> 君子曰:"苟信不继,盟无益也。《诗》云:'君子屡盟,乱是用长。'无信也。"

在上引《左传·襄公九年》的记载中,子驷、子展之所以认为郑楚之盟可以违反,也是因为所谓的要盟即受强迫而立之盟缺乏"信"以致"神弗临也"。事实上,对结盟之"信"的强调并不限于此二例②,如果说"信"是从血族意识中脱离出来的,是人们受重人事之思想的冲击而追求的具有规范性质的品格,这或许是不过分的,而人们之所以要通过盟寻求互相遵守承诺的保证,其原因也不过就是借用盟的血缘拟制及诅咒等传统形式来固"信"而已,盟原有的实质效力则为其

---

① 《左传·昭公十八年》。
② 如《左传·成公十一年》云:"秦、晋为成,将会于令狐。晋侯先至焉,秦伯不肯涉河,次于王城,使史颗盟晋侯于河东。晋郤犨盟秦伯于河西。范文子曰:'是盟也何益?齐盟,所以质信也。会所,信之始也。始之不从,其何质乎?'秦伯归而背晋成。"又如,《国语·鲁语下》载:"晋人执平子。子服惠伯见韩宣子,曰:'夫盟,信之要也。晋为盟主,是主信也。若盟而弃鲁侯,信抑阙矣……今信蛮夷而弃之,夫诸侯之勉于君者,将安劝矣?若弃鲁而苟固诸侯,群臣敢惮戮乎?诸侯之事晋者,鲁为勉矣。若以蛮夷之故弃之,其无乃得蛮夷而失诸侯之信乎?子计其利者,小国共命。'宣子说,乃归平子。"

形式意义所消融,如李力先生所言:"在春秋时期社会大动荡的冲击下,重人事的思想逐渐动摇着以往天帝祖先的神圣地位……'歃血为盟'以示神圣的外在形式虽然得以保留,但是其内容却发生了质的变化。"①

上文对盟的大致内容作出了介绍,但均立足于传世文献的记载,而《左传》等史料所叙述的基本为列国大事,尤其是王侯将相之言行,盟则多作为重要史事的枝节而被附带地提及,所以尽管上文对盟有所分析,但若能得到以盟自身为主要内容的出土文献的验证,各种观点将更具说服力。幸运的是,出土于山西侯马的一批盟书佐证了这一观点。

(三) 侯马盟书:基于个案的研究

1965年,山西省考古工作者在发掘山西侯马晋城遗址时,发现了一大批记有朱书文字的玉石片,同年11月至次年5月又进行了大规模发掘。从发掘迹象来看,掩埋方式当为先在壁龛中存放玉璧,再在竖坑即所谓的"坎"中埋放牺牲及盟书,这与前文论述的盟的环节大致吻合。

侯马晋城遗址共出土盟书五千余件,多数已残且字迹不清,较完整清晰者有656件。有关这批盟书的断代,归纳起来主要有6种看法:(1)郭沫若考订盟书年代为公元前386年,盟主是赵敬侯章,政敌是盟书中的赵北,即赵武子赵朔;盟书反映的是赵敬侯章与赵武子朔争位之事。(2)陈梦家认为侯马盟书为公元前5世纪后半期(前452—前416年)之物,由于文献史料匮乏,盟书所述史实及所见

---

① 张晋藩总主编、蒲坚主编:《中国法制通史》(第一卷 夏商周),第432—433页。

人名无从考证。(3)唐兰、高明主张这批盟书是赵桓子逐赵献子自立后的遗物,主盟人为赵嘉即赵桓子嘉,政敌是赵化及赵献侯浣,反映的是公元前 424 年赵桓子嘉与赵献侯之间争夺政权的史实。(4)李裕民认为盟书订于公元前 585—前 581 年,其内容与文献所载"下宫之难"有关。(5)张颔等认为侯马盟书是公元前 497—前 489 年,晋国世卿赵鞅同卿大夫之间盟誓的约信文书。主盟者赵孟是晋赵鞅即赵简子,其政敌是赵尼即邯郸赵午之子赵稷;所反映的历史事实是公元前 496 年"智伯从赵孟盟"后,赵鞅为索取"卫贡五百家",对邯郸赵氏以及范氏、中行氏持续数年的征讨战争。(6)李学勤认为第 105 号坑所出盟书确实反映了公元前 497 年晋卿赵氏家族分裂,赵简子鞅杀邯郸赵午,征讨赵稷、范氏、中行氏的史实。其他盟书的年代要略晚些,从 16 号坑的历朔看,在公元前 470 年前后,辞中盟主赵嘉为赵简子鞅之孙赵桓子,政敌赵弧等当是逃居境外的赵午等人的余党,所以赵氏家臣结盟防止其重返晋国。目前,最有代表性的是唐兰、高明之说与张颔之说,但从当时的整个历史背景及全部盟书的内容分析,张说比较妥当。张颔据 16 号坑出土盟书所载历朔推定,其盟誓时间为晋定公十六年即公元前 496 年;其他各坑出土的盟书的盟誓时间也距此不远。李学勤对第 105 号坑盟书所反映史实与文献所载公元前 497 年晋卿赵氏家族分裂相印证的肯定,又为张说提供了佐证。①

据内容之别,这批盟书可被归纳、划分为 6 类:(1)宗盟类。这一类盟辞强调要奉事宗庙祭祀和守护宗庙,反映了主盟人赵鞅("赵

---

① 参见张晋藩总主编、蒲坚主编:《中国法制通史》(第一卷 夏商周),第 423—425 页。

孟")为加强晋阳赵氏宗族的内部团结以求一致对敌而请求盟誓的情况。(2)委质类。这是从敌对阵营里分化出来的一些人物所立的誓约,表明与旧营垒决裂并将自己献身给新的主君。(3)纳室类。盟辞内容表明,参与人发誓,自己不"纳室"(侵夺别人的奴隶、财产),也要反对和声讨宗族兄弟们的"纳室"行为,否则甘愿接受诛灭的制裁。(4)诅咒类。其内容并非誓约,而是对既犯罪行加以诅咒和谴责以使有罪者受到神明的惩处。(5)卜筮类。这是盟誓中有关卜筮的一些记录,不是正式的盟书。(6)其他。除了上述五类外,还有少数残碎的盟书,内容特殊,但除其中一件保存着"永不明于邯郸"一个完整的句子外,其余盟书由于辞句支离,无从了解其全貌。① 以下就将撷取部分盟书略作分析。

首先,侯马盟书中有这样一篇有助于分析盟中的神灵信仰及血缘纽带的盟书:

十又一月甲寅朏,乙丑,敢用一元□,丕(?)显皇君晋公,□余不敢惕兹□□□审定宫、平时之命,女嘉之□夫＝,□□夫＝,□□□□□之□□□□□兹,以自□□□□□□不帅从韦书之言,□□皇君□□□□□睍之,麻寋非□。②

据整理小组注释,"一元"指"古代祭祀用的牛的别称","惕兹"为"谨慎"之意,"夫＝"乃"'大夫'二字的合书,下两点为合文符号","韦

---

① 详细分类参见山西省文物工作委员会编:《侯马盟书》,文物出版社 1976 年版,第 11—12 页。
② 山西省文物工作委员会编:《侯马盟书》,第 33 页。

书"二字可分别释为"韦同于违,书指盟书"。① 有关"厥塦非□"四字,从其他盟书的记载来看,当为"厥塦非是",整理小组释其意为"诛灭"。② 不过,杜正胜先生将此四字释为"厥夷非是",认为"具五刑即'夷','菹其骨肉'即'厥'。'非是','是'乃'氏'之假,朱德熙、郭沫若等人读作'亡氏',可从,但并非绝子绝孙的诅咒,而是杀戮其家族的警告。所以我们认为《侯马盟书》与《温县盟书》的'厥夷非是'即是夷三族之刑"③。杜氏之说虽非毫无根据,但置于此处却有所不妥,原因有二:其一,盟辞明明写作"厥塦",恐不能直接将其读作"厥夷";其二,考诸《左传》等史料,盟辞的结尾一般都会写如"明神殛之""无克胙国"那样的诅咒性词句,几乎没有见到以现实的刑罚为警告者。基于此,对此四字之意,似仍以"诛灭"为佳。以这些注释为参照,可以看出,尽管这篇盟书的盟辞不甚明确,但请求神灵保证盟辞得到执行这一点则确实符合载书的基本构成;而且,接受祈祷的神灵为"皇君晋公",具有祖先神的意味,则作为盟之一环的歃血所具有的血缘拟制功能就显得颇为重要了,因为当时的血祭是以"神不歆非类,民不祀非族"为基本准则的,欲使"皇君晋公"作为所有参盟者的祖先神而接受祭祀,就必须在全部参盟者之间构建同一血缘。如此看来,上文对盟的各个环节之意义的分析是可以得到出土文献支持的;并且,出土文献也再一次证明,直至春秋与战国间的过渡年代,尽管盟的内在本质发生了根本性变化,其形式确实依旧。

其次,侯马盟书中也有不少盟书较为清晰且完整地记载了盟辞

---

① 参见山西省文物工作委员会编:《侯马盟书》,第34页。
② 参见山西省文物工作委员会编:《侯马盟书》,第36页。
③ 杜正胜:《编户齐民:传统政治社会结构之形成》,第448页。

本身,下引盟书即为一例:

> □自今以往敢不達从此明质之言,而尚敢或内室者,而或婚宗人兄弟或内室者而弗执弗献,丕显晋公大冢明亟覛之,麻夷非是。①

此即前文所列纳室类盟书,其中的"達"为"率的繁体字","達从"即"遵从的意思","婚"可"借用为闻字"。② 显然,此盟书欲借"晋公"之神力坚决否定"纳室"行为,其文辞"敢不""尚敢"等具有与上文曾提及的"毋或如"或"莫如此"同样的功效,盟创制规范的功能于此可见一斑。除这篇盟书外,另一篇盟书也颇值玩味:

> 趙敢不侑闢其腹心以事其宗,而敢不尽从嘉之明,定宫及平時之命,而敢或専改助及内卑不守二宫者,而敢又志复赵尼及其孙=、先痺之孙=、先直及其孙=、赾歆之孙=、史魖及其孙=于晋邦之地者,及群虖明者,麃君其明亟覛之,麻夷非是。③

以整理小组的注释论,"闢其腹心"是指"剖明心腹、布其诚意","从嘉之明"中的"明"字"通盟字","助"字"疑为亶、擅的假借字","改助""疑即改其诚信,不专心致志的意思",内"当通于改换的换字,或涣散的涣字……都是易迁离散的意思","二宫"当指宗庙中的亲庙

---

① 山西省文物工作委员会编:《侯马盟书》,第40页。
② 同上。
③ 山西省文物工作委员会编:《侯马盟书》,第35页。

与祖庙","孙＝"乃"子孙二字的合文","虘""作用吾字"。① 可见，这个名为"趄"的人被要求忠于立盟者赵鞅，并与其敌对方划清界限。"事其宗"三字表明"趄"与赵鞅之间是存在血缘联系的，本以宗法血缘为依托的上下位阶，现在却不得不求助于盟来强化，这充分反映了血族意识崩解后社会、政治秩序亟待调整而又缺乏新纽带的过渡局面。此问题在其他盟书中也有所展示，②说明传世文献所载的"盟国人"无非只是当政者通过盟来确立新统治秩序的扩大化表现而已。又或者说，从"趄"作为卿大夫之家臣的社会地位来看，"趄"本人也许就是"国人"中的一个，而史籍所载的"盟国人"实为《侯马盟书》中的情形的概括性记述。

　　通过对以上诸例的分析，如果认为出土文献展现出与传世文献相似的信息，并足以为"立盟"之第一、二部分所提及的诸多论点的旁证，这恐怕是不过分的。综合各种文献的记载，可以说，春秋时代盟的盛行亦如国人群体的衰变一样，揭示了以邑为基本地域单位且以血缘为社会组织方式的国家形态正经历质的转变，以血缘崩解为前奏的历史演进已届新国家形态与统治方式兴起的边缘。至战国

---

① 山西省文物工作委员会编：《侯马盟书》，第36页。
② 如《侯马盟书》中的一篇写道："盉章自质于君所＝，敢俞出入于赵尼之所及孙＝、先疨及其子乙及其白父叔父弟孙＝、先直及其孙＝、先凿先㝅之孙＝、先鲁先㜪之孙、中都先强之孙＝、先木之孙、欧及新君弟孙＝、隓及新君弟孙＝、赵朱及其孙＝、赵乔及其孙＝、郯㪉之孙＝、邯郸郫政之孙＝、关舍之孙＝、赵欮之孙＝、史醜及其孙＝、邮瘫及孙＝、邵城及其孙＝、司寇嘉之孙＝、司寇结之孙＝，及群虖明者，章颢嘉之身及孙＝。或复入之于晋邦中者，则永亟覞之，麻塞非是。既质之后，而敢不巫覞(祝)史敝绕绎之皇君斋＝，则永亟覞之，麻塞非是。关奂之孙＝寫之行道而弗杀，君其覞之。"山西省文物工作委员会编：《侯马盟书》，第38页。

时代,无论是在国与国之间,还是在邦国内部①,盟的使用频率骤降。随着中央集权制的确立及以此为基础的律令制的推行,抽象的共同规范即"信"为具体的庞大法律体系所取代,个人行为被纳入律令的调整范围,盟已不再是维持社会秩序的重要方式。② 一个时代的终结与另一时代的兴起,都在盟对早期中国之影响衰退的过程中完成了。那么,早期中国国家形态的变化究竟能对古礼带来什么样的影响呢? 带着这一问题,笔者将进入下一节的思考。

第二节 春秋中后期古礼之实质化倾向的初显

在上一节中,笔者通过国人阶层的变动及立盟的频繁这两个侧面,分析了春秋时代中国国家形态的变化。由此,可以认为,春秋时期并不仅仅为礼崩乐坏的乱象提供了表演舞台,破旧立新似乎更能揭示其历史全景。在新旧交替的大变革年代,回顾传统以达到"温故而知新"的效果,大概是古今皆然的文化心理,而古礼毫无疑问就是春秋时代的贤大夫们无法回避的传统。既然如此,他们对古礼的改造就很难抱之以激进的态度,而是徐徐展开的,其第一步即为对礼与仪加以区分。

---

① 在战国时代,邦国内部的盟仍有一定存在空间,如《战国策·秦二》就记载了秦王与甘茂之间的君臣之盟:"甘茂至,王问其故。对曰:'宜阳,大县也,上党、南阳积之久矣,名为县,其实郡也……夫以曾参之贤,与母之信也,而三人疑之,则慈母不能信也。今臣之贤不及曾子,而王之信臣又未若曾子之母也,疑臣者不适三人,臣恐王为臣之投杼也。'王曰:'寡人不听也,请与子盟。'于是与之盟于息壤。"尽管如此,但秦王此举实为了免除甘茂出使的后顾之忧,与春秋时期用以确立或维持社会秩序的盟有相当大的区别。

② 参见吕静:《春秋时期盟誓研究:神灵崇拜下的社会秩序再建构》,第303页。

一、礼仪之辨

确实,在春秋时期的现实生活中,宗周礼乐的影响仍可谓深远。如前文所引《左传·襄公二十九年》提到:

> 范献子来聘,拜城杞也。公享之,展庄叔执币。射者三耦,公臣不足,取于家臣,家臣:展瑕、展玉父为一耦。公臣,公巫召伯、仲颜庄叔为一耦,鄫鼓父、党叔为一耦。

一幅行飨礼之时举行射礼以展现士君子之风的画面跃然纸上。又如,《左传·文公四年》载:

> 卫宁武子来聘,公与之宴,为赋《湛露》及《彤弓》。不辞,又不答赋。使行人私焉。对曰:"臣以为肄业及之也。昔诸侯朝正于王,王宴乐之,于是乎赋《湛露》,则天子当阳,诸侯用命也。诸侯敌王所忾而献其功,王于是乎赐之彤弓一,彤矢百,玈弓矢千,以觉报宴。今陪臣来继旧好,君辱贶之,其敢干大礼以自取戾。"

卫宁武子聘于鲁,鲁文公在宴飨之时吟诵《湛露》与《彤弓》二诗,宁武子对此甚为不满。其理由是,《湛露》乃周天子在诸侯朝见的场合用以显示其权威而吟诵的诗篇,《彤弓》则为周天子在诸侯献捷的场合用以表达赏赐之意而吟诵的诗篇;如今,自己作为使臣聘于鲁,鲁文公竟僭礼吟诵二诗篇,且颇具凌辱傲慢之意,实有失于敬重使臣之道。近八十年之后,来自于吴国的季札聘于鲁并欲一观宗周礼乐之典雅。鲁国君臣遂大气而又不失得体地演示了一遍宗周礼乐并以此其获得了季札的盛赞:

> 使工为之歌《周南》《召南》,曰:"美哉!始基之矣,犹未也。然勤而不怨矣。"为之歌《邶》《鄘》《卫》,曰:"美哉,渊乎!忧而不困者也。吾闻卫康叔、武公之德如是,是其《卫风》乎?"为之歌《王》,曰:"美哉!思而不惧,其周之东乎?"为之歌《郑》,曰:"美哉!其细已甚,民弗堪也,是其先亡乎!"为之歌《齐》,曰:"美哉,泱泱乎,大风也哉!表东海者,其大公乎!国未可量也。"为之歌《豳》,曰:"美哉,荡乎!乐而不淫,其周公之东乎?"为之歌《秦》,曰:"此之谓夏声。夫能夏则大,大之至也,其周之旧乎?"为之歌《魏》,曰:"美哉,沨沨乎!大而婉,险而易行,以德辅此,则明主也。"为之歌《唐》,曰:"思深哉!其有陶唐氏之遗民乎?不然,何忧之远也?非令德之后,谁能若是?"为之歌《陈》,曰:"国无主,其能久乎?"自《郐》以下无讥焉。为之歌《小雅》,曰:"美哉!思而不贰,怨而不言,其周德之衰乎?犹有先王之遗民焉。"为之歌《大雅》,曰:"广哉!熙熙乎!曲而有直体,其文王之德乎?"为之歌《颂》,曰:"至矣哉!直而不倨,曲而不屈,迩而不逼,远而不携,迁而不淫,复而不厌,哀而不愁,乐而不荒,用而不匮,广而不宣,施而不费,取而不贪,处而不底,行而不流。五声和,八风平,节有度,守有序,盛德之所同也。"①

---

① 《左传·襄公二十九年》。

卫甯武子与吴季子札各自聘于鲁的截然相反的经历表明,在春秋列国纵横之际,以诗言志恰当与否对外交活动、聘飨之礼、贤士大夫们日常交流等的顺利进行具有极为重要的意义。① 这也从一个方面反映出,受到现实强烈冲击的古礼,仍然是春秋社会习俗不可分割的组成部分。

然而,西周分封制下的社会阶层已无可逆转地被破坏,同样是事实。对当时的贤士大夫们来说,如何改造作为旧传统的古礼以使其融入新时代显然是必须思考的问题。那么,应从何处开始?繁琐的仪节依旧展示着士君子的风度,君不君、臣不臣的政治危机却侵蚀着士君子的为政环境,使礼从典雅的言谈举止的层面走出并成为维系政治秩序的基本原则当然就是改造古礼的起点。早在鲁僖公十一年(公元前649年),周王令召武公、内史过赐晋惠公爵命,惠公在受玉时于礼有失,内史过遂在回到王畿后向周王作了这样一番评论:

> 晋侯其无后乎。王赐之命而惰于受瑞,先自弃也已,其何继之有?礼,国之干也。敬,礼之舆也。不敬则礼不行,礼不行则上下昏,何以长世?②

---

① 在《左传》的记载中,这方面的事例还有不少,比较典型者如《左传·襄公二十七年》的一段文字:"郑伯享赵孟于垂陇,子展、伯有、子西、子产、子大叔、二子石从。赵孟曰:'七子从君,以宠武也。请皆赋以卒君贶,武亦以观七子之志。'子展赋《草虫》,赵孟曰:'善哉!民之主也。抑武也不足以当之。'伯有赋《鹑之贲贲》,赵孟曰:'床笫之言不逾阈,况在野乎?非使人之所得闻也。'子西赋《黍苗》之四章,赵孟曰:'寡君在,武何能焉?'子产赋《隰桑》,赵孟曰:'武请受其卒章。'子大叔赋《野有蔓草》,赵孟曰:'吾子之惠也。'印段赋《蟋蟀》,赵孟曰:'善哉!保家之主也,吾有望矣!'公孙段赋《桑扈》,赵孟曰:'"匪交匪敖",福将焉往?若保是言也,欲辞福禄,得乎?'卒享。文子告叔向曰:'伯有将为戮矣!诗以言志,志诬其上,而公怨之,以为宾荣,其能久乎?幸而后亡。'叔向曰:'然。已侈!所谓不及五稔者,夫子之谓矣。'文子曰:'其余皆数世之主也。子展其后亡者也,在上不忘降。印氏其次也,乐而不荒。乐以安民,不淫以使之,后亡,不亦可乎?'"
② 《左传·僖公十一年》。

第二章　早期中国国家形态的变化与古礼之实质化的初显

在内史过看来,礼不仅仅是既往的进退揖让仪式,更被提升至为政之基本原则的高度;晋侯于礼有失,自然也就意味着晋国的政治秩序将缺乏根本机理。这一事件表明,从春秋中期开始,"高岸为谷,深谷为陵"的剧烈变革使古礼的实质化已然启动。至春秋后期,这种趋势变得更为明显,如《左传·襄公二十一年》就提到:"礼,政之舆也;政,身之守也;怠礼失政,失政不立,是以乱也。"①

正是在此背景下,古礼之变革历程中的重大事件不失时机地出现了,此即"礼仪之辨"。鲁昭公五年(公元前 537 年),昭公至晋,"自郊劳至于赠贿,无失礼"。晋侯遂感叹道:"鲁侯不亦善于礼乎?"未想到,女叔齐以"鲁侯焉知礼"一语否定了晋侯的观点。晋侯遂对何为礼感到困惑,女叔齐答曰:

> 是仪也,不可谓礼。礼所以守其国,行其政令,无失其民者也……为国君,难将及身,不恤其所。礼之本末,将于此乎在,而屑屑焉习仪以亟。言善于礼,不亦远乎?②

显然,女叔齐试图在"仪"与"礼"之间划出清晰的界线。颇值玩味的是,仅仅在三年前,晋国的韩宣子就曾在一次聘问活动中对鲁所持守的"礼"大加赞扬:

> 周礼尽在鲁矣。吾乃今知周公之德,与周之所以王也。③

---

① 此类言论还有不少,如《左传·襄公三十年》:"礼,国之干也。"又如,《左传·昭公十五年》:"礼,王之大经也。"
② 《左传·昭公五年》。
③ 《左传·昭公二年》。

137

女叔齐与韩宣子同为晋国的卿大夫，他们对鲁礼的评价却大相径庭，难道只是因为二人对礼的认识存在巨大的差异吗？在三年间，鲁国政坛究竟发生了哪些值得注意的事件？从《左传》的记载来看，至少有以下数事值得一提：

> 昭公四年　鲁违背盟约，利用莒国之乱取鄫。
> 昭公四年　叔孙豹卒，竖牛始为乱。
> 昭公五年　久已掌握鲁国政令的三桓废中军，四分公室，尽得之。
> 昭公五年　竖牛因为乱而被杀。

结合这些政治事件，再加上女叔齐所说的"有子家羁，弗能用也"①，不知举贤的鲁昭公在政治上可谓处于内失其权、外失其信的状态。这或许就是女叔齐与韩宣子对鲁礼的褒贬截然不同的根本原因。也就是说，在女叔齐看来，礼本应是政治秩序、伦理秩序得以维持的基本准则，但以礼制完备见誉的鲁国政坛居然在三年间陷入如此昏暗的境地，这样的礼制早已背离礼的实质内涵而沦为价值有限的繁琐仪式了。陈来先生曾指出："礼与仪的分别，用传统的语言来说，就是'礼义'与'礼仪'的分别。礼仪是礼制的章节度数车旗仪典，而礼义则是上下之纪、伦常之则，是君臣上下、夫妇内外、父子兄弟、甥舅姻亲之道所构成的伦理关系原则。"②此语可谓女叔齐之观点的精确概括。

---

① 《左传·昭公五年》。
② 陈来：《古代思想文化的世界：春秋时代的宗教、伦理与社会思想》，生活·读书·新知三联书店 2002 年版，第 190 页。

第二章　早期中国国家形态的变化与古礼之实质化的初显

二十年后,晋国赵简子向郑子大叔问礼,子大叔的回答再次明确地将"礼"与"仪"区别开来:

> 子大叔见赵简子,简子问揖让、周旋之礼焉。对曰:"是仪也,非礼也。"简子曰:"敢问何谓礼?"对曰:"吉也闻诸先大夫子产曰:'夫礼,天之经也,地之义也,民之行也。'天地之经,而民实则之。则天之明,因地之性,生其六气,用其五行。气为五味,发为五色,章为五声,淫则昏乱,民失其性。是故为礼以奉之:为六畜、五牲、三牺,以奉五味;为九文、六采、五章,以奉五色;为九歌、八风、七音、六律,以奉五声;为君臣、上下,以则地义;为夫妇、外内,以经二物;为父子、兄弟、姑姊、甥舅、昏媾、姻亚,以象天明;为政事、庸力、行务,以从四时;为刑罚、威狱,使民畏忌,以类其震曜杀戮;为温慈、惠和,以效天之生殖长育。民有好、恶、喜、怒、哀、乐,生于六气。是故审则宜类,以制六志。哀有哭泣,乐有歌舞,喜有施舍,怒有战斗。喜生于好,怒生于恶。是故审行信令,祸福赏罚,以制死生。生,好物也;死,恶物也。好物,乐也;恶物,哀也。哀乐不失,乃能协于天地之性,是以长久。"简子曰:"甚哉,礼之大也!"对曰:"礼,上下之纪,天地之经纬也,民之所以生也,是以先王尚之。故人之能自曲直以赴礼者,谓之成人。大,不亦宜乎?"简子曰:"鞅也,请终身守此言也。"

女叔齐的礼论是以鲁国的现实政治为依据概括出来的,其具体性、时效性虽然有助于加强其说服力,却也使其在普遍意义上略有欠缺。与此相比,子大叔的礼论至少在三个方面有所突破:其一,将礼

139

视为天经地义之事；其二，把礼与人的性情联系起来；其三，用礼来解释与规制政治、伦理乃至自然中的万象。这样，礼就彻底地超越了以往的繁琐仪节，也摆脱了女叔齐所重视的具象性事物的拘囿，而成为极具普遍性的为人及为政的根本准则，此种调整或可名之为"古礼的实质化"。

两场礼仪之辨是春秋中后期社会结构的变动在礼制思想上的反映，其中所蕴含的将礼之实质从形式中升华出来，并应用于政治秩序之重构的意图，使礼较为顺利地实现了从上古时代向战国时代的过渡。所以，如果说礼仪之辨推动了古礼的有限但具有决定性意义的转化，那恐怕是不过分的，正如陈来先生所说："春秋时代的礼仪之辨，表明西周以来的'礼乐'为主的礼文化发展，已经转变为一种对'礼政'的注重。礼之被关注，不再主要因为它是一套极具形式化仪节和高雅品味的交往方式，人对'礼'的关注已从'形式性'转到'合理性'。形式性的仪节体系仍然要保存，但代表这个时代的贤大夫们更加关心的是'礼'作为合理性原则的实践和表现……这就使得西周以来的礼文化发生了一种由'仪'向'义'的转变，从礼仪、礼乐到礼义、礼政的变化，强调礼作为政治秩序原则的意义。从而，'礼'越来越被政治化、原则化、价值化、伦理化，这并不是说礼完全变成了某种政治秩序和社会秩序的原则；而是说，礼乐度数作为一般文化被有变化地保留下去的同时，礼的这些面向被极大地发展了，这个时代要求把礼的精神、礼的要义揭示出来、提炼出来。"①更值得玩味的是，两场礼仪之辨均发生在鲁昭公时期。这当然只是偶然，但恰恰是此种偶然揭示了鲁国乃至整个宗周天下的礼制困境。

---

① 陈来：《古代思想文化的世界：春秋时代的宗教、伦理与社会思想》，第213—214页。

鲁国政出三桓已久,至鲁昭公时期,三桓更四分公室而尽得之。昭公一度欲利用季平子与郈昭伯之间因斗鸡而产生的矛盾来夺回失落的权力,但终究败于三桓并不得不流亡于国外以致客死异乡。①鲁昭公的经历令人不禁回想起女叔齐对昭公的预言:"为国君,难将及身,不恤其所。"预言的实现使女叔齐成为先知般人物的同时,宣告了"自郊劳至于赠贿,无失礼"只不过是一种缺乏时代精神的自我陶醉。贤大夫们的内心早已明白,在礼崩乐坏以至连国君都难以自保的情况下,传自上古的传统其实已如夕阳余晖一样美丽而短暂,但他们对新一轮的日出是否灿烂尚缺十足的把握,他们正在想象着明日的早晨。学者的统计指出,"就《左传》的记载而言,在昭公时代之前,史官频繁地对贵族的行为予以'礼也'或'非礼也',但此种评

---

① 有关鲁国因斗鸡而引发的内乱,《左传·昭公二十五年》有详细记载:"季、郈之鸡斗。季氏介其鸡,郈氏为之金距。平子怒,益宫于郈氏,且让之。故郈昭伯亦怨平子。臧昭伯之从弟会,为逸于臧氏,而逃于季氏,臧氏执旃。平子怒,拘臧氏老。将禘于襄公,万者二人,其众万于季氏。臧孙曰:'此之谓不能庸先君之庙。'大夫遂怨平子。公若献弓于公为,且与之出射于外,而谋去季氏。公为告公果、公贲。公果、公贲使侍人僚柤告公。公寝,将以戈击之,乃走。公曰:'执之。'亦无命也。惧而不出,数月不见,公不怒。又使言,公执戈惧之,乃走。又使言,公曰:'非小人之所及也。'公果自言,公以告臧孙,臧孙以难。告郈孙,郈孙以可,劝。告子家懿伯,懿伯曰:'谗人以君徼幸,事若不克,君受其名,不可为也。舍民数世,以求克事,不可必也。且政在焉,其难图也。'公退之。辞曰:'臣与闻命矣,言若泄,臣不获死。'乃馆于公。叔孙昭子如阚,公居于长府。九月戊戌,伐季氏,杀公之于门,遂入之。平子登台而请曰:'君不察臣之罪,使有司讨臣以干戈,臣请待于沂上以察罪。'弗许。请囚于费,弗许。请以五乘亡,弗许。子家子曰:'君其许之! 政自之出久矣,隐民多取食焉。为之徒者众矣,日入愿作,弗可知也。众怒不可蓄也,蓄而弗治,将蕰。蕰畜,民将生心。生心,同求将合。君必悔之。'弗听。郈孙曰:'必杀之。'公使郈孙逆孟懿子。叔孙氏之司马鬷戾言于其众曰:'若之何?'莫对。又曰:'我,家臣也,不敢知国。凡有季氏与无,于我孰利?'皆曰:'无季氏,是无叔孙氏也。'鬷戾曰:'然则救诸!'帅徒以往,陷西北隅以入。公徒释甲,执冰而踞。遂逐之。孟氏使登西北隅,以望季氏。见叔孙氏之旌,以告。孟氏执郈昭伯,杀之于南门之西,遂伐公徒。子家子曰:'诸臣伪劫君者,而负罪以出,君止。意如之事君也,不敢不改。'公曰:'余不忍也。'与臧孙如墓谋,遂行。"

价在昭公时代之后却从未出现"①。这一现象其实正反映着贤大夫们的整体心理:以昭公时代为转折点,与其说他们不愿意言礼,不如说他们已陷入对礼的未来的沉思之中。孔子正是在如是之文化环境中成长起来的,其礼论实乃贤大夫们的共同意识的自然衍生。那么,孔子的礼论究竟包含哪些内容?

二、孔子论礼

毫无疑问,孔子对作为古礼之集大成的周礼是充满敬慕之情的,"周监于二代,郁郁乎文哉!吾从周"②一语可谓此种深情的明确表达,而《论语·八佾》所载如下文字则更表明孔子的言行合一:

> 子入大庙,每事问。或曰:"孰谓鄹人之子知礼乎?入大庙,每事问。"子闻之曰:"是礼也。"

但是,如前所述,孔子的年代正是古礼的变革期,因此孔子对周礼的推崇也带有批判继承的味道,《论语·子罕》所载如下文句即为

---

① Yongping Liu, *Origins of Chinese Law: Penal and Adiministrative Law in its Early Development*, Hong Kong: Oxford University Press, 1998, p. 78. 应当指出,所谓"从未出现"云云可谓过于绝对,如《左传·定公六年》就提到:"公叔文子老矣,辇而如公,曰:'尤人而效之,非礼也……'"不过,在《左传》对昭公之后历史事件的记载中,史官以"礼也"或"非礼也"评价人物的现象确实非常少见,所以对这一概括基本上是可以认同的。

② 《论语·八佾》。

一例：

> 子曰："麻冕，礼也；今也纯，俭。吾从众。拜下，礼也；今拜乎上，泰也。虽违众，吾从下。"

出土文献《史蒥问于夫子》又载：

> 史蒥曰："可（何）胃（谓）八？"夫子曰："……大钟贞（鼎）……美宝室……"①

有关"大钟鼎""美宝室"的含义，注者皆以"属淫礼"论之。可见，对史蒥的何为"八禁"之问，孔子已将行礼过于隆重列入当严厉禁止的行为序列之中。

不过，上述事例只是孔子对礼的形式的议论，而他对礼的思考却从未局限于形式。他在燕居独处时就曾感叹："礼云礼云，玉帛云乎哉？乐云乐云，钟鼓云乎哉？"②显然，在孔子的礼乐思想中，礼器、礼仪并不等同于礼本身，礼应该有超越礼器、礼仪的内在价值追求，所以当林放问"礼之本"时，孔子直抒胸臆地称赞道"大哉问"并给出了如下解释：

> 礼，与其奢也，宁俭；丧，与其易也，宁戚。③

---

① 马承源主编：《上海博物馆藏战国楚竹书》（九），上海古籍出版社 2012 年版，第 279—281 页。
② 《论语·阳货》。
③ 《论语·八佾》。

这表明,礼的功能乃充分展示人的情感,至于场景隆重抑或简易则是次要的。更有甚者,在出土文献《民之父母》中,面对子夏的追问,孔子认为,如果礼的内在价值已得到认可,外在形式是可有可无的:

> 孔=(孔子)曰:"'三亡(无)',虖,亡(无)圣(声)之乐,亡(无)膿(体)囝丰(礼),亡(无)备(服)之龑(丧)。君子㠯此皇(横)于天下,奚(系)耳而圣(听)之,不可㝵(得)而鴌(闻)㝵(得)而见也,而㝵(得)既(气)塞于四淊(海)矣,此之胃(谓)'三亡(无)'。"①

类似的言论在今本《大戴礼记·主言》所载孔子与曾子的对话中也有迹可循:

> 曾子曰:"敢问何谓三至?"孔子曰:"至礼不让,而天下治;至赏不费,而天下之士说;至乐无声,而天下之民和。明主笃行三至,故天下之君可得而知也,天下之士可得而臣也,天下之民可得而用也。"

在上引两段史料中,孔子所说的"礼"简直可以用超越形式、极为抽

---

① 马承源主编:《上海博物馆藏战国楚竹书》(二),上海古籍出版社2002年版,第163—164页。

象的独立存在来概括。① 其实,这种偏重内在要素的观物方法并不仅仅存在于孔子对礼的思考中,毋宁说是孔子在构建自己的学说时所坚持的一贯思路。《论语·为政》载:

> 子游问孝。子曰:"今之孝者,是谓能养。至于犬马,皆能有养;不敬,何以别乎?"

在这里,孔子将孝与简单的奉养区别开来,前者是真挚的情感,后者只是表达情感的方式。所以,如果世人过度强调外在的奉养之举而缺乏内在的情感支持,以致奉养行为本身流于故作姿态,那么世人所赞扬的孝行就恰恰是对孝道之精髓的背离,而且矫揉造作的"孝行"终究也无法为人们所坚持。在孔子生活的年代,由孝行与孝道所折射出来的外有华丽之貌而内实不知所以的现象,可谓比比皆是,士君子们虽动静合乎礼,却早已将礼乃维护王者权威及伦理秩序的纲纪这一根本理念抛诸脑后。有鉴于此,孔子在德治与礼治思想上就自觉地延续和回应着春秋中后期的贤大夫们已经频频提及

---

① 《性情论》是战国中晚期的儒家作品,其中提到:"眚(性)自命出,命自天降。道司(始)于情=(情,情)生于眚(性)。司(始)者近情,眷(终)者近义。"马承源主编:《上海博物馆藏战国楚竹书》(一),作家出版社 2007 年版,第 222 页。同为战国中晚期儒家作品的《郭店楚墓竹简·语丛二》则曰:"情生于眚(性),豊(禮)生于情。"荆门市博物馆编:《郭店楚墓竹简》,文物出版社 1998 年版,第 203 页。如将"道司(始)于情=(情,情)生于眚(性)"一语与《语丛二》所载文字相对比,礼与道似乎是可以等同的。而在先秦时期,儒家曰:"朝闻道,夕死可矣。"(《论语·里仁》)道家则云:"又(有)蟲(蟲)成,先天陞(地)生,敓繆(穆),蜀(獨)立不亥(改),可以为天下母。未智(知)其名,孥(字)之曰道,虐(吾)弬(强)为之名曰大。"荆门市博物馆编:《郭店楚墓竹简》,文物出版社 1998 年版,第 112 页。这些言论中的"道"均为最根本、最抽象的哲学范畴。在这一点上,孔门后学显然已将孔子所说抽象化的礼的概念推演至极致。

的实质化倾向,"质胜文则野,文胜质则史。文质彬彬,然后君子"①一语正是孔子对这种趋势的明确总结。

那么,孔子所理解的礼的实质究竟是什么?毋庸赘言,孔子念兹在兹的混乱现象是等级秩序的颠倒,而其心目中的正常社会样态似乎可用一句话来概括,即"天下有道,则礼乐征伐自天子出"②,因此礼的实质大概就是社会等级及由此确立的权力位阶,《论语》中的诸多夫子之言都可以证明这一点:

> 孔子谓季氏:"八佾舞于庭,是可忍也,孰不可忍也?"(《论语·八佾》)

> 齐景公问政于孔子。孔子对曰:"君君,臣臣,父父,子子。"(《论语·颜渊》)

> 名不正,则言不顺;言不顺,则事不成;事不成,则礼乐不兴;礼乐不兴,则刑罚不中;刑罚不中,则民无所措手足。(《论语·子路》)

正因为此,在礼制层面上说,孔子对管仲的评价并不高:

> 子曰:"管仲之器小哉!"或曰:"管仲俭乎?"曰:"管氏有三归,官事不摄,焉得俭?""然则管仲知礼乎?"曰:"邦君树塞门,管氏亦树塞门;邦君为两君之好,有反坫,管氏亦有反坫。管氏而知礼,孰不知礼?"(《论语·八佾》)

---

① 《论语·雍也》。
② 《论语·卫灵公》。

但是，我们如果对孔子礼论的理解仅停留在这一层次上，那当然是不全面的。刘永平先生指出："很多研究者尽管确实是在春秋时期的社会变动这一背景下分析孔子的理论的，但仅提及孔子所面临的一个问题，即封建体制的解体及随此而来的混乱。然而，孔子所遭遇的另一个问题却并未得到验证，即社会单位从族走向个体家庭。"① 诚然，如前一章已指出的那样，自进入春秋时代以来甚至可以说从西周中后期开始，尽管血族是否转变成个体家庭尚不可断言，但中国大地上星罗棋布的血族已渐趋崩解和混合应当是事实，而在春秋中后期，此种态势则更加明显。由此，两个问题就自然而然地出现了：在中原文化圈内部，以往隶属于不同血族的人们相互间究竟如何交往；中原文化圈又当如何对待尚未融入的外部族。这也是孔子的礼论必须回答的问题，因为自上古以来，礼乐就承载着人们的交往方式，也承担着区分文明与野蛮之标准的功能。有鉴于此，孔子首先提出了"恕道"，即中原文化圈内部渐趋融合的不同血族之间应当互相包容，并将"恕道"视为任何个体相互间的正当交往之道：

> 子贡问曰："有一言而可以终身行之者乎？"子曰："其恕乎！己所不欲，勿施于人。"②

以"恕道"为基础，孔子又主张，任何个体不仅要包容他人，更应推崇和追求美好的德行，待人以温和和敬意，"己欲立而立人，己欲

---

① Yongping Liu, *Origins of Chinese Law: Penal and Adiministrative Law in its Early Development*, Hong Kong: Oxford University Press, 1998, p. 91.
② 《论语·卫灵公》。

达而达人"①,并最终推进天下大同的实现。这大概就是"仁道",而礼无非只是通往"仁"的手段,颜渊与孔子的对话就指明了二者的关系:

> 颜渊问仁。子曰:"克己复礼为仁。一日克己复礼,天下归仁焉。为仁由己,而由人乎哉?"颜渊曰:"请问其目。"子曰:"非礼勿视,非礼勿听,非礼勿言,非礼勿动。"颜渊曰:"回虽不敏,请事斯语矣。"②

所以,倘若没有"仁"的指引,礼即使能维持社会等级的稳定,也无法阻止等级间的暴行和虐待。"人而不仁,如礼何? 人而不仁,如乐何?"③基于同样的原因,既然礼是区分文明与野蛮的标准,那么不守中原之礼的周边部族就将给中原带来野蛮化的严重威胁,礼的沦陷可能意味着"仁"的实现或许也会遥遥无期。在此种情况下,那个破坏君臣之礼的管仲能辅佐齐桓公保住中原文明并进而为"天下归仁"提供前提,这不就是以"仁"为标准赞扬管仲之业绩的正当性所在吗? 所以,孔子面对子路和子贡各自的问题先后两次肯定管仲为"仁者":

> 子路曰:"桓公杀公子纠,召忽死之,管仲不死。"曰:"未仁乎?"子曰:"桓公九合诸侯,不以兵车,管仲之力也。如其仁!如其仁!"(《论语·宪问》)

---

① 《论语·雍也》。
② 《论语·颜渊》。
③ 《论语·八佾》。

第二章　早期中国国家形态的变化与古礼之实质化的初显

> 子贡曰:"管仲非仁者与?桓公杀公子纠,不能死,又相之。"子曰:"管仲相桓公,霸诸侯,一匡天下,民到于今受其赐。微管仲,吾其被发左衽矣。岂若匹夫匹妇之为谅也,自经于沟渎,而莫之知也。"(《论语·宪问》)

倘若以孔子的礼论与其先及同时代贤大夫们的礼制思想作对比,那么,首先就应看到,孔子所强调的内涵等级精神的礼,尽管是政治的根本准则,但也仅为针对春秋时期的政局而提出的脱胎于古礼的救弊之举。在这一点上,孔子并未超越贤大夫们,只不过他对古礼之实质化的内容非常明确罢了。然而,孔子在作为政治原则的礼之上又设置了"仁"这一最终价值,从而使礼本身及由礼来维持的权力位阶的合理性有了更高的评判标准,这就使他超越了贤大夫们,并提炼出了一个可以摆脱时间与空间的限制且指向德行、人性等更广泛领域的政治哲学、法哲学概念。

总而言之,孔子对礼的认识是与其时代背景密切相关的,一方面,他对君臣父子关系及家族伦理的混乱痛心疾首,也因此对在贤大夫们中间流行的关于礼之实质化的思潮有着深刻的感悟,遂明确地将礼限定为虽以礼仪、礼器为外在表现,却又超越种种外在形式且与等级精神相连接的政治原则;另一方面,他又敏感地捕捉到了春秋时代社会构成之变化的气息,以"博施于民而能济众"[①]的情怀设定了"仁"这一高远的价值追求。这样,在孔子的"礼"与"仁"之间当然就会产生一种内在的紧张。毋庸讳言,也许孔子本人对"仁"是有着清晰的认识的,但他从未给出详尽的说明,其因材施教的教育

---

① 《论语·雍也》。

理念又使他对每个弟子问"仁"的回答都有所不同,所以孔子的"仁"其实是存在着极大的解释空间的。由此而来的一系列问题是,圣人辞世后,谁对"仁"的认识最具权威性;权威的判断准则又是什么;如果某人经常以"仁"为借口突破礼所设定的等级位阶,那么礼本身还有存在的意义吗,能否认为礼面对"仁"已陷入溃败的境地;又如果权力的享有者时时以仁者自诩,那么"仁"本身是否亦可谓名存实亡。这些问题正是儒门今后进一步分化的基础,而各个儒学分支的礼论则皆有侧重,下两章就将考察两种不同的礼制思想。

小　结

第一章的末尾已指出古邑的合并及血族的崩解与古礼之变革的关系,但其论述只不过是浮光掠影式的粗略概括,本章则试图对此详加考察。循此思路,本章首先就以国人和盟为切入点透视西周之后国家形态的变化。在前者,本章第一节从周人的分封体制入手解析国人的构成,认为国人是国都中的士阶层或者说低级贵族,他们的经济力量及参与作战的特权使他们最初作为一个特殊的社会群体而为当政者所倚赖。但是,从春秋中后期开始,分散的诸邑国家形态被动摇,列国的改革使其他社会群体也拥有了土地并进而分享国人的参战特权,国野在社会地位和政治意义上的差异被渐渐弭平,国人的特殊性遂因此淡化。在后者,第一节又从考察"盟"的初始含义出发,主张"盟"是从原来的血祭中借用过来的名词,其最主要的仪式是以歃血为形式的血缘拟制及以神灵信仰为基础的诅咒,二者体现了重血缘和祖先神的古邑国家的遗风。然而,至春秋年代,无论是盟的内容,还是参盟者,均呈现出多样化趋势,这使盟越来越具备现实适应性。时人之所以频繁使用盟来约束各自的行为,是因为立盟表达了时人对保障行为履行之抽象道德规范即"信"的追求,而盟所蕴含的自古代传承而来的神秘仪式只不过是用来巩固"信"的。更进一步说,时人会思考行为之履行的道德内涵,是他们受到重人事思想冲击的结果,而这一点恰恰暗示了血族意识被瓦解及与古邑国家相伴随的社会、政治秩序面临深刻调整的历史动向。第一节的最后则以出土资料即侯马盟书为例对有关盟的结论作了个案的验证。

与对国人及盟的考察所揭示出来的早期中国国家形态的变化相适应,社会文化也将顺理成章地进入变革的历程。但是,正如本章第二节所指出的,变革绝非空洞的创造,既有的传统应当是无法忽视的前提。所以,当贤大夫们面对社会秩序的混乱而寻求解救之策时,古礼理所当然会成为他们的关注点,此即为传统的力量。但是,他们显然意识到古礼对繁琐仪节的偏重已与当时中国国家形态的变化相脱节,所以他们试图将礼改造为对社会秩序的恢复有所裨益的政治、伦理准则,此即古礼的实质化。这个改造的过程从春秋中后期就已开始,尤以发生在鲁昭公时期的两场礼仪之辨为代表。更进一步,贤大夫们对礼制的省思也成了孔子在阐发其学说时无法回避的时代思潮。因此,第二节又指出,孔子也倡导礼的实质化并将其内容明确地限定在等级秩序的维持上,作为对贤大夫们之思虑的回应。但是,孔子的设想并未停止于此,他有感于血族社会的崩解及不同血族间的混合这一社会构成的变动而提出了"恕道",主张原来隶属于不同血族者乃至任何不同个体之间均应互相包容。在此基础上,孔子又提出了"仁道",认为人们不仅应包容他人,更应推崇德行并推进大同社会的实现,而"礼"不过是实现"仁"的手段而已。这样,"仁"虽是孔子确立的最终价值追求,在现实中却不得不以被实质化的"礼"的恢复为进阶之路;礼虽是政治、伦理秩序得以维持的根本,却不得不接受"仁"对其合理性的评判;"仁"与"礼"之间的张力由此形成。尽管孔子提出的命题极具思考价值,但他本人并未对"仁"与"礼"的关系作过多的陈述,并给后人留下了颇为广阔的解释空间。① 在下一章中,笔者就将对后世言说者之一——《公羊传》的礼论作出考察。

---

① 美国学者本杰明·史华兹(Benjamin Schwartz)认为,中国的诸子学在出现之时都表现出一种概括性的新视界(vision),而后世则随着问题意识(problematique)的发展而不断阐释这种新视界。参见〔美〕本杰明·史华兹:《古代中国的思想世界》,程钢译,江苏人民出版社 2004 年版,第 2 页。应当承认,史华兹的分析框架在儒家学者对"仁"与"礼"之关系的论说上是具有一定的解释力的。

第三章 古礼之实质化的发展（Ⅰ）：《公羊传》的理路

上一章的文末已指出，面对春秋时代的政治漩涡和社会现状，孔子明确界定了礼的实质并提出了"仁"的概念，也给后世遗留了颇为广阔的解释空间，而《公羊传》与《穀梁传》皆承担着解释者的角色。毋庸赘言，解释大多受限于特定的时代语境，那么，公、穀二传的论说究竟与什么样的历史背景相关联？绪论的"史料"部分曾罗列公羊学与穀梁学的传承史，其结论是公、穀二传的主体思想大致上应形成于战国时期。战国这一词汇不仅仅意味着"杀人盈城""杀人盈野"的残酷景象，也指向与战争相关的政治集权化、新社会等级的构筑等现实问题。公、穀二传的礼论就是在这样的历史语境中产生的，它们延续了古礼的实质化趋势并体现出不同的风格，本章将首先对《公羊传》所设想的礼略作考察。①

---

① 以往政治史学界及法律史学界对《公羊传》的介绍多集中于"王道大一统""天人感应"等与政治哲学密切相关的问题，以致不少论著的叙事方式颇为雷同。近年来，虽有学者尝试从更为多样的问题出发来探讨《公羊传》的思想，但其梳理大多未被纳入整体理论框架中，以致所述内容最终成为一种单纯的要点罗列。具体参见蒋庆：《公羊学引论》，辽宁教育出版社1995年版；于语和：《论汉代的经学与法律》，《南开大学学报》（哲学社会科学版）1997年第4期；高恒："公羊春秋学与中国传统法制"，载柳立言主编：《传统中国法律的理念与实践》，台湾"中央研究院"历史语言研究所2008年版；汪荣：《经学刑德观与汉代法律研究》，西南政法大学2008年博士学位论文。

第一节　大一统与礼

《春秋》的记载始于鲁隐公元年（公元前722年），其起首文句仅为六字："元年，春，王正月。"此六字本为史家记载史事的习惯笔法[①]，其含义似乎无需深究，但问题在于，在很多儒家学者看来，《春秋》据称是孔子所作，孔子本人又说"知我者，其惟《春秋》乎；罪我者，其惟《春秋》乎"[②]，所以《春秋》的简短经文必然隐藏着夫子对治道的透彻认识，致力于挖掘此种微言大义则正是治经者的责任。这样一来，被王安石称为"断烂朝报"的《春秋》经文就衍生出了五花八

[①] 如《左传·隐公元年》就非常简洁地写道："元年，春，王周正月。不书即位，摄也。"作为现代文字学者，杨伯峻先生在为《左传·隐公元年》作注时更直接指出："《汉书·律历志》引《商书·伊训》有'太甲元年'，则元年之称，起源甚早。舀鼎（吴闿生《吉金文录》称曶鼎）铭云'隹（惟）王元年六月既望乙亥，王才（在）周穆王大〔室〕'，此西周亦以第一年为元年之实证。刘师培《春秋左氏传十月日古例考》'元年例'自注云：'隐公以摄位称元年者，说详《隋书·李德林传》"德林复魏收论齐书起元书"。又《汉书·律历志下》引刘歆《世经》有"周公摄政五年"之文，则摄位得纪年，自系古文说，天子与诸侯一也。'《春秋》纪月，必于每季之初标出春、夏、秋、冬四时，如'夏四月''秋七月''冬十月'。虽此季度无事可载，亦书之。考之卜辞、西周及春秋彝器铭文与《尚书》，书四时者，彝铭无一例。然《诗·小雅·四月》'四月维夏，六月徂暑'，'秋日凄凄，百卉具腓'，'冬日烈烈，飘风发发'，《豳风·七月》'春日载阳，有鸣仓庚'，则四时之记，西周早已有之，且以建寅为正，与实际时令相合。《春秋》之四时，则不合于实际时令。相传有'三正'，夏以建寅之月（今农历正月）为正，殷以建丑之月（今农历十二月）为正，周以建子之月（今农历十一月）为正，而仍以正月为春，则殷、周之春皆今之冬……考之两周彝铭，西周彝器大抵皆为王朝卿士所作，记月日多言隹（唯）王某月某日……但东周彝器多为列国诸侯或巨族所制，则用有本国之历者……鲁为周最亲近之国，奉周历唯谨。自隐公讫哀公历十二公，二百四十年，皆用王正。"杨伯峻编著：《春秋左传注》，第5—6页。

[②] 《孟子·滕文公下》。

门的解释,"隐公元年"起始的六个字更可谓无数笔墨战的引发者,《公羊传》自然也有其主张:

【经】元年,春,王正月。

【传】元年者何?君之始年也。春者何?岁之始也。王者孰谓?谓文王也。曷为先言王而后言正月?王正月也。何言乎王正月?大一统也。①

有关这段传文的含义,汉代公羊学者何休给出了进一步的说明,以下将逐条罗列传文与相应的何休"解诂"之辞:

元年者何?君之始年也。(何休解诂:变一为元,元者,气也,无形以起,有形则分,造起天地,天地之始也,故上无所系,而使春系之也。不言公,言君之始年者,王者诸侯皆称君,所以通其义于王者,惟王者然后改元立号。《春秋》托新王受命于鲁,故因以录即位,明王者当继天奉元,养成万物。)

春者何?岁之始也。(何休解诂:春者,天地开辟之端,养生之首,法象所出,四时本名也。昏斗指东方曰春,指南方曰夏,指西方曰秋,指北方曰冬。岁者,总号其成功之称,《尚书》,"以闰月定四时成岁"是也。)

王者孰谓?谓文王也。(何休解诂:文王,周始受命之王,王之所命,故上系天端。方陈受命制正月,故假以为王法。不言谥者,法其生,不法其死,与后王共之,人道之始也。)

---

① 《春秋公羊传·隐公元年》。

> 曷为先言王而后言正月？王正月也。（何休解诂：以上系于王，知王者受命，布政施教所制月也。王者受命，必徙居处，改正朔，易服色，殊徽号，变牺牲，异器械，明受之于天，不受之于人。）
>
> 何言乎王正月？大一统也。（何休解诂：统者，始也，总系之辞。夫王者，始受命改制，布政施教于天下，自公侯至于庶人，自山川至于草木昆虫，莫不一一系于正月，故云政教之始也。）

何休的观点如"变一为元""春者……法象所出""改正朔，易服色""王者，始受命改制，布政施教于天下"等显然在很大程度上受到了董仲舒的影响[①]，从而体现出很强的汉代政治文化的特征，但其中仍有两个基本论点值得关注：其一，所谓"大一统"乃由君主引领的自公侯至庶人的整体结构（甚至可延伸至天地万物）；其二，具备领袖资格的君主乃是王者，其典范即为周文王。也就是说，社会应当是上下有序的，权力则应逐层集中，但社会秩序的合理性却不能由其本身来证明，文王之治道或者说王道才是合理性的标准所在。这就是《公羊传》的基本论调，亦即"王道大一统"。它既表明《公羊传》对战国新等级社会及集权化政治渐趋稳固之现实的接受，也表明

---

① 如《汉书·董仲舒传》记载，董仲舒曾在著名的"天人三策"中指出，"臣谨案《春秋》谓一元之意，一者万物之所从始也，元者辞之所谓大也。谓一为元者，视大始而欲正本也。春秋深探其本，而反自贵者始"；"春者，天之所为也；正者，王之所为也。其意曰，上承天之所为，而下以正其所为，正王道之端云尔。然则王者欲有所为，宜求其端于天"；"改正朔，易服色，所以应天也"。又如《春秋繁露·玉英》云："是故《春秋》之道，以元之深正天之端，以天之端正王之政，以王之政正诸侯之即位，以诸侯之即位正竟内之治。五者俱正，而化大行。"

《公羊传》延续了夫子置仁于礼之上的设想而试图将现实导向其自认的应然状态。

正因为《公羊传》期待社会等级的有序化,所以《公羊传》对等级秩序的遵守者从来不吝惜褒扬之词。如,《春秋公羊传·庄公二十四年》载:

> 【经】冬,戎侵曹,曹羁出奔陈。
> 【传】曹羁者何?曹大夫也。曹无大夫,此何以书?贤也。何贤乎曹羁?戎将侵曹,曹羁谏曰:"戎众以无义。君请勿自敌也。"曹伯曰:"不可。"三谏,不从,遂去之。故君子以为得君臣之义也。

在这段话中,《公羊传》首先问道:曹为小国,故"无大夫",但《春秋》却特意强调曹伯之臣曹羁,其原因何在。随后,《公羊传》就给出了答复,即曹羁是贤者,此一美名的获得当归因于曹羁对礼的遵守。那么,曹羁守礼体现在哪些方面?何休解诂曰:"礼,兵敌则战,不敌则守。君师少,不如守,且使臣下往。"以此立论,曹羁劝谏曹伯的言辞显然是有礼制上的根据的。更为重要的是,曹羁严格遵守礼对君臣相处之道的规定:"为人臣之礼,不显谏。三谏而不听,则逃之。"①也就是说,曹羁奔陈是在他完全履行了臣之于君的劝谏义务之后才发生的,曹羁与曹伯之间的君臣之义在三谏不听的时刻已经结束了②,所以无论是从劝谏的次数,还是从劝谏的内容上看,曹羁告别曹伯均未偏离君臣之礼的轨道。基于此,《春秋》就突出"曹羁"这个

---

① 《礼记·曲礼下》。
② 郑玄对《礼记·曲礼下》所云"三谏而不听,则逃之"解释道:"君臣有义则合,无义则离。"

名字,以示对遵从等级秩序之行为的认可。《公羊传》对曹羁的肯定表明,春秋时期不乏礼制的维护者,但作为《公羊传》之阐释对象的春秋史事本身却在整体上显得混乱不堪,所谓"礼崩乐坏"即为其概括,因此《公羊传》首先就试图通过所谓一字褒贬的春秋笔法来梳理春秋史事,并进而重申礼作为社会秩序之代表的重要性。以下就将从两个侧面来考察《公羊传》对礼的强调。

一、国家政治

1. 隐公事件。如前所述,《春秋》"隐公元年"起始写道"元年,春,王正月",却未写"公即位"三字,《春秋公羊传·隐公元年》对此解释道:

> 公何以不言即位?成公意也。何成乎公之意?公将平国而反之桓。曷为反之桓?桓幼而贵,隐长而卑。其为尊卑出微,国人莫知。隐长又贤,诸大夫扳隐而立之。隐于是焉而辞立,则未知桓之将必得立也。且如桓立,则恐诸大夫之不能相幼君也。故凡隐之立,为桓立也。隐长又贤,何以不宜立?立適以长不以贤,立子以贵不以长。桓何以贵?母贵也。母贵则子何以贵?子以母贵,母以子贵。

鲁隐公与鲁桓公同为鲁惠公之子,鲁隐公之母声子为惠公原配夫人孟子之媵,鲁桓公之母仲子为惠公续娶之鲁夫人,所以仲子之地位显然高于声子。依据"立適以长不以贤,立子以贵不以长"的继承原则,桓公理当继承君位。但是,卿大夫们认为,隐公年长且有贤行,故纷纷拥立隐公。在此情况下,隐公认为,即便自己不当政,幼君桓公也不一定能得到诸位卿大夫的全力支持,遂决定暂任鲁君以待今后还政于桓公。与《左传》对同一事件的平淡无奇的解释"元年,春,王周正月。不书即位,摄也"相比,《公羊传》的叙述显得离奇而曲折。这绝非简单的用以显现隐公之贤的煽情文字,其背后实有双重含义:第一,隐公对卿大夫之态度的忧虑,预示着既往的君臣之别自春秋伊始就注定发生令人无法想象的动荡,而这正是《公羊传》的评述时时要面对的与礼制相关的问题;其二,隐公即位的过程使其君位处于不稳定状态,从而也令其本人面临着安全隐患,这正是《公羊传》借以阐发君臣伦理的铺垫。

那么,事态究竟是如何发展的呢?《春秋公羊传·隐公四年》载:

【经】秋,翚帅师会宋公、陈侯、蔡人、卫人伐郑。

【传】翚者何?公子翚也。何以不称公子?贬。曷为贬?与弑公也。其与弑公奈何?公子翚谄乎隐公,谓隐公曰:"百姓安子,诸侯说子,盍终为君矣。"隐曰:"吾否,吾使修涂裘,吾将老焉。"公子翚恐若其言闻乎桓,于是谓桓曰:"吾为子口隐矣。隐曰:'吾不反也。'"桓曰:"然则奈何?"曰:"请作难,弑隐公。"于钟巫之祭焉弑隐公也。

《春秋》对隐公年间之史事的记载有三处涉及鲁国公子,除了上引"隐公四年"所提及的"公子翚"之外,另两处为:

公子益师卒。(《春秋》"隐公元年")
冬十有二月辛巳,公子彄卒。(《春秋》"隐公五年")

可见,《春秋》作为鲁国的史书,在记载鲁国公室成员的事迹时会标出"公子"这样的尊称,但是"隐公四年"的经文却直呼公子翚的名讳,这一点引起了传文的注意。传文遂设问道,为何《春秋》的文例前后不同。回答则为"贬",所贬之事就是公子翚撺掇桓公弑杀隐公的恶行。在《公羊传》的笔下,公子翚的奸佞形象被传神地描绘出来,而"公子"二字的有无则隐晦地表达了《春秋》对君臣伦理的态度。

不过,《公羊传》对此事的评论还远未结束。首先,自"隐公四年"之后,《春秋》又曾两次提及公子翚:

> 夏,翚帅师会齐人、郑人伐宋。(《春秋》"隐公十年")
> 公子翚如齐逆女。(《春秋》"桓公三年")

前文已述,"隐公四年"经文直呼公子翚的名讳乃《春秋》记载鲁公室成员史迹之写法的变例,体现了《春秋》对公子翚之弑君恶行的鄙弃。但是,为何"隐公十年"经文坚持了这种变例,而"桓公三年"经文却又恢复了《春秋》的一般写法呢?这是不是意味着"隐公四年"传文的解释实为随意为之?答案当然是否定的,"隐公十年"传文曰:

> 此公子翚也,何以不称公子?贬。曷为贬?隐之罪人也,故终隐之篇贬也。①

这就是说,被公子翚弑杀者乃隐公,所以《春秋》只在记载隐公当政

---

① 《春秋公羊传·隐公十年》。

的十一年间的史事时,才直呼公子翚的名讳以凸显其"隐之罪人"的可耻,此即所谓"贬绝"。① 通过这种曲折再三的书写方式,《公羊传》鲜明地倡导了君臣等级的正确性。

其次,在隐公被弑案中,桓公虽非造意者,却是实实在在的参与者,自然也应因其品行优良的兄长之死而受到严厉的谴责。然而,桓公乃鲁国国君,《春秋》遂采取不同于对待公子翚的方法来贬斥桓公:

【经】元年,春,王正月,公即位。
【传】继弑君,不言即位,此其言即位何? 如其意也。②

《公羊传》认为,《春秋》以"公即位"的有无来影射鲁国新君即位的各种情形。③ 其中一种情形为前任君主被弑,新君继任,不书"公即位"。④ 但是,桓公的前任隐公确实是被弑之君,为何《春秋》"桓公元年"仍写"公即位"呢? 关键就在"如其意"三字上。也就是说,弑杀隐公本就是桓公的阴谋,所以"公即位"三字暗含桓公"处心积虑,终于达成意愿"

---

① 对弑君者,《公羊传》不仅对其本人予以强烈谴责,而且有时还会将笔锋伸向其后人以为惩戒。如《春秋公羊传·昭公十一年》载:
【经】冬,十有一月,丁酉,楚师灭蔡。执蔡世子有以归,用之。
【传】此未逾年之君也,其称世子何? 不君灵公,不成其子也。不君灵公,则曷为不成其子? 诛君之子不立。
蔡灵公是通过弑父登上君位的,所以《春秋》认为蔡灵公缺乏担任国君的合法身份。基于此,蔡世子虽然继承了蔡灵公的君位,但由于其父之君位的获得本就源于恶行,因此蔡世子自然也不能被视为合格的君主,此即"诸君之子不立"的含义。蔡灵公父子之事可谓《公羊传》对弑君者采取连坐态度的典型实例。
② 《春秋公羊传·桓公元年》。
③ 对这一点,《春秋穀梁传》也有颇为繁杂的解说,下一章将详加阐述。
④ 如《春秋公羊传·庄公元年》:"公何以不言即位? 《春秋》君弑子不言即位。君弑则子何以不言即位? 隐之也。孰隐? 隐子也。"

的味道,也反衬桓公之恶性实胜于公子翚。事实上,注重对心意的探究乃《公羊传》的一贯论调。如,《春秋公羊传·隐公元年》就写道:

【经】三月,公及邾娄仪父盟于眜。
【传】及者何?与也。会、及、暨,皆与也。曷为或言会,或言及,或言暨?会犹最也。及,犹汲汲也。暨,犹暨暨也。及,我欲之。暨,不得已也。

何休解诂云,"……举及、暨者,明当随意善恶而原心。欲之者,善重恶深;不得已者,善轻恶浅",所以及、暨二字的差别即本于行为者的意图。又如,《春秋公羊传·隐公二年》载:

【经】十有二月,乙卯,夫人子氏薨。
【传】夫人子氏者何?隐公之母也。何以不书葬?成公意也。何成乎公之意?子将不终为君,故母亦不终为夫人也。

《春秋》对鲁夫人的正常死亡一般是要以"书葬"的方式来表示其人生终结的。如,《春秋》"定公十五年"就说"辛巳,葬定姒",定姒即为哀公之母或者说鲁夫人。哀公为未逾年之君,《春秋》仍书"葬定姒"以示对哀公之母的尊敬,而隐公已然即位,其母子氏薨,《春秋》居然"不书葬",无怪乎传文发出了一连串的疑问。当然,这与其说是传文对《春秋》之文辞用例的否定,毋宁说是传文对《春秋》之文辞用例的辩护所作的铺垫。传文认为,虽然子氏在辞世时为鲁夫人,但如前所述,其子隐公早已有归政于桓公的决心,故子氏终究无法保住鲁夫人的身份;为此,《春秋》就通过"不书葬"的方式显示隐公之心意的实现,也借此赞扬隐公的贤德,以印证《春秋公羊传·隐公元年》所载之即位斗争中的群臣对隐公之品行的正确判断。① 上文所引桓公与隐公二例充分显示了《公羊传》所揭示的春秋笔法的微妙,类似的文句——"如其意也"与"成公意也"——所暗含的褒贬意识居然截然不同,桓公之恶、隐公之贤、君臣之礼都在字里行间得到充分的展示。另一个注重心意的事例载于《春秋公羊传·昭公十九年》:

【经】夏,五月,戊辰,许世子止弑其君买。

……

【经】冬,葬许悼公。

【传】贼未讨何以书葬?不成于弑也。曷为不成于弑?止进药而药杀也。止进药而药杀,则曷为加弑焉尔?讥子道之不尽也。其讥子道之不尽奈何?曰:"乐正子春之视疾也,复加一饭则脱然愈,复损一饭则脱然愈,复加一衣则脱然愈,复损一衣则脱然愈。"止进药而药杀,是以君子加弑焉尔,曰:"许世子止弑其君买,是君子之听止也。葬许悼公,是君子之赦止也。赦止者,免止之罪辞也。"

---

① 这种以"成公意也"四字来表示隐公之心意的达成,并借此赞扬隐公的实例还有不少,如前引《春秋公羊传·隐公元年》载:
【经】元年,春,王正月。
【传】……公何以不言即位?成公意也。何成乎公之意?公将平国而反之桓。
又如,《春秋公羊传·隐公五年》写道:
【经】九月,考仲子之宫。
【传】考宫者何?考犹入室也,始祭仲子也。桓未君,则曷为祭仲子?隐为桓立,故为桓祭其母也。然则何言尔?成公意也。
记载此类实例的文字虽然婉转,但其透露出来的信息却是明确无误的,即《春秋》对隐公之贤德极为认可。

据"昭公十九年"传文所写,许世子止为其父奉药,未想其父居然服药而亡。对此,经文"夏五月戊辰"句先将许止的行为定位为"弑",这似乎暗藏着贬斥之意。但是,如下文将要论述的一样,《春秋》在君弑贼未讨的情况下不写"葬某公",但"昭公十九年"经文的"冬"句却提到"葬许悼公",这似乎又原谅了许止的"弑君"行为。此种写法是否意味着经文前后矛盾?答案是否定的,传文给出的理由则是,许止并无弑君之心,经文所讽刺的只是许止未能向乐正子春那样尽为子之道而已。① 可见,心意的有无还关乎对行为之性质的判断。当然,《公羊传》通过强调心意来品评人物之善恶的方式远比上列数例复杂②,所以《春秋公羊传·桓公元年》对桓公的贬斥只不过是其

---

① 《公羊传》所介绍的乐正子春的贤行也在其他儒家经典中出现,如《礼记·曲礼下》云:"君有疾饮药,臣先尝之。亲有疾饮药,子先尝之。"

② 有关这一点,日本学者日原利国先生已作出非常全面的分析。日原氏首先提出,儒家将礼与刑视为一组对立概念,礼之于法的优越性在于礼可以约束行为发生前的意志。在这方面,《公羊传》可谓典型,因为它"不论行为结果,只追究隐藏在行为背后的意图;不看外在事实,只偏重于内在心理,高扬彻底的动机主义"。随后,日原氏注意到《公羊传》是通过其特殊的注经方法或者说"春秋笔法"来阐发这种"动机主义"的,因此他从三个方面对此种注经方法作出了详细的解说。第一,不管行为出于善意或恶意,《公羊传》都会以"如其意"三字来表明行为者之意志的善、恶。第二,在此基础上,还要根据意志的发生时间、意志的强弱程度,再区别以不同的书写方式。其原因在于,单纯依据意志的存在与否展开评价将导致评判的公正性和严密性受损。第三,《公羊传》之所以惟意志是究,是因为在其逻辑体系中,善的意志本就是精粹价值之所在,而这一点又通过受善的意志催动的行为的结果(无论发生或未发生)表现出来。作为其反面,恶的意志则凭借"贬于未然之前""贬于将然未形之前"等笔法予以禁绝。这些注经方法的叠加使《公羊传》极度偏重意志的思想特点获得了强烈的昭示,日原氏则将其概括为"心情伦理"或"心理伦理"。参见〔日〕日原利国:"心意的偏重——关于行为的评价",载杨一凡总主编、籾山明卷主编:《中国法制史考证》(丙编第一卷),徐世虹译,中国社会科学出版社 2003 年版,第 554—599 页。需要指出,该文原为日原氏所著《春秋公羊傳の研究》(创文社,1976 年)的第三部分"心意の偏重——行為の評價について"。另外,有关儒家学说对内心意志的强调及儒家所认可的身心关系,我国学者张中秋先生也曾作过较为精辟的说明。他认为,在文明时代,人心与人身的关系均表现为心主身从模式,即心对身的支配,理性对非理性的控制。虽然这种身心模式为文明时代之普适认识,但中西方对心的理解不尽相同。中国强调心的道德理性,而西方则坚持行的智慧或者说知识理性。参见张中秋:《中西法律文化比较研究》,法律出版社 2009 年版,第 386—399 页。

简单的一次适用而已,后世公羊学者则依靠对《公羊传》的进一步阐发而提出了"原心定罪"的归责原则。

最后,弑君的公子翚在桓公年间依然活跃在鲁国政坛,桓公本人也心安理得地坐在君位之上,弑君贼不讨的责任何在?《公羊传》显然注意到了这个不便回避的问题,《春秋公羊传·隐公十一年》就写道:

【经】冬,十有一月,壬辰,公薨。

【传】何以不书葬?隐之也。何隐尔?弑也。弑则何以不书葬?《春秋》君弑贼不讨,不书葬,以为无臣子也。子沈子曰:"君弑,臣不讨贼,非臣也。子不复仇,非子也。葬,生者之事也。《春秋》君弑贼不讨,不书葬,以为不系乎臣子也。"公薨何以不地?不忍言也。隐何以无正月?隐将让乎桓,故不有其正月也。

此处,《公羊传》采取了习惯性的自问自答的叙述方式。它首先指出,《春秋》在记载鲁君薨时一般都要"书葬"以示君主此生的结束。揆诸以下所列《春秋》的记载,这一结论大致可谓恰当:

冬,十有二月,己丑,葬我君桓公。(《春秋》"桓公十八年")
夏,六月,辛酉,葬我君庄公。(《春秋》"闵公元年")
夏,四月,丁巳,葬我君僖公。(《春秋》"文公元年")
六月,癸酉,葬我君文公。(《春秋》"文公十八年")
二月,辛酉,葬我君宣公。(《春秋》"成公元年")
丁未,葬我君成公。(《春秋》"成公十八年")

> 癸酉,葬我君襄公。(《春秋》"襄公三十一年")
> 秋,七月,癸巳,葬我君昭公。(《春秋》"定公元年")
> 丁巳,葬我君定公。(《春秋》"定公十五年")

在《春秋》所载鲁国十二公中,除了隐公、闵公、哀公之外,其余诸公辞世时,《春秋》经确实皆言"葬我君……"。《春秋》未写"葬我君哀公",其原因在于,《左传》与《史记》的记载皆提到了哀公二十七年之事,但《春秋》的记事却终于哀公十四年,而《公羊传》亦作传至哀公十四年。[①] 至于隐公和闵公的场合,二君显然有共通性,即二君均为被弑而亡,所以传文才解释说"何隐尔?弑也"。问题在于,桓公亦为被弑之君,但《春秋》经文却赫然写有"葬我君桓公",这又隐藏着什么玄机?原来,弑桓公者无论是公子彭生,还是齐襄公,均已被讨伐并终至丧命,而弑隐公的两位主犯却逍遥自得。此即经文有"葬我君桓公"而无"葬我君隐公"的缘由。五字之无实表明隐公死不瞑目,"不书葬,以为无臣子也",内藏着传文对鲁国群臣的强烈谴责,君臣之礼的重要性也就

[①] 有关哀公二十七年之事,虽然《左传》亦曾论及,但并未明言哀公卒于二十七年。《史记·鲁周公世家》记载得较为清晰:"二十七年春,季康子卒。夏,哀公患三桓,将欲因诸侯以劫之,三桓亦患公作难,故君臣多间。公游于陵阪,遇孟武伯于街,曰:'请问余及死乎?'对曰:'不知也。'公欲以越伐三桓。八月,哀公如陉氏。三桓攻公,公奔于卫,去如邹,遂如越。国人迎哀公复归,卒于有山氏。子宁立,是为悼公。"

第三章 古礼之实质化的发展（Ⅰ）：《公羊传》的理路

在同一过程中得到了说明。①

隐公是《春秋》所载鲁国十二公中第一位登场的君主，所以隐公与桓公之间发生的君位纠葛，大概是《公羊传》首次面对春秋时期君臣伦理的废弛现象。正因为此，《公羊传》试图在"大一统"的基调下，通过对《春秋》首次记载的弑君事件的评价，确立其对待君臣伦理的基本态度。其涉及面颇为广泛，从阴谋频出的参与者到无动于衷的旁观者，均成为传文的评判对象。在此过程中，所谓一字褒贬的春秋笔法得到了淋漓尽致的展现，君臣上下的等级秩序被不断地强调，弑君恶行当然应该禁绝。这就是由隐公事件引发的种种评价对"元年，春，王正月"之传文所内藏的概括性信息的回应。

2. 公子牙事件。上文对《公羊传》有关桓公与公子翚合谋弑杀隐公之事的评论展开了分析，但在异象环生的春秋时代，即便只是

---

① 《春秋公羊传·宣公六年》载：

【经】六年，春，晋赵盾、卫孙免侵陈。

【传】赵盾弑君，此其复见何？亲弑君者赵穿也。亲弑君者赵穿，则曷为加之赵盾？不讨贼也。何以谓之不讨贼？晋史书贼曰："晋赵盾弑其君夷獔。"赵盾曰："天乎！无辜。吾不弑君，谁谓吾弑君者乎？"史曰："尔为仁为义，人弑尔君，而复国不讨贼，此非弑君如何？"

有关传文所说"赵盾弑君，此其复见何"一语，何休解诂曰："据宋督、郑归生、齐崔杼弑其君，后不复见。"以《春秋》经文的记载来看，宋督弑君之事在鲁桓公二年"春，王，正月，戊申，宋督弑其君与夷，及其大夫孔父"，郑归生弑君之事在鲁宣公四年"夏，六月，乙酉，郑公子归生弑其君夷"，齐崔杼弑君之事在鲁襄公二十五年"夏，五月，齐崔杼弑其君光"。此类记载几乎成为这几位弑君贼在经文中的最后一次出场机会。但对赵盾，《春秋》经文已指出宣公二年"秋，九月，乙丑，晋赵盾弑其君夷獔"，但在"宣公六年"的经文中其名讳再次出现，这就是何休试图说明的问题。众所周知，赵盾乃春秋时期著名的贤大夫，但经文如此安排的深意并非通过"复见"而宽恕赵盾，相反是为了突出赵盾与宋督等三人在弑君行为上的区别并借此讥刺赵盾，而所谓区别无非就在于宋督等三人为弑君行为的亲自实行者，赵盾则非，他只不过是对弑君者赵穿怠于讨伐。由此可见，《公羊传》对君弑贼不讨所反射出来的君臣伦理是极为重视的，即便贤如赵盾也无法避免被恶评。

鲁国,弑君之事不仅不会就此终结,而且呈现出愈演愈烈的倾向。《春秋公羊传·庄公三十二年》载:

【经】秋,七月,癸巳,公子牙卒。

【传】何以不称弟?杀也。杀则曷为不言刺?……庄公病,将死,以病召季子。季子至而授之以国政,曰:"寡人即不起此病,吾将焉致乎鲁国?"季子曰:"般也存,君何忧焉?"公曰:"庸得若是乎?牙谓我曰:'鲁一生一及,君已知之矣。庆父也存。'"季子曰:"夫何敢?是将为乱乎?夫何敢?"俄而牙弑械成。季子和药而饮之,曰:"公子从吾言而饮此,则必可以无为天下戮笑,必有后乎鲁国。不从吾言而不饮此,则必为天下戮笑,必无后乎鲁国。"于是从其言而饮之,饮之无傫氏,至乎王堤而死。公子牙今将尔,辞曷为与亲弑者同?君亲无将,将而诛焉。

据传文所载,庄公在即将离世之际显然对鲁国的未来忧心忡忡,其忧虑之来源则为鲁国新君的人选问题。尽管如季子所说,庄公的内心清楚地知道,其子般乃君位的合格继承人,但公子牙所说"庆父也存"一语让他感到,自己逝世后的鲁国政坛将面临"山雨欲来风满楼"的险象。知晓此事之后的季子立即就采取行动,在公子牙凶器做成之后劝其服毒自尽,由此为鲁国免去了一场政治危机。就这一事件本身来说,公子牙确实是君臣伦理的恶劣挑战者。不过,其针对庄公所立未来君主公子般的弑杀行为实际上仅处于预备阶段,所以经文只说"卒",传文却直截了当地写作"杀",其意似乎是对已弑君者的严厉惩罚,为何如此书写?传文的解释非常明确,即"君亲无将,将而诛焉"。易言之,在君臣伦理方面,不仅已落实的破坏行为应受强烈谴责,而且即便是一种无视礼制秩序的意愿,也不能被宽恕。① 这无非是上文所述《公羊传》对心意之偏重的必然结论,也表明《公羊传》超越了对实行行为的评价,而更深刻地强调其坚守君臣之礼的立场。

3. 蒯聩事件。除了前文所举二例之外,在春秋史事中,还有一件关涉君臣关系的事件值得一提,即蒯聩事件。《春秋公羊传·哀公三年》载:

【经】三年,春,齐国夏、卫石曼姑帅师围戚。
【传】齐国夏曷为与卫石曼姑帅师围戚? 伯讨也。此其为伯讨奈何? 曼姑受命乎灵公而立辄。以曼姑之义,为固可以距之也。辄者曷为者也? 蒯聩之子也。然则曷为不立蒯聩而立辄? 蒯聩为无道,灵公逐蒯聩而立辄,然则辄之义可以立乎? 曰可。其可奈何? 不以父命辞王父命,以王父命辞父命,是父之行乎子也。不以家事辞王事,以王事辞家事,是上之行乎下也。

---

① 需要指出,就《公羊传》的记载来说,明确提及"君亲无将,将而必诛"的另一语段出现在《春秋公羊传·昭公元年》:
【经】叔孙豹会晋赵武、楚公子围、齐国酌、宋向戌、卫石恶、陈公子招、蔡公孙归生、郑轩虎、许人、曹人于漷。
【传】此陈侯之弟招也,何以不称弟? 贬。曷为贬? 为杀世子偃师贬,曰陈侯之弟招杀陈世子偃师。大夫相杀称人,此其称名氏以杀何? 言将自是弑君也。今将尔,词曷为与亲弑者同? 君亲无将,将而必诛焉。然则曷为不于其弑焉贬? 以亲者弑,然后其罪恶甚。《春秋》不待贬绝而罪恶见者,不贬以见罪恶也。贬绝然后罪恶见者,贬绝以见罪恶也。今招之罪已重矣,曷为复贬乎此? 著招之有罪也。何著乎招之有罪?言楚之托乎讨招以灭陈也。

就传文的内容来看,"灵公逐蒯聩而立辄"显然是蒯聩事件的关键节点,那么,灵公为何如此而为?《左传》对此事有详细的说明。① 原来,卫灵公的夫人南子为宋国人,居于故国时就与宋朝相通,此事在宋国可能已众口交传,否则就不会出现以此事为讥讽对象的民谚——"既定尔娄猪,盍归吾艾豭"。更荒谬的是,南子嫁给卫灵公后,居然又要求卫灵公招来自己的情郎。卫灵公太子蒯聩了解了南子的既往丑闻,遂与戏阳速约定在朝拜南子时将南子诛杀。结果,在朝拜之日,戏阳速违背约定,逡巡不前;南子则通过蒯聩与戏阳速的表情来往猜测到了二人的意图,遂向灵公告发蒯聩。灵公震怒,蒯聩只好离开卫国,并与戏阳速互相抱怨。此后,卫灵公本欲立少子郢,郢推而不受。鲁哀公二年(公元前493年),卫灵公薨,郢让位于蒯聩之子辄,是为卫出公。同年,晋赵鞅将太子蒯聩送至戚地,次年乃有《春秋》"哀公三年"经文所说"齐国夏、卫石曼姑帅师围戚"的景象。对比《左传》与《公羊传》的记载,有两点值得注意:第一,仅以南子在蒯聩事件中的所作所为而言,其人品恐怕很难被认可,所以能否直接以"无道"来否定蒯聩或许也是可商榷的。而且,在《左传》

---

① 《左传·定公十四年》载:"卫侯为夫人南子召宋朝,会于洮。大子蒯聩献盂于齐,过宋野。野人歌之曰:'既定尔娄猪,盍归吾艾豭。'大子羞之,谓戏阳速曰:'从我而朝少君,少君见我,我顾,乃杀之。'速曰:'诺。'乃朝夫人。夫人见大子,大子三顾,速不进。夫人见其色,啼而走,曰:'蒯聩将杀余。'公执其手以登台。大子奔宋,尽逐其党。故公孟彄出奔郑,自郑奔齐。大子告人曰:'戏阳速祸余。'戏阳速告人曰:'大子则祸余。大子无道,使余杀其母。余不许,将戕于余;若杀夫人,将以余说。余是故许而弗为,以纾余死。谚曰:'民保于信,'吾以信义也。'"又,《左传·哀公二年》载:"初,卫侯游于郊,子南仆。公曰:'余无子,将立女。'不对。他日,又谓之。对曰:'郢不足以辱社稷,君其改图。君夫人在堂,三揖在下。君命只辱。'夏,卫灵公卒。夫人曰:'命公子郢为大子,君命也。'对曰:'郢异于他子。且君没于吾手,若有之,郢必闻之。且亡人之子辄在。'乃立辄。"六月乙酉,晋赵鞅纳卫大子于戚。

的记载中,"无道"一语实出自违背约定的戏阳速之口①,这是否为此人的借故开脱之辞似亦可再考虑。但是,在《公羊传》中,"无道"直接变成了传文的文句,从而体现了传文对蒯聩杀南子之意愿的否定性评价。第二,所谓"灵公逐蒯聩而立辄"并未得到《左传》的证实,而从君位继承的一般情况即"立適以长不以贤,立子以贵不以长"来看,"立辄"的做法更像是《公羊传》的想当然之说,其中大概自有深意。

那么,究竟如何理解这两个问题呢？首先,所谓"无道"当然不可能是以蒯聩为反面来肯定南子的品德。其解释只有一个,即无论南子人品如何,她既已成为卫灵公夫人,在家族伦理上就理所当然是蒯聩的母亲,而在社会等级上也理所当然是蒯聩的少君。可以说,正是南子与蒯聩之间的君臣关系让蒯聩的企图成为谴责蒯聩的理由。所以,《公羊传》将戏阳速口中的"无道"提升为传文文句的目的就在于强调君臣等级的不可挑战性。其次,《公羊传》对卫灵公之后卫国君位继承状况的建构,使卫灵公、蒯聩与辄三人之间产生了复数的二元关系:卫灵公在家族伦理上为蒯聩之父,在国家政治中则为蒯聩之君;蒯聩在家族伦理上为辄之父,在国家政治中却为辄之臣。这种复数的二元关系自然将引申出如下问题,即作为父亲的蒯聩能否以其家族权威要求辄推翻其君父卫灵公有关卫国继位之君的选择。在传文看来,答案当然是否定的。"不以父命辞王父命,以王父命辞父命,是父之行乎子也",表明作为子的蒯聩没有理由不接受其父灵公的决定,"不以家事辞王事,以王事辞家事,是上之行乎下也",则表明作为臣的蒯聩没有资格要求卫国的两代国君将君

---

① 参见前注《左传·定公十四年》的记载。

位交换给他。尽管他是辄的父亲,但父子关系显然位于君臣关系之下,礼所确定的等级秩序通常是不允许以自认合适的理由来挑战的。可以说,有关父子伦常与君臣位阶之矛盾问题的提出及其解决,正是《公羊传》建构卫国君位继承之事的初心。更值得注意的是,就《公羊传》所涉及的历史时段来说,隐公与桓公的君位之争是传文在这一时段的起始遇到的君臣伦理的严峻挑战,而内在关系错综复杂的蒯聩与辄的君位之争则发生在这一时段的末尾,但传文对两次破坏君臣等级秩序之事件的评价可谓如出一辙。这说明《公羊传》的基本立场是始终如一地得到贯彻的,"大一统"所确立的等级秩序在国家政治的层面应表现为君君臣臣的行为模式。

二、家族宗法

在古代社会,国家政治并未占据世人生活的全部,家族宗法亦为世人生活的重要组成部分,甚至构成了国家政治之运行的基础,所以《公羊传》的大一统观念自然不会忽视家族宗法中的礼制。以下将从两个方面来论证《公羊传》对家族宗法礼制的重视。

1. 丧葬与庙制。曾子云:"慎终追远,民德归厚矣。"[1]此语明确展示了孔门弟子对安葬与追念祖先一事的重视,《公羊传》延续了这种思路并试图通过对相关礼制的维护来表达此种情感。《春秋公羊传·隐公元年》载:

---

[1] 《论语·学而》。

【经】秋，七月，天王使宰咺来归惠公仲子之赗。

【传】宰者何？官也。咺者何？名也。曷为以官氏？宰，士也。惠公者何？隐之考也。仲子者何？桓之母也。何以不称夫人？桓未君也。赗者何？丧事有赗。赗者，盖以马，以乘马束帛。车马曰赗，货财曰赙，衣被曰襚。桓未君，则诸侯曷为来赗之？隐为桓立，故以桓母之丧告于诸侯。然则何言尔？成公意也。其言来何？不及事也。其言惠公仲子何？兼之。兼之，非礼也。何以不言及仲子？仲子微也。

前文曾提到，鲁隐公苦心孤诣地通过实际行动暗示自己将返政于其弟的决心，而这段传文所说"以桓母之丧告于诸侯"，无非只是此种决心的再次宣示，所以传文也再次以"成公意也"表示对隐公之行为的认可。隐公的良苦用心显然得到了诸侯国君们的积极回应即派使节"来赗"，周天子则派宰咺"归赗"以表达问候之意。这本是值得称道的善举，《公羊传》却在传文的最后祭出了"非礼也"三字以示谴责。有关这一点，何休解诂云："礼不赗妾，既善而赗之，当各使一使，所以异尊卑也。"也就是说，虽然鲁隐公欲最终还政于桓公，但在周天子命宰咺"归赗"之时，鲁国国君实为隐公，鲁国的夫人亦为隐公之母声子，桓公之母仲子的地位则为妾，所以传文才根据《春秋》他处经文的写法①自问自答曰，"何以不言及仲子，仲子微也"。本来，作为妾的仲子在丧葬礼制上是无法享受"归赗"的待遇的。正因为隐公有让位的决心，才使其提前获得了这一尊遇。即便如此，名

---

① 如《春秋》"鲁僖公十一年"载："夏，公及夫人姜氏会齐侯于阳谷。"可见，在记述鲁公与夫人同时出现的场合，《春秋》一般会用"及"来连接公与夫人二者。

义上作为周礼之代表的周天子也应派遣两位使者分别"归赗"于惠公及仲子,以示鲁公与其妾尊卑有别,但现在却仅派遣了宰咺一人,这就是"非礼也"的根源所在。可见,传文如此评价的用意当然就在于强调,作为家族宗法礼制之组成部分的丧葬礼制是相当重要的,即使贵为周天子也不能不假思索地加以破坏。

在丧葬与庙制方面,除了上述事例之外,还有一件史事值得一提。《春秋公羊传·文公二年》云:

【经】八月,丁卯,大事于大庙,跻僖公。

【传】大事者何?大祫也。大祫者何?合祭也。其合祭奈何?毁庙之主,陈于大祖。未毁庙之主,皆升,合食于大祖,五年而再殷祭。跻者何?升也。何言乎升僖公?讥。何讥尔?逆祀也。其逆祀奈何?先祢而后祖也。

前文已经提到,公子牙欲弑鲁庄公子般,季子则在其弑杀行为实施之前即逼公子牙自杀。但是,鲁国的君位继承危机并未就此结束。由于下一节将对这场危机详加分析,此处仅述其大略:公子牙死后,他所提及的庆父利用他人弑杀新君般,后又弑杀其后任闵公,鲁僖公则以闵公庶兄的身份继任。三十三年后,鲁僖公之子鲁文公登位,并在其当政的第二年举行祫祭,此即经文所载"大事于大庙,跻僖公"的背景。揆诸传文,文公在此次祭祀活动中的"跻僖公"之举被视为"逆祀",这到底应如何理解?何休解诂:"文公缘僖公于闵公为庶兄,置僖公于闵公上,失先后之义,故讥之。"其意是说,闵公为君之时在宗法上亦为大宗,僖公则为臣为小宗,君臣关系义同父子,所以僖公虽为闵公之庶兄,且后亦为君,但终究是以小宗继承大宗,闵公相当于僖公之父，对文公来说自然就是祖。现在，文公将僖公之神主置于闵公之前，显然颠倒了祭祀顺序，这正是传文对其予以"讥"的原因，而讥刺之语本身则从反面证明了家族宗法之礼的权威性。

2. 婚嫁。《公羊传》对婚嫁之礼的评论焦点至少有两个：居丧嫁娶与六礼不当。在前者，《春秋公羊传·宣公元年》载：

【经】三月，遂以夫人妇姜至自齐。

【传】遂何以不称公子？一事而再见者，卒名也。夫人何以不称姜氏？贬。曷为贬？讥丧娶也。丧娶者公也，则曷为贬夫人？内无贬于公之道也。内无贬于公之道则曷为贬夫人？夫人与公一体也。

《春秋》"成公十四年"经文写道"侨如以夫人妇姜氏至自齐"。与这一结构几乎完全相同的"宣公元年"经文，只不过少了一个"氏"字，但一字之差却引发了传文的疑问。对此，传文自解道，"氏"字之缺实乃经文对夫人的贬斥，其实质用意乃借夫人而将锋芒直指鲁宣公本人。经文之所以不直接贬斥鲁宣公，是出于为鲁公讳恶之故，传文则明言宣公之恶，即居其先君文公之丧而娶齐女缪姜。可见，经文经传文的阐发已成为居丧嫁娶的批判书，也反过来肯定了婚姻嫁娶之礼在家族伦理之维持上的重要作用。

在后者，所谓六礼自然是指古代婚姻完成的六个程序性环节，即纳采、问名、纳吉、纳征、请期、亲迎，①《公羊传》则主要对不履行亲

---

① 其实，六礼所包括的程序性环节不止于此处所列六项，似还应包括庙见、反马、致女等其他环节。只不过由于纳采等六项较为隆重，因此古人才习惯地以六礼概称婚姻完成的程序。具体参见管东贵：《从宗法封建制到皇帝郡县制的演变：以血缘解纽为脉络》，中华书局2010年版，第57—62页。

迎义务的各色人等给出了自己的评判。① 毋庸赘言,在儒家看来,亲迎之礼乃古圣先贤所坚持的婚姻行为准则,如《诗·大雅·文明》就说"文王嘉止……亲迎于渭"。然而,在春秋时代,世人已开始蔑视先贤的婚姻之道,《春秋公羊传·隐公二年》写道:

> 【经】九月,纪履緰来逆女。
> 【传】纪履緰者何?纪大夫也……外逆女不书,此何以书?讥。何讥尔?讥始不亲迎也。始不亲迎昉于此乎?前此矣。前此则曷为始于此?托始焉尔。曷为托始焉尔?《春秋》之始也。

此处,传文概括了《春秋》的一个文例,即其他诸侯国到鲁国迎娶新娘,经文通常是不会加以记载的。但是,"隐公二年"的经文却记载了纪国来迎娶新娘之事。这当然不是毫无用意的信手之笔,而是通过直书纪大夫履緰的方式以讥刺纪国国君。也就是说,在亲迎之礼上,即便是国君也必须履行,因为亲迎并不只是一种形式性行为,其意义正如何休解诂所云,"礼所以必亲迎者,所以示男先女也",乃夫妇之道的实际显示。更为重要的是,传文指出,违背亲迎之礼的行为并非始于隐公二年的履緰"逆女"之事,但《春秋》却特意将这次婚姻视为时人不遵亲迎之礼的开始。其原因表面上当然在于,就《春

---

① 应当指出,《公羊传》对《春秋》所载时人违背六礼的其他环节的行为也有所评价,如《春秋公羊传·庄公二十二年》就写道:
【经】冬,公如齐纳币。
【传】纳币不书,此何以书?讥。何讥尔?亲纳币,非礼也。
但是,由于此种评价并不常见,因此这里主要探讨《公羊传》对不遵亲迎之礼者的态度。

秋》所记载的历史时段来说,履緰"逆女"之事乃贵族忽视亲迎之礼的首次发生,实质上则在于展示《公羊传》对违反六礼的行为绝不姑息的立场及将这种立场自始贯彻下去的意图。正因为此,《公羊传》在他处对违反亲迎之礼者再次给予了严厉的批评:

【经】莒庆来逆叔姬。
【传】莒庆者何？莒大夫也。莒无大夫,此何以书？讥。何讥尔？大夫越竟逆女,非礼也。①

同样,在男方至女方所在国亲迎时,女方也应遵守礼的相应要求。《春秋公羊传·桓公三年》载:

【经】九月,齐侯送姜氏于讙。
【传】何以书？讥。何讥尔？诸侯越竟送女,非礼也。

何休解诂云:"礼,送女父母不下堂,姑姊妹不出门。"这大概就是女方在亲迎的场合应履行的礼制义务。但是,"桓公三年"经文的主角齐襄公居然把其妹暨鲁桓公夫人文姜一直送到了鲁国地界讙,因此传文认为,经文特意记载此事是为了贬斥齐襄公的违礼之举。然而,令人怀疑的是,齐襄公如此而为难道只是出于兄妹亲情？答案当然是否定的,所以《春秋》的讥刺实际上已为鲁桓公今后的悲剧埋下伏笔,也表明违礼的婚姻并不仅仅涉及婚姻本身,而且还会带来家族秩序的混乱甚至引发政治危机。

---

① 《春秋公羊传·庄公二十七年》。

结合上文对国家政治与家族宗法这两个方面的礼制危机的分析，我们可以认为，在家国一体的古代中国，社会不同层面的秩序的一体化是需要通过礼来实现的，而此种礼当然就是已开启实质化历程且以等级精神为依归的行为准则。《公羊传》通过对"隐公元年"所载"元年，春，王正月"六字的诠释，提出了"王道大一统"说，以礼界定家内及以家为基础的国的不同群体间的尊卑有别，实乃"大一统"的应有之义。这既是《公羊传》面对《春秋》经文所载混乱的春秋史事而设计的应然状态，也是《公羊传》面对其所处的战国时代之等级社会的秩序重建而形成的现实反馈。应然与实然在等级意识的层面上颇为融洽地实现了对接，公羊学家的入世情怀于此可见一斑。然而，既有的礼制秩序未必是合理的，尤其在动荡不安的春秋年代更是如此。"王道大一统"的另一要素即"王道"为检验其合理性的标准，因此《公羊传》也时时允许对礼制秩序予以变通，而变通本身则又展示了公羊学的理想化倾向，下一节将对此问题略加考察。

第二节　王道与礼

尽管上文已指出，"王道"是《公羊传》在诠释"元年，春，王正月"六字时提出的衡量礼制秩序是否合理的标准，但儒家对王道似乎从未给出明确的定义。《尚书·洪范》就说，"无偏无党，王道荡荡；无党无偏，王道平平；无反无侧，王道正直"，这显然只是对王道的美好特质或者说优越性的界定，却并未说明王道的外延究竟如何。如此，王道本身就是一个允许后世不断扩充的概念，《公羊传》自然也有其理解。那么，《公羊传》眼中的王道包含哪些要素呢？如果要先行给出答案,笔者以为至少有两点值得关注:整体秩序与德行意识。为了此二者,《公羊传》甚至愿意令代表等级精神的礼让步。

一、整体秩序

所谓整体秩序实指超越特定个体或阶层而形成的一定地域之全部的稳定状态。这是一个相对性概念,如行为以一国之安全为目标,整体即该国本身;如以列国之安全为目标,整体即中原文化圈。以下就将从这两个方面展开论述。

1. 一国之安全。有关此点,《春秋公羊传·庄公十九年》的一段记载值得注意:

> 【经】秋,公子结媵陈人之妇于鄄,遂及齐侯、宋公盟。
> 【传】媵者何? 诸侯娶一国,则二国往媵之,以侄娣从。侄者何? 兄之子也。娣者何? 弟也。诸侯壹聘九女,诸侯不再娶。媵不书,此何以书? 为其有遂事书。大夫无遂事,此其言遂何? 聘礼,大夫受命,不受辞。出竟有可以安社稷利国家者,则专之可也。

传文指出,由于《春秋》一般不书写诸侯娶媵之事,因此"庄公十九年"的经文记录公子结为鲁君送媵的做法必然事出有因。那么,原因何在? 传文答曰,卫国以女嫁陈宣公,鲁国以女陪嫁,公子结在送所媵之女的途中与齐侯及宋公结盟,而此次结盟则影响到了鲁国的安危。对此,何休解诂作出了进一步的解释:"先是鄄、幽之会,公比不至,公子结出竟,遭齐、宋欲深谋伐鲁,故专矫君命而与之盟,除国家之难,全百

179

姓之命,故善而详录之。"可见,从礼制上说,大夫在未获君主授权的情况下是不能与诸侯结盟的,但如果不及时与诸侯结盟,将导致国家陷入危难,那么为了"安社稷利国家",大夫违背君臣之礼而"专之"也是可以被允许的。① 这表明,公子结所悖逆的君臣之礼只是鲁国内部特定个体间的政治关系的外化表现,而社稷安危则超越了君臣关系而指向鲁国贵族乃至平民之祖先血脉的存续。相对于君臣关系来说,社稷安危显然具有整体秩序的意味,而且,在《公羊传》的思想世界中,通过社稷来延续祖先血脉的观念在重要性上居然能让君臣等级退居次席,这不正是王道凌驾于礼制之上的实例吗?不过,从传文的叙述来看,在公子结"行专"之事上,另一个应当关注的问题点是,公子结正处于聘问途中,事态之紧迫则使他根本来不及向鲁君请示,这种无奈状况大概也是传文许可其违礼之举的重要前提。至于无奈的境地是否为个体突破礼之限制的必备条件,下文将进一步加以分析。

2. 列国之安全。第二章曾指出,由于中原文化圈具有文明优越感,因此孔子对管仲维持宗周礼乐的历史功绩作出了极高的评价。然而,此种评价其实隐藏着一个悖论,即在周王室衰败以致无力维系令其产生文明优越感的礼乐政治的情况下,破坏礼制的霸者反而不得不肩负起本应由周王室承担的维持礼乐文明的责任。这其中显然也暗含着前文已提及的"无奈状况"。《公羊传》对此有着明确的认识,《春秋》"僖公四年"传文就说,"中国不绝若线。桓公救中国,而攘夷狄"。更令中原文化圈感到不安的是,不仅夷狄习俗冲击着宗周礼乐,而且中原诸国本身也在抛弃礼乐文明所要求的各种

---

① 有关此事的更详细介绍,参见拙文:《〈春秋公羊传〉之规范性命题论考》,《政法论坛》2010年第5期。

政治责任。《春秋公羊传·隐公二年》云：

【经】无骇帅师入极。

【传】无骇者何？展无骇也。何以不氏？贬。曷为贬？疾始灭也。始灭，昉于此乎？前此矣。前此则曷为始乎此？托始焉尔。曷为托始焉尔？《春秋》之始也。此灭也，其言入何？内大恶，讳也。

据传文所说，《春秋》经文直书展无骇之名而忽略其氏的目的在于贬斥其灭国行为。然而，一如传文之言，灭国行为并非始于"无骇帅师入极"，《春秋》之所以将其视为灭国之始，只不过是因为"无骇帅师入极"乃《春秋》所载历史阶段中的首次灭国行为而已。这里，我们再次见到了"托始焉尔"的笔法，其用意当然在于暗示，《公羊传》自始坚持对灭国恶行的口诛笔伐。《春秋公羊传·隐公八年》提到：

【经】冬，十有二月，无骇卒。

【传】此展无骇也，何以不氏？疾始灭也，故终其身不氏。

这无疑是对展无骇的贬绝之辞，也正反映了《公羊传》对灭国恶行的毫不姑息。① 但是，《公羊传》在这一问题上为何态度如此强硬？不

---

① 展无骇为灭国行为的直接实行者，而就《春秋》所载史事来说，灭国行为的间接实行者或者说帮凶也屡有出现，《公羊传》对此类人物或诸侯国同样报以鄙夷的态度。如，《春秋公羊传·僖公二年》就提到了著名的"假途灭虢"一事，并以"首恶"一语表达了对借道于晋的虞国的尖锐批评：
【经】虞师、晋师灭夏阳。
【传】虞，微国也，曷为序乎大国之上？使虞首恶也。曷为使虞首恶？虞受赂，假灭国者道，以取亡焉。

用说,其原因就是《公羊传》对存亡继绝作为一种礼乐文明下的政治义务的高度认可,而中原诸国的灭国之举正从内部逐渐毁坏礼乐文明的价值体系,以致中原出现了夷狄化的倾向而周王却只能默然以对。基于此种认识,《公羊传》虽然对成为世人笑柄的宋襄公不惜赞美之辞,①甚至将其在泓之战中的迂腐决策誉为"文王之战"亦不过此也,但仍然颇为现实地将保存礼乐文明下的列国共存这一整体秩序形态的希望,寄托在齐桓公等霸者身上。

那么,《公羊传》究竟通过何种方式表达对霸者的认可?《春秋公羊传·僖公元年》载:

【经】齐师、宋师、曹师次于聂北,救邢。

【传】救不言次,此其言次何?不及事也。不及事者何?邢已亡矣。孰亡之?盖狄灭之。曷为不言狄灭之?为桓公讳也。曷为为桓公讳?上无天子,下无方伯,天下诸侯有相灭亡者,桓公不能救,则桓公耻之。曷为先言次,而后言救?君也。君则其称师何?不与诸侯专封也。曷为不与?实与,而文不与。文曷为不与?诸侯之义不得专封也。诸侯之义不得专封,则其曰实与之何?上无天子,下无方伯,天下诸侯有相灭亡者,力能救之,则救之可也。

---

① 《春秋公羊传·僖公二十二年》载:
【经】冬,十有一月,己巳,朔,宋公及楚人战于泓,宋师败绩。
【传】偏战者日尔,此其言朔何?《春秋》辞繁而不杀者,正也。何正尔?宋公与楚人期,战于泓之阳……故君子大其不鼓不成列,临大事而不忘大礼,有君而无臣。以为虽文王之战,亦不过此也。

传文首先论道"救不言次",即对以救援某国为目的的军事行动的记述一般是不写驻扎于何处的,如《春秋》"僖公十八年"经文就只写有"夏,师救齐",而无"次于某某"字样。然而,"僖公元年"经文写"次"即驻扎一事并非对经文"救不言次"这种书写方式的偏离,而是为了说明齐、宋、曹三国主观上欲救邢而客观上来不及的事实,亡邢者则为夷狄。有关夷狄灭国问题,《春秋》的习惯写法为"狄灭某",如《春秋》"僖公十年"载"狄灭温,温子奔卫",但"僖公元年"经文对夷狄只字未提,其目的乃为齐桓公避讳。那么,齐桓公究竟有什么劣迹需要避讳?传文认为,在天子、方伯(即天子认可的诸侯之长)皆不可倚赖的情况下,身为霸主的桓公理应承担起存亡继绝的责任,因此邢之亡实为桓公之耻辱,这正是传文为桓公避讳之处。可是,桓公已经率领宋、曹两国去救援邢国,经文却似乎并不认同他们的行为,因为据《春秋》"襄公二十三年"经文所写:

秋,齐侯伐卫,遂伐晋。八月,叔孙豹帅师救晋,次于雍渝。

如果有"次"即驻扎之事,经文习惯以"救……次……"的方式来记述救助某国的军事行动,但"僖公元年"经文的写法是"次……救……"。这又出于何种考虑?传文进一步指出,叔孙豹为臣,在救助晋国时应先向对方通报鲁襄公的意图,此为经文写有"次"字的原因,亦为采取"救……次……"之写法的原因,而救援邢国者皆君主,对其军事行动的写法自然有所不同,也并未暗含否定齐桓公等的救援行为的意图。饶有趣味的是,在解决了自我设定的对齐桓公等的救援行动的首次质疑后,传文第二次抛出质疑:既然救援者皆为君主,为何经文却写作"师"而全然不提"君"?答案是,"不与诸侯专封

183

也",亦即虽然齐桓公等对邢国再次予以分封,但封建诸侯乃周王之特权,《春秋》并不认可诸侯对诸侯分配土地或赏赐封号的权力。如此一来,岂非意味着齐桓公所领导的救援行动乃乱臣贼子之举?面对自我设定的第二个质疑,传文的笔锋陡然一转,提出了"实与,而文不与"这一《公羊传》所设想的《春秋》的特有笔法。所谓"文不与"当然就是指上文所说的经文以"师"代"君",并借此表示对齐桓公等的分封行为的否定。至于"实与",《春秋公羊传·昭公十三年》云:

【经】蔡侯庐归于蔡。陈侯吴归于陈。
【传】此皆灭国也,其言归何?不与诸侯专封也。

"昭公十三年"经文是对楚平王再次分封陈、蔡二国的记载,并以"归"字表示对楚平王僭越君臣等级而"专封"之行为的否定,当然也意味着对楚国霸主地位的否定。显然,"僖公元年"经文并未写"邢侯某归于邢",这说明经文对桓公"专封"的态度不同于其对楚平王之事的评价,"上无天子,下无方伯,天下诸侯有相灭亡者,力能救之,则救之可也"则彻底透露了《公羊传》确立其所认可之霸主桓公在王室衰微、中原文化圈面临严重生存危机的情况下,享有"专封"之权的意图。至此,传文曲折再三的笔调宣告结束,其"犹抱琵琶半遮面"的语势也终于露出了真容。毫无疑问,传文的评述虽可谓一波三折,但其逻辑却是清晰的,也带动了其论证的强劲有力。不断提出质疑并不断予以解决的书写方式,体现了传文唯恐自己对桓公"专封"之权的态度遭到批评,遂试图将其诠释铸成天衣无缝之成品的心态。其实,这种心态的出现是非常容易理解的,因为传文将表达对违背君臣伦理者的赞同,而等级有序化又是《公羊传》自我认同的理想社会的基本构成要素。问题在于,理想社会尚未形成,现实状态却是,一方面,周天子无力阻止中原文明圈的崩溃,更遑论恢复礼乐政治的控制力并推进王道的实现;另一方面,霸者虽于君臣伦理而言实为"罪人"①,却通过破坏等级秩序而防止了中原文明圈的彻底沦陷,从而为未来王道社会的落成保留了希望。在如此情况下,霸者如果不挺身而出,中原这个由礼乐文明涵盖的整体又将托付给何人呢?这正是《公羊传》不吝笔墨、费尽心思地造就霸者"专封"之权的根本原因,也体现了《公羊传》将整体秩序的重要性置于特定个体或阶层之上的构想。鲁僖公二年(公元前658年),霸者齐桓公为推进其"尊王攘夷"的大业而再次采取行动,《公羊传》对此举当然也再次给予肯定的评价:

【经】二年,春,王正月,城楚丘。

【传】孰城之?城卫也。曷为不言城卫?灭也。孰灭之?盖狄灭之。曷为不言狄灭之?为桓公讳也。曷为为桓公讳?上无天子,下无方伯,天下诸侯有相灭亡者,桓公不能救,则桓公耻之也。然则孰城之?桓公城之。曷为不言桓公城之?不与诸侯专封也。曷为不与?实与,而文不与。文曷为不与?诸侯之义,不得专封。诸侯之义,不得专封,则其曰实与之何?上无天子,下无方伯,天下诸侯有相灭亡者,力能救之,则救之可也。

---

① 《孟子·告子下》云:"五霸者,三王之罪人也;今之诸侯,五霸之罪人也;今之大夫,今之诸侯之罪人也。"

鲁僖公十七年（公元前643年），齐桓公灭项，成为其孜孜以求的中原整体秩序的破坏者。对此，《公羊传》则并未像对待展无骇一样予以口诛笔伐，相反却将经文解释为为桓公讳恶之语：

> 【经】夏，灭项。
> 【传】孰灭之？齐灭之。曷为不言齐灭之？为桓公讳也。《春秋》为贤者讳，此灭人之国，何贤尔？君子之恶恶也疾始，善善也乐终。桓公尝有继绝存亡之功，故君子为之讳也。

这里，传文之所以一改嫉恶如仇的笔锋以保持对桓公之评价的一致性，正是为了凸显桓公曾经有过的存亡继绝的贡献。可见，《公羊传》已经通过揭示"实与，而文不与"等春秋笔法而将一种高尚的使命托付给霸者，王道理想包容了暂时的破坏礼制的行为。

当然，《春秋》中的霸者不止齐桓公，无视中原文明圈之价值观念的行为也不限于灭国。《春秋公羊传·宣公十一年》载：

> 【经】冬，十月，楚人杀陈夏征舒。
> 【传】此楚子也，其称人何？贬。曷为贬？不与外讨也。不与外讨者，因其讨乎外而不与也。虽内讨亦不与也。曷为不与？实与，而文不与。文曷为不与？诸侯之义，不得专讨也。诸侯之义不得专讨，则其曰实与之何？上无天子，下无方伯，天下诸侯有为无道者，臣弑君，子弑父，力能讨之，则讨之可也。

夏征舒乃陈宣公曾孙，其母夏姬据《左传》所说可谓风华绝代，因此陈灵公、孔宁及仪行父三人皆与夏姬相通。鲁宣公十年（公元前

599年),三人聚饮于夏征叔宅邸,陈灵公与仪行父居然互相开玩笑说夏征叔是对方所生。夏征叔大怒,遂待陈灵公出门时在马厩射杀之,由此成了弑君贼,孔宁、仪行父则出逃。尽管"楚人"征讨夏征叔的理由究竟是否为其弑君之举尚可商榷①,但《公羊传》确实是如此认为的。问题在于,夏征叔的弑君行为本为陈国内政,且其人在弑君后已成为陈国新君,因此对他的惩罚应当出于周天子,"楚子"亦即楚庄王的做法实乃破坏君臣之礼的举动,这种以恶制恶的行事风格能够得到肯定吗?传文首先指出,如《春秋》"宣公十一年"经文所写"丁亥,楚子入陈,纳公孙宁、仪行父于陈",《春秋》一般会以"楚子"来称呼楚王,所以上引经文以"楚人"代替"楚子"显然是一种贬斥,贬斥的内容当然就是楚王绕开周天子而干预陈国内政的违礼之举。但是,传文紧接着又提到了"实与,而文不与"这一春秋笔法,并再次重申"上无天子,下无方伯"的现实困境,其意图显然在于像对待齐桓公"专封"一样委婉地肯定楚王讨伐弑君贼的军事行动。一如前文曾指出的,《公羊传》对弑君者持绝对的鄙弃态度,《礼记·檀弓下》亦云"臣弑君,凡在官者,杀无赦;子弑父,凡在宫者,杀无赦"。可见,儒家已把弑杀君父视为对超越地域、族群之社会整体的行为准则的悖逆,所以如果讨伐者确实以惩罚弑杀君父者为目的,那么即便他与弑杀君父者毫无瓜葛,也应得到肯定。由此,作为一种整体价值认同的尊君父的观念得到了强调,尽管周天子的权力被霸主侵削,但更多居心叵测的乱臣贼子却因霸主的征伐而不敢肆意妄为,这正是《公羊传》以整体利益优于特定个体间的等级秩序之设想

---

① 不过,杨伯峻先生认为:"杜注:'十年,夏征叔弑君。'今年夏楚庄犹以夏征叔为陈侯而与之盟,则此冬逃征叔,非仅因其杀君而已。或春夏征叔杀灵公而自立,陈国必有不服者,自亦生乱,楚亦因而讨伐之。"杨伯峻编著:《春秋左传注》,第713页。

的必然结论。基于同样的设想,倘若讨伐者名义上意欲惩罚弑杀君父之行为,实际上则试图以军事行动谋求私利,那么其举措非但无助于整体利益的维护,甚至可被视为对社会共同准则的严重破坏,《公羊传》自然也不会轻易纵容如是之讨伐者。在这一点上,《公羊传》对楚灵王杀弑父而立的蔡灵公一事的评价可谓其明证:

【经】夏,四月,丁巳,楚子虔诱蔡侯般,杀之于申。

【传】楚子虔何以名?绝也。曷为绝之?为其诱封也。此讨贼也,虽诱之,则曷为绝之?怀恶而讨不义,君子不予也。①

《公羊传》偏重心意的特征是前文已经说明了的,此处的传文则把对心意的探究用于衡量楚灵王越过周天子干预他国内政的正当性上。其如此而为的目的恐怕也像"隐公元年"的传文不断抛出质疑,并寻求妥当的解答一样,在于塑造一个无可挑剔的霸者形象。毕竟,霸者同样是君臣伦理的破坏者,如果不设定其资格,那么形形色色的霸者的涌现也将导致整体秩序的崩溃。毋宁说,"上无天子,下无方伯"一语道尽了《公羊传》笔下的春秋时人的无奈,但此种无奈正是霸者颠覆君臣等级的行为得到认可的前提;更进一步,不受等级限制的霸者应当承担起维护整体秩序的责任,以为将来王道社会的实现提供基础,这正是无奈的时人将希望寄托在霸者身上的根据。如此一来,除了在君臣伦理上或许存在污点,《公羊传》所设定的霸者其实已成为一个理想化的强权者,正如日本学者日原利国先生所说:"在《公羊传》将伦理性赋予以力为本质的霸者时,霸者就不单纯

---

① 《春秋公羊传·昭公十一年》。

是强者,而是上升为一种价值性存在……霸者的伦理性被抬得越高,霸者本身就越接近王者。"①

通过对一国之安全与列国之安全这两个方面的考察,可以明确,《公羊传》尽管强调礼制在塑造社会秩序上的基本功能,但从未僵化地理解礼制与社会秩序的关系。换句话说,礼制所内含的等级精神是受特定时空条件限制的,社稷安危、祖先血脉及文明保存等却是一国或天下这些共同体的普遍价值观念,且与王道紧密相连。在礼崩乐坏的春秋时代,尽管王道幽暗不明,但其彻底沦丧则为共同体无可挽回的悲剧。所以,囿于种种无奈,为了整体秩序的维系,礼制不断面临变通的情形,而另一个促使礼制软化的因素则是下文将要阐述的"德行意识"。

二、德行意识

《公羊传》所强调的德行意识可以分为三个层次:家族之德、让国之德与为天下之德,以下就分别介绍这三个层次的德行对礼制的影响。

1. 家族之德。《春秋公羊传·庄公四年》记载了一次复仇事件:

【经】纪侯大去其国。

【传】大去者何?灭也。孰灭之?齐灭之。曷为不言齐灭之?为襄公讳也。《春秋》为贤者讳,何贤乎襄公?复仇也。何仇尔?远祖也。哀公亨乎周,纪侯谮之。以襄公之为于此焉

---

① 〔日〕日原利国:《春秋公羊傳の研究》,第312页。

者,事祖祢之心尽矣。尽者何?襄公将复仇于纪,卜之曰:"师丧分焉。""寡人死之,不为不吉也。"远祖者几世乎?九世矣。九世犹可以复仇乎?虽百世可也。家亦可乎?曰:"不可。"国何以可?国君一体也。先君之耻,犹今君之耻也;今君之耻,犹先君之耻也。国君何以为一体?国君以国为体,诸侯世,故国君为一体也。今纪无罪,此非怒与?曰:"非也。"古者有明天子,则纪侯必诛,必无纪者。纪侯之不诛,至今有纪者,犹无明天子也。古者诸侯必有会聚之事,相朝聘之道,号辞必称先君以相接,然则齐、纪无说焉,不可以并立乎天下。故将去纪侯者,不得不去纪也。有明天子,则襄公得为若行乎?曰:"不得也。"不得,则襄公曷为为之?上无天子,下无方伯,终恩疾者可也。

此次复仇事件的主人公是上文曾提及的齐襄公,他曾在其妹文姜出嫁时,将文姜送至鲁国地界,可谓严重违背了婚姻之礼,而且下文还将指出齐襄公与文姜之间的另一恶行。所以,若说齐襄公是一位贤者,无论如何,都令人颇感疑惑。然而,《公羊传》确实地指出,《春秋》经文之所以用"大去其国"来掩盖纪国被"灭"的事实,就是为了替贤者齐襄公隐匿灭国之举,其贤行则体现在为其祖先复仇上。原来,齐襄公的九世祖齐哀公因纪侯的谗言而被周天子烹杀,襄公显然从未遗忘祖先的惨死,故宁愿承担"师丧分焉"这样的严重后果为祖先讨回公道。此事的发展过程可谓非常简单而清楚,但问题在于,已历九世的仇恨未免太久,以这样的陈年旧账为由而对纪国实施报复仍应得到允许吗?对此问题,传文是予以肯定的,甚至强调"虽百世可也"。传文之语并未单纯将复仇情绪推至顶峰,而且还说明了仇恨永世存在的原因。日原利国先生曾指出:"与肯定现实的精神相适应,重'名'的中国民族重视来自于同时代人的称赞或者说令闻,并且还拘泥于面子。由于令闻不仅是自尊心的来源,而且还与社会对自己之持续存在与向上精神的认可相联系,所以'徇名'的言行因其与社会的紧张关系而获得更进一步的鼓舞。职是之故,对屈辱的异常敏感使对人关系中受到的耻辱等同于丧命。尊名、重面子的精神甚至成了一个德目……受到的屈辱如果不能因等量以上的报复而得以掩埋,那么体面就无法维持。父兄被害是最大的屈辱,所以本人的自尊心所受的伤害将无休止地存在下去。倘若本人不予以至少等量的回敬,不实施血的报复,对外的面子就无法恢复。"[1]这段论述有助于我们理解传文所说的国君一体说。易言之,国君之位是按照宗法代代传承下来的,因此历代国君体内流淌着相同的血液;进而,祖先的荣光和伟业、屈辱和挫折都会通过祭祀时的悼念而为后世所牢记,来自于祖先的自豪感与失败感也会在同一时刻交织在后世人的心中。因此,仇恨是无法泯灭的,不顾"寡人死

---

[1] 〔日〕日原利国:《春秋公羊传の研究》,第81—82页。当然,有关古代中国社会中的复仇意识之普遍存在的缘由,学者们还有各种主张。杨联陞先生就曾给出一种颇为有趣的解释:在中国古代,互惠作为所谓小人的一般行为标准也是儒家学者可容忍的最低层次的人际关系准则,因此互惠原则构成了君子与小人共同的处世之道。换句话说,互惠为整个社会提供了存在的基础,且以"报"字展示其独特含义。"报"作为动词的意思颇为丰富,可根据适用领域颇多组成"报告""回报""报复"和"报应"等语汇。因此,复仇意识的存在可以说是其深刻的语言和文化背景的。参见杨联陞:"'报'作为中国社会关系基础的思想",载费正清编:《中国的思想与制度》,郭晓兵等译,世界知识出版社2008年版,第324、345页。如果以杨氏的观点来说明《公羊传》所提及的仇恨百世犹存的原因,大概也是可行的。也就是说,因为崇尚对等的古礼的长期实行,尽管古礼本身面临实质化的发展趋势,但投桃报李的心态已成为一种社会意识,所以对祖先所受到的屈辱,个体如不能把强烈的反击投向对方,则在心理上将因违背社会对同一问题的普遍认识而倍感不适。不过,对《公羊传》所说的仇恨百世犹存的原因,日原氏的解释或许更具有说服力,因此这里只罗列杨氏之观点以备一说。

之"而复九世仇,当然亦非不可理喻的夸夸其谈。然而,另一问题也无法回避,即尽管纪侯之祖确有过错,但纪侯终究为一国之君,难道复仇无法通过周天子的惩罚来实现而只能诉诸齐襄公的自力救济吗?《传文》再次提及"上无天子,下无方伯"一语,这实际上已将齐襄公的自为视作无奈之举了。也就是说,在周王室实力强大之时,周天子的惩戒是颇具威慑力的,诸侯也不得不接受,但在周王室实力衰败之时,诸侯对周天子的训示则采取阳奉阴违的态度。在这种情况下,如果仍坚守君臣之礼,那么借复仇来实现公正根本就无从谈起,而公正恰恰就是"无偏无党"的王道的应有之义。仇恨源于个体置身其间的家族对祖先的缅怀,其落实与否乃个体之家族德行的显现。在此意义上说,面对无奈的现实环境,与其遵守已然摇摇欲坠的君臣之礼,还不如突显家族之德以保存走向王道的基础。

齐襄公的复仇行为尚为同一社会层级即诸侯之间的交往关系的实例,伍子胥的复仇之举则是在不同层级间发生的,且因吴国的介入而显得更加复杂。《春秋公羊传·定公四年》论道:

【经】冬,十有一月,庚午,蔡侯以吴子及楚人战于伯莒,楚师败绩。

【传】吴何以称子?夷狄也,而忧中国。其忧中国奈何?伍子胥父诛乎楚,挟弓而去楚,以干阖庐。阖庐曰:"士之甚,勇之甚,将为之兴师而复仇于楚。"伍子胥复曰:"诸侯不为匹夫兴师,且臣闻之,事君犹事父也。亏君之义,复父之仇,臣不为也。"于是止。蔡昭公朝乎楚,有美裘焉,囊瓦求之,昭公不与,为是拘昭公于南郢数年,然后归之。于其归焉,用事乎河。曰:

"天下诸侯,苟有能伐楚者,寡人请为之前列。"楚人闻之怒。为是兴师,使囊瓦将而伐蔡。蔡请救于吴,伍子胥复曰:"蔡非有罪也,楚人为无道,君如有忧中国之心,则若时可矣。"于是兴师而救蔡。曰:"事君犹事父也,此其为可以复仇奈何?"曰:"父不受诛,子复仇可也。父受诛,子复仇,推刃之道也,复仇不除害,朋友相卫,而不相迿,古之道也。"

伍子胥因其父为楚王所杀而投奔被视为夷狄的吴国,吴王阖庐当即欲兴师进攻楚国,但遭到伍子胥的拒绝,所谓"诸侯不为匹夫兴师"之言,无非是说吴国师出无名,而"亏君之义,复父之仇,臣不为也"一语,似乎又表明伍子胥只是为了避祸逃到吴国,于君臣伦理则无破坏之意。然而,当蔡昭公以受楚国侮辱之故而向天下诸侯发出讨伐楚国的心愿时,伍子胥果断地要求吴国出兵。阖庐遂以伍子胥自己的言论"事君犹事父也"询问伍子胥,以示其自相矛盾之处。此时,伍子胥终于按捺不住为父复仇的强烈情绪,指出"父不受诛,子复仇可也",即"父亲不当杀而被杀,其子是可以复仇的"。对此,何休解诂云:"《孝经》曰:'资于事父以事君而敬同。'本取事父之敬以事君,而父以无罪为君所杀。诸侯之君与王者异,于义则去。君臣已绝,故可也。"这就是说,在家国一体的宗法社会,家族实为国家的基础或者说缩影,士人尊敬君主亦本于他们对父亲的敬意,所以如果父亲无罪而为君所杀,则君臣之义已绝,复仇之心遂油然而生。伍子胥的心中早已有复仇的计划,但个人的无力使他只能依托于其他诸侯国国君。也正因为此,面对阖庐第一次提出的兴师之议,伍子胥只能以"君父"云云之借口来推脱,其用意无非在于等待机会,为吴国起兵寻找正当理由,以免使作为非霸主之国的吴国陷入干预他国内政之嫌。但是,倘若撇开伍子胥为吴国所设想的政治谋略,我们可以很清晰地看到《公羊传》通过伍子胥复仇一事意欲表达的价值判断:因为君臣之义本诸父子之情,所以对父的生养之恩的报答及由此衍生出来的为父复仇的心理,实重于君臣之礼所欲维持的等级秩序,所谓的夷狄之国吴国也以帮助伍子胥完成源于家族道德的责任之故,而被尊称为"吴子"以示褒扬。

不过,尽管《公羊传》对复仇多有赞许,但一如前文论及霸者问题时所指出的传文对霸者的限定一样,《公羊传》对复仇亦非毫无原则地完全认可。《春秋公羊传·庄公九年》云:

【经】八月,庚申,及齐师战于干时,我师败绩。
【传】内不言败,此其言败何?伐败也。曷为伐败?复仇也。此复仇乎大国,曷为使微者?公也。公则曷为不言公?不与公复仇也。曷为不与公复仇?复仇者,在下也。

这里,传文提到了鲁庄公为其父鲁桓公复仇一事。有关鲁桓公之死,《春秋公羊传·庄公元年》载:

【经】三月,夫人孙于齐。
【传】……夫人何以不称姜氏?贬。曷为贬?与弑公也。其与弑公奈何?夫人谮公于齐侯,公曰:"同非吾子,齐侯之子也。"齐侯怒,与之饮酒。于其出焉,使公子彭生送之。于其乘焉,搚干而杀之。

传文指出,经文一般以"姜氏"称"文姜",如《春秋》"闵公二年"就写有"九月,夫人姜氏孙于邾娄"一语,但"庄公元年"经文却径直称其为"夫人",其意在于贬斥文姜以谗言促成齐襄公杀鲁桓公的行为。前文曾多次提及齐襄公在其妹文姜出嫁时将文姜送至鲁国地界一事,并遗留了"齐襄公如此而为难道只是出于兄妹亲情"这一问题。事实上,齐襄公之所以对文姜依依不舍,是因为兄妹二人之间有乱伦通奸的关系。这正是文姜在与鲁桓公共同聘问齐国时进谗于齐襄公,并终至为其夫招来杀身之祸的缘由。不用说,所谓"贤者"齐襄公和文姜都成了鲁庄公的杀父仇人,但是,如何休解诂所云,"庄公不得报仇文姜者,母所生,虽轻于父,重于君也。《易》曰:'天地之大德曰生。'故得绝,不得杀",所以庄公只能将复仇的目标锁定在齐襄公及齐国上。此乃"庄公四年"经文言及庄公为桓公复仇的背景。可惜的是,鲁国战败,但经文却一改不记载鲁国之败绩的习惯而特意提到了这次战败。传文认为,经文调整笔法的目的在于突出鲁国的此次军事行动是为了复桓公之仇,如何休解诂所说,"复仇以死败为荣,故录之"。至此,传文似乎欲向世人传达一个信息,即复仇之举将再次获得《春秋》的肯定。然而,传文的进一步解释却表明此信息终究只是一种幻觉。在传文看来,经文对复仇的主人公只字未提,仅简单地留下一笔"及齐师……",这种写法蕴藏着对庄公之复仇行为的否定之意,其原因则为"复仇者,在下也"。何休解诂指出,"时实为不能纳子纠伐齐,诸大夫以为不如以复仇伐之,于是以复仇伐之,非诚心至意,故不与也"。也就是说,庄公只不过是为了在齐国因齐襄公被弑而产生的内乱中谋利,才听取了大夫们以复仇为名而以"纳子纠"为实的提议,所以复仇之心并非来自于庄公,而是源于"在下"的诸大夫。传文之所以作此判断,是因为在所谓复仇之事发生的五年前,庄公就已表现出对复父仇漠不关心的态度:

【经】冬,公及齐人狩于郜。

【传】公曷为与微者狩?齐侯也。齐侯则其称人何?讳与仇狩也。前此者有矣,后此者有矣,则曷为独于此焉?讥于仇者将壹讥而已,故择其重者而讥焉,莫重乎其与仇狩也。①

此处,传文对经文以"齐人"代称"齐侯"的写法尤为注意并认为,这是为了隐讳鲁庄公与齐侯即齐襄公一起狩猎的事实,因为儒家主张,"居父母之仇","弗与共天下"。② 但问题在于,鲁庄公与齐襄公会晤之事在庄公四年前后均有发生,为何经文特别关注此次狩猎呢?传文指出,为了避免对不复仇之心理的反复讥刺,经文选择了最为恶劣的一次会晤来批判。可是,狩猎为何如此不可原谅?何休解诂给出了答案:"狩者上所以共承宗庙,下所以教习兵行义。"第一章在论述蒐礼时曾提到,"狩"所获得的猎物的一部分是用来供奉宗庙的,而且它作为古邑民众的群体行动具有演习礼仪、颁布政令等多方面功能,何休的注释所说的也正是这一点。如此一来,鲁庄公在杀父之仇尚未得报的情况下,用"与仇狩"所得的猎物来祭祀自己含恨而死的父亲,那么这种举动无疑将使其父蒙受巨大的耻辱,也会在参与狩猎的鲁国将士中传播无视父子伦常的声调。然而,无论如何,"与仇狩"的事实已然发生,传文只能据此反观鲁庄公的心理,并借助对心理的判断再进一步讥刺庄公九年鲁国借复仇而发动的军事行动。此种论证逻辑当然是《公羊传》偏重心意之思想特点的合理解释,但"庄公九年"传文的明褒暗贬的语调也表明,对心意的

---

① 《春秋公羊传·庄公四年》。
② 《礼记·檀弓上》。

推究确实是必要的,否则就无法对诸多复仇行为加以区别。这其实也像《公羊传》以整体秩序突破礼制框架时所设想的那样,试图为道德意识的扩张划定边界。易言之,基于家族道德带来的复仇心理而讨伐诸侯国或者挑战君主,都是个体置身于"君不君,臣不臣"的年代,为寻求公正而实施的无奈之举,道德任务的完成皆需以礼制秩序的破坏为代价,所以若不能对这些以恶制恶的行为的合理性做严格的限定,那无异于坐视现实的无序状态进一步无序化并最终陷于彻底崩溃的境地。反过来说,如果某种以家族道德之维持为目标的行为已通过合理性标准的审查,那么礼所追求的等级序列就不得不对其予以让步,这大概就是《公羊传》推崇家族道德的基本思路。

当然,除了复仇行为之外,我们也可以通过其他事例来进一步验证此种思路。前文曾提及公子牙弑君事件,为了说明问题,这里将再次摘引《春秋公羊传·庄公三十二年》的记载于下:

【经】秋,七月,癸巳,公子牙卒。

【传】何以不称弟?杀也。杀则曷为不言刺?为季子讳杀也。曷为为季子讳杀?季子之遏恶也。不以为国狱,缘季子之心而为之讳……公子牙今将尔。辞曷为与亲弑者同?君亲无将,将而诛焉。然则善之与?曰:"然。"杀世子母弟直称君者,甚之也。季子杀母兄,何善尔?诛不得辟兄,君臣之义也。然则曷为不直诛而鸩之?行诛乎兄,隐而逃之,使托若以疾死然,亲亲之道也。

传文首先指出,对鲁公之弟的去世,《春秋》一般都会写"公弟某卒",①但"庄公三十二年"经文却未写"弟"字,其目的是为了说明公子牙并非寿终正寝而是被杀害的。不过,《春秋》"僖公二十八年"经文对公子买有罪被杀的记载是"公子买戍卫,不卒戍,刺之",这显然是以"刺"表明公子买已卒的事实,但"庄公三十二年"经文却直接写"卒",其原因何在呢?传文认为,经文的目的是为了隐讳季子杀公子牙的行为。季子杀公子牙的经过前文已简略说明,问题在于以"乱臣贼子人人得而诛之"的观念来看,季子不诛杀之而是"鸩之",似乎降低了惩罚的力度,或将有损于君臣之礼的权威性。然而,在传文看来,这非但不足以构成贬损季子的理由,相反正证明了季子的无奈。《春秋》在记载国君杀世子、兄长杀弟弟的事件时都会直接写明国君的谥号,如:

夏五月,郑伯克段于鄢。(《春秋》"隐公元年")
春,晋侯杀其世子申生。(《春秋》"僖公五年")
秋,宋公杀其世子痤。(《春秋》"襄公二十六年")
天王杀其弟年夫。(《春秋》"襄公三十年")

由此可见,《春秋》对不顾亲情的残忍杀戮行为是持鄙视态度的,此即上引传文所说"杀世子母弟直称君者,甚之也"的含义。长者杀幼者尚且面临《春秋》的讥刺,幼者杀长者自然更应遭到谴责。然而,对季子而言,为了其兄长鲁庄公的嘱托,也为了维持君臣上下之道,他必须对意欲弑杀未逾年之君子般的公子牙施以最严厉的惩戒。

---

① 如,《春秋》"宣公十七年"经文就说:"冬,十有一月,壬午,公弟叔肸卒。"

这正是季子的左右为难之处,而其决定即"鸩之"实可为巧妙,因为他一方面将弑君行为扼杀在预谋阶段以示对弑君者的震慑,另一方面造成了公子牙病死的假象,以保住其作为公室的名声。季子在维护君臣尊卑的同时照顾到了"亲亲之道",尽管使君臣之礼的权威性略受损害,却实现了家族德行与政治秩序的相对融合。实际上,为了达到如是之效果,我们很难想象究竟还能采取什么更妥当的方法,所以季子的选择显然是有其现实合理性的。

不过,鲁庄公逝后的君位危机并未终结。随着公子般即位,隐藏在公子牙背后的庆父开始展开行动,且其弑杀子般的预谋最终得以实现。《春秋公羊传·闵公元年》就写道:

> 【经】元年,春,王正月。
> 【传】公何以不言即位?继弑君不言即位。孰继?继子般也。孰弑子般?庆父也。杀公子牙,今将尔,季子不免。庆父弑君,何以不诛?将而不免,遏恶也。既而不可,因狱有所归,不探其情而诛焉,亲亲之道也。恶乎归狱?归狱仆人邓扈乐。曷为归狱仆人邓扈乐?庄公存之时,乐曾淫于宫中,子般执而鞭之。庄公死。庆父谓乐曰:"般之辱尔,国人莫不知,盍弑之矣。"使弑子般,然后诛邓扈乐而归狱焉。季子至而不变也。

这里,传文首先抛出了自己的疑问:公子牙只不过是预谋弑君,季子就逼其自杀;庆父已实施弑君行为并得偿所愿,季子却未能将其诛杀,这其中的玄机究竟何在。对此,传文仍以"亲亲之道"予以解答。原来,庆父利用了邓扈乐与子般之间的仇怨而教唆邓扈乐杀子般,在目的达到后又杀邓扈乐以结案。待季子欲展开调查时,此案已陷入死无对证的状态,季子只能不再追究以维持他与庆父之间的"亲亲之道"。然而,闵公继任后,庆父夺取君位的计划落空,不达目的誓不罢休的庆父遂再次施展自己的阴谋而弑杀闵公,《春秋公羊传·闵公二年》载:

【经】秋,八月,辛丑,公薨。

【传】公薨何以不地?隐之也。何隐尔?弑也。孰弑之?庆父也。杀公子牙,今将尔,季子不免。庆父弑二君何以不诛?将而不免,遏恶也。既而不可及,缓追逸贼,亲亲之道也。

看来,对这次弑君行为,季子仍未用尽方法诛杀庆父,而是故意缓慢追赶以将庆父驱逐出境、任其生死,并借此成全"亲亲之道"。综合这两次弑君事件,季子的处理方式似乎严重损害了君臣之礼的权威性,但传文认为不能据此对季子横加指责。在庆父的第一次恶行实施后,以季子对公子牙弑君之背景的掌握来看,季子不可能联想不到庆父与子般被杀之间的相关性,其不穷尽原委实非主观不欲,而是客观不能;在庆父的第二次恶行实施后,既然弑君的恶果已经发生,如果季子非欲置庆父于死地而后快,岂非意味着君臣等级与家族道德同时被破坏? 所以,季子显然面对各种"既而不可及"的无奈,只能在家族德行与君臣之礼间选择一种价值来保全,而无奈的境地正是季子倾向于前者的合理性所在。当然,前文在论述隐公被弑之事时曾提及,君弑贼不讨,《春秋》采取"不书葬"的方式来表示君主死不瞑目。那么,"闵公二年"经文亦"不书葬"这一点很容易让人认为,季子保全家族道德的行为遭到了《春秋》的批判。事实上,

《公羊传》在对记载闵公被弑一年后之史事的经文加以解释时，为季子的抉择提供了圆满的结局。《春秋公羊传·僖公元年》曰：

【经】冬，十月壬午，公子友帅师，败莒师于郦。获莒挐。

【传】莒挐者何？莒大夫也。莒无大夫，此何以书？大季子之获也。何大乎季子之获？季子治内难以正，御外难以正。其御外难以正奈何？公子庆父弑闵公，走而之莒，莒人逐之；将由乎齐，齐人不纳，却反舍于汶水之上。使公子奚斯入请。季子曰："公子不可以入，入则杀矣。"奚斯不忍反命于庆父，自南涘，北面而哭。庆父闻之曰："嘻！此奚斯之声也。诺已！"曰："吾不得入矣。"于是抗辀经而死。莒人闻之曰："吾已得子之贼矣。"以求赂于鲁。鲁人不与，为是兴师而伐鲁。季子待之以偏战。

显然，季子对鲁国之周边环境有着较为清晰的掌握，因此自信地认为即使放纵庆父，亦可令其无容身之地，而庆父的自杀正说明季子最初的决定既保全了亲亲之道，又惩治了弑君行为，尽管君臣之礼的权威性在事发当时受到了相当程度的伤害。可以说，《公羊传》前后连贯的文句表明，置身于无可奈何的历史语境中的个体必须在各种价值观念中作出选择，而在君臣伦常已经崩坏且短期内恢复无望的春秋时代，选择坚持君臣等级其实并不是明智之举，因为这或将使公正无法实现，或将导致更多的道德准则被破坏。个体与其固执地推动社会秩序进一步恶化，还不如摆脱礼制的拘囿而暂时寻找另一种更有可能实现的目标，家族之德即可谓其中之一。

2. 让国之德。毋庸赘言，春秋时代的乱象让时人很难准确把握社会的发展方向，所以时人在同一情势下将作出多样化的选择。

比如,面对君位的诱惑,不择手段的争夺者有之,淡然处之的让位者亦有之。《春秋公羊传·襄公二十九年》就提到了这样一位让国者:

【经】吴子使札来聘。

【传】吴无君,无大夫,此何以有君,有大夫?贤季子也。何贤乎季子?让国也。其让国奈何?谒也、馀祭也、夷昧也,与季子同母四。季子弱而才,兄弟皆爱之,同欲立之以为君,谒曰:"今若是迮而与季子国,季子犹不受也,请无与子而与弟,弟兄迭为君,而致国乎季子。"皆曰:"诺。"故诸为君者,皆轻死为勇,饮食必祝,曰:"天苟有吴国,尚速有悔于予身。"故谒也死,馀祭也立。馀祭也死,夷昧也立。夷昧也死,则国宜之季子者也。季子使而亡焉。僚者,长庶也,即之。季子使而反,至而君之尔。阖庐曰:"先君之所以不与子国,而与弟者,凡为季子故也。将从先君之命与?则国宜之季子者也。如不从先君之命与?则我宜立者也。僚恶得为君乎?"于是使专诸刺僚。而致国乎季子,季子不受,曰:"尔弑吾君,吾受尔国,是吾与尔为篡也。尔杀吾兄,吾又杀尔,是父子兄弟相杀,终身无已也。"去之延陵,终身不入吴国。故君子以其不受为义,以其不杀为仁。贤季子,则吴何以有君有大夫?以季子为臣,则宜有君者也。札者何?吴季子之名也。《春秋》贤者不名,此何以名?许夷狄者,不一而足也。季子者,所贤也,曷为不足乎季子?许人臣者必使臣,许人子者必使子也。

《左传》在解释"襄公二十九年"经文时描述了吴季子札对宗周礼乐的赞扬,《公羊传》对同一经文的解释则引申出了吴国的一场惨烈的君位继承之争。谒、馀祭、夷昧、季子四人乃同母兄弟,前三人皆喜季子之才,故约定不传子而传弟。待三人相继去世后,季子理应继位为君,却以出使为由而躲避。此时,作为季子之庶兄弟的僚趁季子出使之机占据君位,季子归来后也对这一事实予以承认。未想,谒之子阖庐却认为,先前三位君主之所以不传位给自己的儿子,就是为了让季子接任,但如今,既然季子不愿为君,就应由他以先君之子的身份继承君位。在这种心理的驱动下,阖庐弑杀僚并返政于季子,但季子不愿接受并离开了吴国。对季子的让国行为,《公羊传》是予以认可的。传文显然注意到了《春秋》记载吴国之事的一般写法,即不书君和大夫,如《春秋》"襄公十四年"经文就说"春王正月,季孙宿、叔老会晋士匄……会吴于向"。但是,"襄公二十九年"经文并未直书"吴"字,而是既提到了"吴子",又写明吴大夫之名"札"。传文认为,经文之写法的改变就是为了表示对季子的让国行为的赞扬。然而,我们如果稍作思考,就会发现季子的决定在君臣伦理上存在严重的瑕疵。首先,在僚占据君位之时,季子明知三位先君的意愿,僚则明显违背了先君的意志,但季子居然不对僚施加惩罚而放任其对君臣等级的破坏。其次,在阖庐弑杀僚之后,季子既然已承认了僚对君位的保有,当然也对阖庐的弑君贼的身份心知肚明,却不予讨伐而再次选择放任,其离开吴国的举动则可谓对吴国君臣等级报以彻底冷漠的态度。既然如此,传文为何还要对季子大加赞扬?有关第一次放任,何休解诂云,"僚已得国","缘季子之心,恶以己之是,扬兄之非"。也就是说,在僚已成为君主的情况下,季子是无力实现先君们的遗愿的,也就不必毫无意义且喋喋不休地暴露庶兄僚的恶意了。对第二次放任,传文所录季子本人的言论就给出了理由:在弑君的恶果已出现的情况下,季子若接受阖庐交还的君位,难免让世人以为自己是阖庐的共谋；若不接受君位，就应对弑君者加以讨伐，这无异于侄杀叔、叔又杀侄的家族惨剧。所以，季子离开吴国或许是最为合适的选择，是他经两次身陷无奈境地所带来的心理折磨之后找到的最佳解脱方式。那么，谁又能说其决定不具有合理性，其让国以致有损君臣伦理的行为不是高尚品德的体现呢？传文的褒扬之辞正可谓传文对季子之无奈情绪的同情式理解。

除了季子之外，另一位让国者出现在《春秋公羊传·昭公二十年》：

【经】夏，曹公孙会自鄸出奔宋。

【传】奔未有言自者，此其言自何？畔也。畔则曷为不言其畔？为公子喜时之后讳也。《春秋》为贤者讳。何贤乎公子喜时？让国也。其让国奈何？曹伯庐卒于师，则未知公子喜时从与？公子负刍从与，或为主于国，或为主于师。公子喜时见公子负刍之当主也，逡巡而退。贤公子喜时，则曷为为会讳？君子之善善也长，恶恶也短；恶恶止其身，善善及子孙。贤者子孙，故君子为之讳也。

传文首先指出，《春秋》在记载某人逃亡时不会写明其出发地，如"昭公二十年"经文"冬"条就写道"冬，十月，宋华亥、向宁、华定出奔陈"，但"夏"条经文却明言"自鄸"，其意在于暗示曹公孙会出奔的实质乃携邑反叛。可是，对反叛，经文一般会写"以……奔"，如"襄公二十一年"经文就写"邾娄庶其以漆、闾丘来奔"，所以"昭公二十年"经文用"自……出奔"的笔法，当然就表明《春秋》不欲言曹公孙会反叛。这样，问题就顺理成章地出现了：此人到底有何光环以至于《春秋》对其恶行讳莫如深？传文给出的答案居然是此人之父公子喜时有让国贤行。对公子喜时之事，《左传·成公十三年》和《左传·成公十五年》分别有记载。① 其大意如下：鲁成公十三年（公元前578年），晋帅诸侯伐秦，曹宣公薨于征途中，其庶子负刍弑宣公太子而自立，是为曹成公。鲁成公十五年（公元前576年），晋帅诸侯伐曹，执曹成公而送至周王处以施加惩罚。诸侯欲请周王册命曹宣公的另一庶子亦即负刍之弟公子喜时任曹国国君，喜时则以不愿继承弑君者之君位为由予以拒绝。揆诸喜时让国一事的大致经过，喜时其实面临着和吴季子一样的窘境。公子负刍弑未来国君的行为已经发生，喜时又无力对其兄痛下杀手。在这种情况下，喜时即便心急如焚，也可谓无济于事，传文所说"公子喜时见公子负刍之当主也，逡巡而退"云云，其实只不过是喜时所面临的无奈情境的另一番陈述而已。然而，正是此种无奈情境令喜时的让国之举的合理性充分显现出来，喜时不讨弑君贼以致对君臣伦理有所损害的过错也可以忽略不计。更令人惊讶的是，《公羊传》还给了喜时泽及后人的优遇，足见其对让国贤行的高度重视。综合吴季子札与公子喜时的两次让国之举，可以认为，在"亡国五十二，弑君三十六"的春秋年代，

---

① 《左传·成公十三年》的原文为："曹人使公子负刍守，使公子欣时逆曹伯之丧。秋，负刍杀其大子而自立也。诸侯乃请讨之，晋人以其役之劳，请俟他年。冬，葬曹宣公。既葬，子臧将亡，国人皆将从之。成公乃惧，告罪，且请焉，乃反，而致其邑。"《左传·成公十五年》的原文为："十五年春，会于戚，讨曹成公也。执而归诸京师。书曰：'晋侯执曹伯。'不及其民也。凡君不道于其民，诸侯讨而执之，则曰某人执某侯。不然，则否。诸侯将见子臧于王而立之，子臧辞曰：'《前志》有之，曰：圣达节，次守节，下失节。'为君，非吾节也。虽不能圣，敢失守乎？'遂逃，奔宋。"杨伯峻先生指出，"'欣时'《公羊》成十六年传与昭二十年传皆作'喜时'，《新序·节士篇》载此事，文用《左传》，但名从《公羊》作'喜时'"，"子臧，欣时之字"。杨伯峻编著：《春秋左传注》，第867页。可见，《左传·成公十三年》及《左传·成公十五年》所提到的"公子欣时""子臧"，即公子喜时。

人们的欲望喷涌而出，有实力者已将礼制所确立的君主权威等闲视之，并出于种种理由把君位据为己有，而作为其相对面，让国之德当然是难能可贵的。儒家向来将诚挚的让位行为视为古圣贤王推行王道的标志性举措，因此《公羊传》对让位者的高度评价正表明，其精神世界仍对如此混乱的春秋社会的有序化并缓步走向王道保有希望；为了使这种希望成为现实，礼制略有损伤又有何妨呢？

3. 天下之德。相比于前两种德行，天下之德更强调个体对无关己身之事的富有道德感的关切。《春秋公羊传·襄公十九年》载：

【经】晋士匄帅师侵齐，至谷，闻齐侯卒，乃还。

【传】还者何？善辞也。何善尔？大其不伐丧也。此受命乎君而伐齐，则何大乎其不伐丧？大夫以君命出，进退在大夫也。

这里，传文首先指出，经文所使用的"还"是一个表示褒扬之意的语词，其欲褒扬的行为则是士匄的"不伐丧"。然而，伐齐是晋君的命令，士匄闻丧而还显然违背了君主之意，亦为对君臣之礼的挑战，传文为何还要用褒扬之辞？传文自解曰："大夫以君命出，进退在大夫也。"这句话的文意等同于"将在外，君命有所不受"，也赋予了大夫调整决策的绝对自由。问题在于，大夫不遵君命是否可以率性而为。传文并未给出明确的答复。但是，这并非传文的失误或遗忘，而是因为在"襄公十九年"之前，传文已对大夫们不遵君命行事的问题作出了说明，此即前文已涉及的传文对公子结"行专"之事的评价。如前所述，公子结违背君臣之礼而擅自与他国缔结盟约的行为得到《春秋》的认可，是因为此举使鲁国社稷和祖先血脉免于危难，而这一点则被视为高于君臣等级的价值准则。也就是说，大夫不遵君命的免责性倚赖于某个超越君臣等级的理由。那么，士匄之事的免责理由何在？何休解诂云："礼，兵不从中御外，临事制宜，当敌为师，唯义所在。士匄闻齐侯卒，引师而去，恩动孝子之心，义服诸侯之君，是后兵寝数年，故起时善之。"可见，虽然齐君的逝世是士匄伐齐途中的突发事件，与士匄的目标毫无关系，但士匄的专权之举是对养生送死的观念及与此密切相关的尊祖敬宗之道的维护，而这些伦理准则正是崇奉宗法伦常的中原社会或者说中原人士观念中之天下的应有德行。然而，伦理混乱乃春秋时代的频发现象，是天下之德衰败的表征，也意味着以天下为标榜的中原这一文明共同体的分裂，但士匄的行为却产生了超越晋齐二国的影响，而令中原文明的微弱光芒再次普照到各诸侯国以至于"寝兵数年"，这或许就是《公羊传》认可士匄之擅权举措的原因所在。尽管如此，我们也可以提出这样的疑问：士匄不能先向君主汇报并等候其回复，然后再作决定吗？应当认为，这确实是既遵守君臣之礼，又维护中原之应有价值观的妥当举措。不过，认同此种举措的前提是晋君将赞成士匄的决定，但在德行意识逐渐淡化的春秋时代，伐齐既然出自于晋君之命，晋君肯定士匄之决定的可能性究竟有多少，恐怕是难以预料的。从这一点上说，士匄擅权其实也是一种无奈之举，是对时代语境下的众人心理缺乏信心的表现，而此类困惑使士匄本诸天下之德而突破君臣等级的做法产生了很强的合理性。

士匄的窘境并非《公羊传》所述史事中的特例，楚国的司马子反也遭到了类似情境的煎熬。《春秋公羊传·宣公十五年》载：

【经】夏，五月，宋人及楚人平。

【传】外平不书，此何以书？大其平乎己也。何大乎其平乎己？庄王围宋，军有七日之粮尔，尽此不胜，将去而归尔。于是使司马子反乘堙而窥宋城，宋华元亦乘堙而出见之。司马子反曰："子之国何如？"华元曰："惫矣。"曰："何如？"曰："易子而食之，析骸而炊之。"司马子反曰："嘻！甚矣，惫。虽然，吾闻之也，围者，柑马而秣之，使肥者应客，是何子之情也。"华元曰："吾闻之，君子见人之厄则矜之，小人见人之厄则幸之。吾见子之君子也，是以告情于子也。"司马子反曰："诺。勉之矣！吾军亦有七日之粮尔，尽此不胜，将去而归尔。"揖而去之，反于庄王。庄王曰："何如？"司马子反曰："惫矣！"曰："何如？"曰："易子而食之，析骸而炊之。"庄王曰："嘻！甚矣，惫。虽然，吾今取此，然后而归尔。"司马子反曰："不可。臣已告之矣，军有七日之粮尔。"庄王怒曰："吾使子往视之，子曷为告之？"司马子反曰："以区区之宋，犹有不欺人之臣，可以楚而无乎？是以告之也。"庄王曰："诺。舍而止。虽然，吾犹取此然后归尔。"司马子反曰："然则君请处于此，臣请归尔。"庄王曰："子去我而归，吾孰与处于此？吾亦从子而归尔。"引师而去之。故君子大其平乎己也。此皆大夫也，其称人何？贬。曷为贬？平者在下也。

传文首先指出，《春秋》一般不记载鲁国之外的国家间的停战事宜，但"宣公十五年"的经文却写道"宋人及楚人平"，其意在于对两位大夫促成停战一事表示特别的称赞。事情的经过究竟如何？原来，在一次楚宋之战中，楚军粮草将尽，楚王遂令司马子反窥探宋城的情况以考虑下一步计划。凑巧的是，司马子反居然碰到了同样受命窥探楚军情况的宋大夫华元。当子反就宋城的现状向华元发问时，华元毫无保留地陈述了宋城内的惨状。子反有感于宋城之悲剧,遂向华元透露了楚军粮草将尽的事实。回到楚营后,子反的行为使楚王大怒,但几经曲折,楚王终于决定退兵。综观此事之始末,在与华元商谈之际,子反也像士匄一样对楚王是否会同意退兵缺乏十足的把握,而事后楚王的言论"虽然,吾犹取此然后归尔"也表明此种疑虑的准确性,但对宋城之惨状的救助却可谓急不可待。身处此种无奈境地,子反必须寻找一个强有力的理由来突破君臣伦理给予他的限制。于楚而言,战争的目的只是攻城略地,对宋国民众的死活可以不顾,但在有德之人看来,世间恐怕没有什么比人的生命更为重要,而人的生命是超越国别的。正是这种模糊国别的源于天下意识的道德观,令子反摆脱了君臣等级的约束,何休解诂更以"大具有仁恩"赞扬子反的决定。可以说,在向华元表达停战意向的这一刻,子反在道德境界上已届仁者的层次。既然"克己复礼归仁"一语表明"仁"乃孔子观念中的理想社会的道德水准,那么子反的行为不正暗示春秋社会有走向王道的可能吗?为了这种可能性的存续,无视僵化的君臣之礼大概也是正当的。当然,子反之事的意义也仅限于展示一种可能性,而这种可能性的实现则有赖于更多个体尤其是君主的努力,所以传文尽管大力赞扬"平乎己",却仍认为经文以"人"而非"大夫"来称呼子反与华元的目的在于贬斥楚宋停战的达成并非源于君主的意志,从而对君主阶层表达以天下之德约束其权力意志的期望。

上文从整体秩序和德行意识两个角度考察了"王道"对"大一统"所强调的礼制的影响。在王道的视界中,礼制显然不具有绝对意义,而是时时面临调整的。不过,这当然也不意味着调整可以随意为之,否则《公羊传》的思想世界就将陷入无规则可循的状态。事实上,《公羊传》早已把这些设想纳入其对"经权之道"的理解中。所谓"经"即原则性,所谓"权"则为灵活性,"经权之道"即指原则及其变通。①
《春秋公羊传·桓公十一年》记载了"经权之道"的典型事例:

【经】九月,宋人执郑祭仲。

【传】祭仲者何?郑相也。何以不名?贤也。何贤乎祭仲?以为知权也。其为知权奈何?古者郑国处于留。先郑伯有善于郐公者,通乎夫人,以取其国而迁郑焉,而野留。庄公死已葬,祭仲将往省于留,涂出于宋,宋人执之。谓之曰:"为我出忽而立突。"祭仲不从其言,则君必死,国必亡。从其言,则君可以生易死,国可以存易亡。少辽缓之,则突可故出,而忽可故反,是不可得则病,然后有郑国。古之人有权者,祭仲之权是也。②

鲁桓公十一年(公元前701年),郑庄公崩殂并留有二子。长子忽为庄公夫人邓曼所生,次子突为庄公之妾——宋大夫雍氏之女所生,因此当郑大夫祭仲因视察留地而途经宋国时,宋人就将祭仲扣押并威胁他"出忽而立突"。宋人的要求令祭仲陷入了两难困境:虽然自己能坚守为臣之道而大义赴难,但由于郑君新丧,朝政不稳,自己的坚守最终仍无法改变国君被杀、郑国社稷被灭的结局;如果自己暂时屈从于宋人,那么郑国的社稷就能继续存在,国君也可在良机出现时返回郑国,但这只是一种设想,一旦国君归国无望,自己就将背上逆臣的恶名。最后,祭仲冒险满足了宋人的要求,而传文则誉之

---

① 李泽厚先生也曾指出:"儒家不强调一成不变的绝对律令、形式规则,而重视'常'与'变'、'经'与'权'的结合。"李泽厚:《论语今读》,生活·读书·新知三联书店出版社2004年版,第272页。

② 《春秋公羊传·桓公十一年》。

以"古之人有权"。那么,"古之人有权"的要旨究竟是什么？首先,如上文所述,祭仲面临着两难的困境,而其选择则当归因于郑庄公去世后郑国的政治现实。也就是说,现实情境推动着祭仲不得不暂时答应宋国的要求,舍此之外,别无良法,此可谓祭仲行权可以免责的前提。其次,祭仲有其后续目标即寻找机会迎回公子忽,而其苦心孤诣之谋划最终是为了郑国社稷的延续。这就表明,行权的可免责性还有赖于超越礼制的价值准则的存在。如果将这两点结合起来,"行权"之要旨无非就是现实情境推动个体以某种高尚的正当理由破坏礼制秩序,此即汉代公羊学者董仲舒所说的行权的"可以然之域"①。在此,若回溯前文的论述,可以发现,现实情境正对应着前文多次强调的现实之无奈,而高尚的正当理由则自然包括整体秩序与德行意识这二者。由此可见,前文所述众多人物的行为确实都符合行权的要求,而《公羊传》的各种评价正是"经权之道"的适用。

事实上,这种思维并非《公羊传》的创造。早在《公羊传》的诸说形成之前,孔子就曾指出：

> 可与共学,未可与适道；可与适道,未可与立；可与立,未可与权。②

显然,在孔子看来,个体对形式性知识的掌握并不等同于对道的理解,他对道的体悟又未必能证明他已拥有实践道的能力,而他对道的践行则还须采取众多充满灵活性的变通之举来完成。正因为此,孔子主张

---

① 《春秋繁露·玉英》。
② 《论语·子罕》。

机械实行"言必信,行必果"之基本道德规范的人只能称其为"小人"亦即普通人①,真正的君子应当"无适也,无莫也,义之与比"②。除孔子之外,孟子也强调"权"的重要性。齐人淳于髡曾与孟子展开一场辩难:

> 淳于髡曰:"男女授受不亲,礼与?"孟子曰:"礼也。"曰:"嫂溺,则援之以手乎?"曰:"嫂溺不援,是豺狼也。男女授受不亲,礼也。嫂溺援之以手者,权也。"③

在孟子看来,人与兽的区别在于人受到了道德意识的约束,而礼在很大程度上就是道德意识的规范化。所以,如果个体固执地坚持"男女授受不亲"之礼而无视"嫂溺"的危局,那么形式上的守礼行为反而会冲击礼的实质内涵。于是,个体的道德意识就将遭到责难,他作为人的资格也会受到质疑。在此意义上说,"权"显然是促成道德完满的必不可少的手段。基于此,孟子认为,"大人"或者说为人所景仰的君子将把"言不必信,行不必果,惟义所在"④视为自己的行为准则。由此看来,"权"很早就已成为儒家重点考察的对象,而《公羊传》的权变思想则只是对孔夫子或孟子之教的延伸,即以具体的历史事件来阐释权变观念以使其更富参照性和实践性。当然,必须指出的是,孔孟所说的"权"并不是毫无根据地随心所欲,而是以"义"为其合理性之来源的。那么,"义"究竟包含着什么样的内涵

---

① 《论语·子路》曰:"言必信,行必果,硁硁然小人哉!"
② 《论语·里仁》。
③ 《孟子·离娄上》。
④ 《孟子·离娄下》。

呢？虽然学者们曾对"义"的内涵作出各种解释①，但是总体来说，"义"的内涵主要有两种：义务及正当感。在前者，"义"意指与个体的身份及地位相适应的行为模式，因此它在本质上是礼的同构物，台湾学者林义正先生就指出："居各名分有各名分下应尽的义务，这样意义的'义'与礼背后的本质（正）相通。"②在后者，如《礼记·中庸》所说"义者，宜也"，"义"是指个体的某种行为与具体环境之间的适切性，因此"义"对行为的考量就将涉及极为复杂之情势的各个方面，如美国学者桂思卓先生所说："它可以同时包含内在性和外在性、个体性和普适性、先验性和超验性、主观性和客观性、偶然性和必然性。"③既然如此，那么所谓的正当感也必定是一种"语境化"④

---

① 美国学者桂思卓（Sarah A. Queen）曾概括学者们对"义"的阐释："伯顿·沃森（Burton Watson）认为，'义'是指'合适的判断'；刘殿爵（D. C. Lau）主张，'义'意指'教义性原则'；本杰明·沃拉克（Benjamin Wallacker）则将'义'视为一种'正当感'；郝大维（David Hall）、安乐哲（Roger Ames）指出，'义'表示一种适切感或正当感，它强调词汇本身所暗藏的主观性及对语境的依赖性。最近，王志民（John Knoblock）也提出了自己的观点：'义'是一种原则，它说明了行为及其情景之间的适切性，而对当时的语境来说，这种适切性是合理且正当的。然而，由于'义'还反映了正当性的内在面相，因此其意涵又胜于单纯的适切性。何为正当即指'什么是应为之事'。'义'所阐述的正是'应为之事'或'义务'的内涵，而不论这种内涵究竟指向道德领域还是法律空间。"Sarah A. Queen, *From Chronicle to Canon : The Hermeneutics of the Spring and Autumn according to Tung Chung-shu*, Cambridge University Press, 1996, pp. 119—120.

② 林义正：《春秋公羊传伦理思维与特质》，台湾大学出版中心 2003 年版，第 57 页。

③ Sarah A. Queen, "The Way of the Unadorned King: The Politics of Tung Chung-shu's Hermeneutics", in *Ching-I Tu* ed., *Classics and Interpretations: The Hermeneutic Traditions in Chinese Culture*, Transaction Publishers, 2000, p212.

④ 美国汉学家郝大维、安乐哲认为，儒家所说的自我是在环境中产生的。特殊的家庭关系或社会政治秩序所规定的各种各样特定的环境构成了区域，区域聚焦于个人，个人反过来又是由其影响所及的区域塑造的。这种"焦点—区域"式的自我考察被郝大维、安乐哲概括为中国智识中的"语境化"方法。参见〔美〕郝大维、安乐哲：《汉哲学思维的文化探源》，施忠连译，江苏人民出版社 1999 年版，第 44 页。此处之所以使用"语境化"这一概念，是因为在笔者看来，这一概念能极为恰当地总括"义"的第二种涵义对行为与环境之关系的强调。

概念；判断某种行为是否正当的标准并非形式规范是否获得遵守，而是个体的道德意识及人格是否与特定环境相适应，或者说该行为在特定环境中是否具有实质适切性。① 行权之所以能够被认同，就是因为行权行为是个体面对特定环境中的难题所作出的相对合理的选择。② 这一点同样是《公羊传》所欲强调的评价逻辑。我们如果因"义"的第一种含义为"礼"的同构物而将"义"的内涵限定在第二个层面上，就可以认为，在《公羊传》的思想世界中，作为"大一统"之制度体现的礼一般是不允许被违反的，但是在情势特殊之时，外在环境会迫使个体违背礼制来寻求不可忽视的价值即王道的实现。

综上所述，随着古礼之践习空间的逐渐萎缩，从春秋中后期开

---

① 日本学者石川英昭曾指出："在儒家的理念中，纷争经常被视为有关'义'的争论。如果名分性社会关系被作为制度确立并维持下来，那么从实现了名分之'义'的社会秩序中导出并型构行为规范是较为容易的。然而，一旦这样的社会制度发生松动，行为规范的确定也就随之变得困难。因此，反过来，确认又成为一种必要，这也许是儒家之所以重视教化或教育的原因。再则，私利的纷争超越了单纯对功利性利害的调整并转化为个体性'义'的纷争。换言之，此即为面子的较量。于是，纷争的核心就置立于纷争当事人的全部人格之上。这也就是说，此处的法的纷争并非形式真实的满足或衰退，而是指围绕着'义'的存在与否来寻求实体的客观真实。由此，法的纷争就被最大限度地扩大了。"〔日〕石川英昭：《中国古代礼法思想的研究》，创文社 2003 年版，第 276 页。石川先生的论述道破了隐藏于个别化纠纷之背后的有关"义"之争论的实质。由于这种概括与"义"的第二种含义密切相关，因此笔者参照石川先生的论述来分析所谓"正当感"之所指。

② 美国汉学家皮文睿（R. P. Peerenboom）曾指出，在人治社会中，贤人是社会秩序和法律的创造者、展示者和解释者。当然，贤人本身也是社会政治、文化和经济环境的产物。他不仅被其所属群体的传统所塑造，而且对这种传统非常敏感。他根据自己的判断而非借助于固定不变的法律或普遍的伦理原则来决定特定情况下的是非问题。参见〔美〕皮文睿："儒家法学：超越自然法"，李存捧译，载高道蕴、高鸿钧、贺卫方主编：《美国学者论中国法律传统》，清华大学出版社 2004 年版，第 98 页。皮文睿对儒家思想的总结颇富解释力，在行"权"这一点上更为如此，所以笔者在此处所作的论断就参照了皮文睿的观点。

始,贤大夫们就开始致力于古礼的实质化,以使古礼从纯粹形式性仪节中脱离出来。儒家的创始人孔子则不仅强调礼的本质为等级精神之载体,而且主张推行礼制的目标是实现仁。《公羊传》延续了春秋中后期以来古礼的实质化倾向,它的基本论调"王道大一统"既主张社会各阶层应以推崇等级的礼为基础而整齐有序,也认为在社会陷入混乱的时代,价值体系残破不堪,所以礼制未必是最合理的行为规范,为了高尚的理由破坏礼制也是可以被认同的。《公羊传》的双面兼顾的思路显然表明,《公羊传》对孔子所说的礼与仁之间的内在紧张有着深刻的理解,并试图找到一套可以实现二者之无缝融合的行为评价准则。正因为此,它对"经权之道"极为重视,并将其运用于对人物及史事的陟罚臧否中,并借此将整体秩序与德行意识置于等级精神之上。这就是《公羊传》通过描述所谓"春秋笔法"而欲阐发的政治伦理。应当承认,《公羊传》兼容现实与理想且富含批判精神的文字是对孔子学说的忠实继承。但是,正如有学者已指出的那样:"不同的人在不同的情境下,有着不同的理解,也便形成不同的处理办法,于是,'权'便呈现出无穷的多样性和高度的复杂性,而这往往又超出了人们的掌握水平和把持能力。这样,理论上有经有权、经权相宜的假设,一旦到了行为操作的实际层面,则往往导致'权'高于'经'、'权'大于'经'的局面。"[①]《公羊传》虽肯定礼所维持的等级秩序,也试图对权变施加种种限制,但以传文的整体论,变通情形的出现实在是过于频繁以至于传文对礼制的强调为变通所冲淡。这样一来,《公羊传》的礼论其实是偏向仁这一端的,这就使其

[①] 余治平:《唯天为大:建基于信念本体的董仲舒哲学研究》,商务印书馆2003年版,第195页。

与《穀梁传》的礼论有所不同,而下一章的内容即为《穀梁传》的礼论。

小　结

　　上一章末尾指出,孔子就礼的实质化所提出的学说具有很强的可解释性,本章即为对其后世解释者之一《公羊传》的礼论的分析。第一节首先就以《公羊传》对《春秋》"隐公元年"经文"元年,春,王正月"六字的理解为基础指出,《公羊传》以"王道大一统"为其品评史事的基调。这实际上是由"王道"和"大一统"两部分组成。在"大一统"来说,传文注重社会等级的有序化,而这正是礼的首要功能。为此,传文通过对维护等级精神的人物及其史迹的褒扬,来显示其对礼制的强调。然而,这并不意味着等级秩序本身具有完全的现实合理性,固执地坚守上下位阶很可能正是"王道"的破坏因素。这样一来,王道对礼制的影响同样应引起足够的重视,第二节即围绕这一点展开。然而,有意思的是,儒家虽然将"王道"视为习以为常的语词,却从未对其外延予以界定。所以,《公羊传》只能以自己的理解将"王道"的要素概括为整体秩序与德行意识。前者是指超越特定个体或阶层而形成的一定地域之全部的稳定状态;后者则指个体对道德的领悟和遵守,其中的"道德"则可分为家族之德、让国之德及天下之德三个层面。这二者使个体具备了正当的超越礼制界限的理由。尽管如此,《公羊传》并不希望违背礼制的做法成为个体的率性之举,遂试图设定突破礼制的合理性标准:其一为无可奈何的现实境地,也就是说,在某种现实情况下,个体只能选择违背礼制;其二为高尚理由的存在,这当然就包括整体秩序与德行意识。这样一来,《公羊传》就实现了肯定礼制与超越礼制而推崇理想的融合。不用说,在《公羊传》的语言系统中,其论述逻辑显然是自洽的,其锋芒所至确实鲜明地展示了"孔子成《春秋》,而乱臣贼子惧"[①]的批判精神。但是,从传文的整体来看,其对礼制之变通的关注远胜于对礼制本身的认可,所以《公羊传》在思想倾向上就表现出与《穀梁传》不同的风格,这一点将在下一章中有所展示。

---

① 《孟子·滕文公下》。

第四章　古礼之实质化的发展（Ⅱ）：《穀梁传》的视角

长期以来，学者们多认为《穀梁传》论史事不如《左传》详实、可信，论义理不如《公羊传》悠长，且在中国思想史上的地位也不够显耀①，所以在春秋三传研究上，《穀梁传》所受的关注程度一直是最低的。然而，台湾学者王熙元先生曾指出："从《穀梁》解经之例，可知《穀梁传》有谨慎初始的特义，无非垂戒后世之意。此外，在《穀梁》大义中，还有尊重民意、节约民力、贵礼让而轻争夺、恶诈伪而申正义诸端，莫非孔子思想的精神所在，故先儒评《穀梁传》为善经近孔，意义精深。"②可见，《穀梁传》有其独特的玄奥义理，亦足为古代思想的重要载体，因此如研究者对它缺乏认识，则其头脑中的传统文化自然是不够完整的。这一点在古礼的实质化问题上更是如此，其原因就在于重礼是《穀梁传》的关键论点之一，而这所谓的"礼"又不同于对进退揖让的繁琐仪节等外在表现形

---

① 参见浦卫忠：《春秋三传综合研究》，第 151 页；吴智雄：《春秋穀梁传思想析论》，第 2 页。
② 王熙元："春秋穀梁传述要"，载高明等编：《群经述要》，黎明文化事业公司 1979 年版，第 153 页。

式有所侧重的古礼,并作为政治、社会的根本原则被论述。① 那么,《穀梁传》对礼的重视如何展开,又体现在哪些方面？这些正是本章所欲回答的问题。

第一节　严格正名："隐公元年"的另解

上一章第一节分析了《公羊传》对《春秋》"隐公元年"经文所载"元年,春,王正月"六字的解释,并认为此种解释奠定了《公羊传》的基调亦即"王道大一统"。事实上,《穀梁传》对此六字亦有独特理解,其论虽不足以完全展现《穀梁传》的要旨,却大体可被视为《穀梁传》之整体思想的引子。

---

① 在这一点上,台湾学者吴智雄先生的几段论述颇为精辟:"春秋是个礼崩乐坏的时代,即社会学中所称的'脱序社会'(anomic society),脱序社会是一种丧失规范(norm)的社会状态……《穀梁传》认为社会动乱的根源,在于缺少一个外在的行为规范,为了要发挥'正名'的思想,达到建立社会秩序的目的,必须建立一套行为规范。这套行为规范,在《穀梁传》中就是'礼'。不同的阶层遵守不同的礼,君为君,臣为臣,父为父,子为子,名实相符,彼此和而不同,才是一个秩序井然的社会。这样的礼,不仅是一种典章仪式,更是一种规范准则。经由发挥礼的规范精神,形成一套典章仪式,使人人各安其位,各守其分,以建立社会政治的秩序,正是《穀梁传》思想的核心所在。""在'礼'具有'社会规范'的角色而含有'秩序性'的概念下,'礼'实际上已经扮演着现代社会中'法'(law)的角色了,而具有'法'的特质(秩序性)与功用(建立秩序)。事实上,《穀梁传》中的'礼'已经具有这种'准法'的角色,而被当成一种'法'的概念在使用,举凡所有的行为,《穀梁传》都可以以'合礼'与'非礼'的准则予以评论,而所谓的'合礼'与'非礼',其实就是'合法'与'非法'。"吴智雄:《春秋穀梁传思想析论》,第21、81页。

一、《穀梁传》对"元年,春,王正月"的认识

那么,《穀梁传》如何由此六字引申出其关键论点?《春秋穀梁传·隐公元年》写道:

【经】元年,春,王正月。

【传】虽无事,必举正月,谨始也。公何以不言即位?成公志也。焉成之?言君之不取为公也。君之不取为公何也?将以让桓也。让桓正乎?曰不正。《春秋》成人之美,不成人之恶。隐不正而成之,何也?将以恶桓也。其恶桓何也?隐将让而桓弑之,则桓恶矣。桓弑而隐让,则隐善矣。善则其不正焉,何也?《春秋》贵义而不贵惠,信道而不信邪。孝子扬父之美,不扬父之恶。先君之欲与桓,非正也,邪也。虽然,既胜其邪心以与隐矣,已探先君之邪志,而遂以与桓,则是成父之恶也。兄弟,天伦也。为子受之父,为诸侯受之君,已废天伦而忘君父以行小惠,曰小道也。若隐者,可谓轻千乘之国,蹈道则未也。

在《穀梁传》看来,对后君即位的事实,《春秋》会根据后君即位的不同情形来决定是否书写"公即位"三字。① 很明显,对隐公成为鲁国国君一事,《春秋》经文并未书写此三字,其中又蕴含着何种深意?《穀梁传》的回答首先指向了《公羊传》也曾提到的隐公与桓公之间

---

① 有关这一点,下文还将详加探讨,此处不再赘述。

第四章 古礼之实质化的发展（Ⅱ）：《穀梁传》的视角

的君位转让问题，即隐公不欲一直担任鲁君并拟在今后让位于桓公，所以《春秋》不书"公即位"以成全隐公的意图。然而，与《公羊传》借此赞美隐公的做法不同，《穀梁传》对隐公和桓公都予以谴责。桓公因其弑君行为而受到贬斥似乎是理所当然的，但正如传文的自问自答所提及的那样，洞悉先君欲令桓公继任之意而有让位之心的隐公可以被视为父子伦理的坚定执行者，《春秋》贬斥隐公"善则其不正"可谓令人费解。不过，此种疑问在《穀梁传》的观念中是不成立的。其原因在于，前文已述，《公羊传》所认可的君位继承准则是"立適以长不以贤，立子以贵不以长"，但学者们的考证指出，《穀梁传》所认可的君位继承准则是："（1）在正常的情况下，以嫡长子为合法的继承者。（2）在特殊的情况下，则以公子排行的先后顺序为合法继承者的依据。"①因此在隐公与桓公皆非嫡子，而隐公又长于桓公的情况下，《公羊传》所欲认可的正当继承人桓公恰恰将遭到《穀梁传》的否定。如此一来，先君试图使桓公继任的设想自然是"非正"的，隐公的让位之心则促成此种"非正"意图的实现，这正是隐公遭到贬斥的理由之一。更为重要的是，先君在弥留之际还是将君位交给了隐公，且隐公作为鲁国国君的事实也得到了周王的肯定，诸侯与周王间遂形成新的权力有序状态，而隐公的潜在让位之举无异于对秩序的破坏，因此《春秋》无法不给予隐公以否定的评价。可以

---

① 吴智雄：《春秋穀梁传思想析论》，第140页。有关这一点，秦平先生也认为，依据《穀梁传》的君位继承准则，"在众多的兄弟中，天子或国君的嫡长子无疑拥有最崇高的地位，也最有机会成为储君；倘若嫡长子不幸夭折，就应该按照嫡子的排行顺序改立嫡次子为储君，并依次进行；倘若天子或国君无嫡子，则应该依排行立长庶子为储君；如果众庶子年龄相当，则选择其中有贤德者；如果连贤能的程度也差不多，那就只有举行占卜，'听天由命'了"。参见秦平：《〈春秋穀梁传〉与中国哲学史研究》，第133页。

说,隐公被贬斥的种种理由实际上都在揭示《穀梁传》的一个基本判断,即相比于心志的善否,所谓的"道"在价值位阶上占据着更为优越的地位。《春秋穀梁传·僖公二年》提到"仁不胜道"四字,范甯《集解》曰"道谓上下之礼"。如此看来,在《穀梁传》的思想世界里,作为外在规则的礼显然比心意的善更值得维护,这可以说是《穀梁传》与《公羊传》迥然有别之处。如果要以简要的词汇来概括《穀梁传》的这一结论,以为《公羊传》所倡导的"王道大一统"的对照物,那或许可以说是"严格正名",因为正名即意味着整齐的社会秩序,而此种秩序的达成正是礼的运行目的。

问题在于,《穀梁传》为何如此重视礼。不用说,理由当然源自《穀梁传》对《春秋》所载历史的整体认识:"为天下主者,天也;继天者,君也;君之所存者,命也。为人臣而侵其君之命而用之,是不臣也;为人君而失其命,是不君也。君不君,臣不臣,此天下所以倾也。"①这也就是说,君臣失序是天下之所以动乱不止的根源,为了纠治此种现象,《穀梁传》遂将希望寄托于被实质化的强调社会等级的礼之上。② 本来,以礼重塑"礼崩乐坏"的社会就是孔子的一贯主

---

① 《春秋穀梁传·宣公十五年》。
② 这种观点可以说是研究《穀梁传》之思想的学者们的共识,如浦卫忠先生就认为:"维护等级制度是儒家思想的一个重要部分,它们认为不同等级的人应该遵守不同的制度,行使不同的职权,而这一切,又都是以确定人们社会政治地位的等级区别和确定物质财富分配的度量分界的礼为规范。礼实际上起着一种法式的作用,为人们的活动、行为规定界限和标准。"浦卫忠:《春秋三传综合研究》,文津出版社1995年版,第205页。又如,吴智雄先生也指出:"《穀梁传》的思想以建立秩序为目的,这种思想的目的,产生于脱序社会的冲击。既要建立秩序,必有建立秩序的方法,也就是要有标准、规范。在《穀梁传》中,这一套规范标准就是'礼'。非礼即是秩序的破坏,合礼即是秩序的建立,一切均以'礼'为衡量秩序的建立与否。《穀梁传》这种'以礼为准'的政治思想,正与儒家'礼治主义'的精神相通。"吴智雄:《春秋穀梁传思想析论》,第61页。

第四章 古礼之实质化的发展（Ⅱ）：《穀梁传》的视角

张,作为儒家典籍的《穀梁传》既以孔子思想的传承者自居,它对礼治的推崇应该说是不足为奇的。然而,值得注意的是,如前章所述,孔子论礼以"仁"为目的。对他而言,政治、社会秩序的实现只不过是伦理秩序形成的前提,但在《穀梁传》的礼论中,由礼来维护的政治、社会秩序本身似乎就是目的,这突出地体现在《春秋穀梁传·昭公四年》所说的"《春秋》不以乱治乱"这一命题上：

【经】秋,七月,楚子、蔡侯、陈侯、许男、顿子、胡子、沈子、淮夷伐吴。执齐庆封,杀之。

【传】此入而杀,其不言入,何也？庆封封乎吴钟离。其不言伐钟离,何也？不与吴封也。庆封其以齐氏,何也？为齐讨也。灵王使人以庆封令于军中曰："有若齐庆封弑其君者乎？"庆封曰："子一息,我亦且一言。"曰："有若楚公子围弑其兄之子而代之为君者乎？"军人粲然皆笑。庆封弑其君而不以弑君之罪罪之者,庆封不为灵王服也,不与楚讨也。《春秋》之义,用贵治贱,用贤治不肖,不以乱治乱也。

上引传文中的两个主人公是庆封与楚公子围,此二者身上均背负着令人不齿的恶名。有关庆封之事,本书第一章曾略有提及,此处将详述之,以便于下文之分析的顺利展开。据《左传·襄公二十五年》《左传·襄公二十八年》《左传·昭公四年》,齐庄公与其大夫崔杼之妻通奸,还把崔杼的冠赏给他人。崔杼大怒,先是借庄公伐晋之机,欲与晋国合谋袭击庄公,但未得机会。此后,莒国国君朝见庄公,庄公遂宴请莒君,崔杼则称病不参与。于是,庄公以探望崔杼为名,又往崔杼家中调戏其妻。此时,因被庄公鞭笞而怀恨在心的宦官贾举把庄公的侍从武士拦在院外并关上院门,崔杼的徒众一拥而上,庄公被弑。齐灵公幼子杵臼被立为君,是为齐景公。在此事中,庆封为崔杼之党羽,故庄公死后,崔杼和庆封分别为右相、左相。景公年幼,崔杼专横,独揽朝政大权。庆封心怀嫉妒,欲杀崔杼以代之,遂借崔杼废长立庶的家内纠葛而引诱崔氏子弟自相争夺,并杀崔氏全家,逼死崔杼。在独相景公后,庆封荒淫骄纵,竟与庄公一样与其家臣卢蒲嫳之妻私通,与卢蒲嫳的关系也更为亲密。卢蒲嫳遂借此请求召回其出逃于鲁的兄长卢蒲癸,并得到庆封的许可。曾担任庄公侍臣的卢蒲癸一心想替庄公报仇,因此尽力博得庆封之子庆舍的信任,并向庆舍推荐此前与他同侍庄公的王何以为自己的帮手。王何归国后,亦深得庆舍的喜爱,乃与卢蒲癸共同担任庆舍的卫士。随后,二人开始谋攻庆氏,杀死庆舍,尽灭庆氏的同党。庆封奔鲁;因鲁受齐责难,又只好奔吴,被吴王封于钟离。又,关于楚公子围之事,据《左传·昭公元年》,楚康王死后,其子郏敖为楚王,公子围任令尹。鲁昭公元年(前541年),公子围受命将聘于郑,闻楚王得病,遂借探望为由,入宫缢死楚王,又杀其二子,自立为王,是为楚灵王。在明确了传文中楚灵王与庆封互相以弑君之罪攻讦对方的缘由之后,我们可以对传文的深意略作考察。传文首先指出,在早期中国阶段,贵族多有以其受封之地的地名为氏者,但《春秋》却把庆封的氏写作齐而非钟离,其目的在于揭示楚灵王是为了齐而讨伐庆封的。这也就是说,楚灵王的举动带有惩戒弑君者而恢复齐之君臣秩序的意味,因此似乎是可以肯定的。然而,庆封的反问昭显了楚灵王本人亦为弑君贼的事实,这种身份上的瑕疵使他丧失了讨伐他人之弑君行为的正当性,此即所谓的"不以乱治乱"。如以就事论事的眼光分别对待楚灵王的前后两个行为,不得不说,对楚灵王诛杀庆封的业绩抱以完全否定的态度或许是过于严厉了。但是，此种"严厉"的品格恰恰是《穀梁传》所追求的。显然，在《穀梁传》的观念中，通过礼构建起来的社会秩序无异于由各个环节统合而成的锁链，在若干环节均断裂的情况下，如最初的断裂点未被弥合，即便后面的环节都已修复，锁链自身仍然是破败的。更进一步说，倘若"以乱治乱"得到认可，秩序之链将极有可能被切割成无数段，以致无法恢复原状，这正是《穀梁传》最为忧虑的社会病症。反过来，《穀梁传》自然期望其所认可的君臣上下位阶毫无缺失地重现，其结果就是出现了作为"以乱治乱"之对立面的"用贵治贱，用贤治不肖"，此可谓严格正名的应有之义。

紧随于此的问题是，社会秩序是多面的，恢复社会秩序的设想又当从何处入手呢？下文将尝试略作回答。

二、《穀梁传》的"尊尊"观

孔子认为，"天下有道，则礼乐征伐自天子出；天子无道，则礼乐征伐自诸侯出"。[①] 易言之，天子权威的确立为天下重回有序状态的首要前提；附带地，诸侯权威的确立亦为诸侯国君臣颠倒之势被扭转的根本条件。在这一点上，由于《穀梁传》对礼治秩序予以寻根究底式的坚守，因此它遵从孔子的教诲并从严格正名的立场出发倡导"尊尊"之说，正如学者所概括的："《穀梁传》思想的重心，就在于如何建立政治秩序，以促进社会秩序的建立与维持。在这种以'建

---

① 《论语·季氏》。

立秩序'为思想目的的要求下,如何解决政治问题,就成为其中最重要的环节。当时失序的政治中,以'君不君''臣不臣'的君臣皆失其位的问题最为严重,影响也最为深远……所以《穀梁传》特别强调'尊尊'的重要。"①

那么,《穀梁传》是如何陈述其尊崇天子的意图的呢?《春秋穀梁传·隐公三年》在记载周平王崩殂之事时写道:

【经】三月,庚戌,辰,天王崩。
【传】高曰崩,厚曰崩,尊曰崩。天子之崩以尊也。其崩之何也?以其在民上,故崩之。其不名何也?大上,故不名也。

这里,《穀梁传》强调"崩"一词是不能随意使用的,而周天子去世之所以以"崩"来表示,就是因为天子作为尊者的身份指向了"崩"的一种用例。然而,在一个等级社会中,尊者并非仅有天子一人,但能用"崩"来形容其逝世的尊者却只有天子,这其中当然是有理由的。此即,相对于天子来说,贵族、平民皆为民,因此天子为天下至尊,以至于《春秋》甚至"不名"亦即不忍提及已逝天子的名讳,以示悲痛欲绝之情。除了借助对崩殂的评述来直接树立天子的至尊形象外,《穀梁传》还通过对天子之宰的强烈推崇来反衬天子的无上地位,所谓"天子之宰,通于四海"②。

然而,以《春秋》所载史事论,天子的至尊地位实际上经常为诸侯乃至其卿大夫所袭扰。面对这样的现实,《穀梁传》就试图通过其

---

① 吴智雄:《春秋穀梁传思想析论》,第189页。类似的观点亦可参见浦卫忠:《春秋三传综合研究》,第156页。
② 《春秋穀梁传·僖公三十年》。

"春秋笔法"来重塑天子的权威。《春秋榖梁传·僖公八年》曰：

> 【经】八年，春，王正月。公会王人、齐侯、宋公、卫侯、许男、曹伯、陈世子款，盟于洮。
> 【传】王人之先诸侯，何也？贵王命也。朝服虽敝，必加于上；弁冕虽旧，必加于首。周室虽衰，必先诸侯。兵车之会也。

此处，传文直抒胸臆地指出，尽管在春秋时代的会盟中，唱主角的往往是强有力的诸侯，周天子派遣官员参与只不过是形式性或礼仪性行为，但《春秋》依然将"王人"写在诸侯之前，其意图就在于表明天子的地位无论如何都不容置疑的秩序理念。《春秋榖梁传·僖公二十四年》的记载更能说明这一点：

> 【经】冬，天王出居于郑。
> 【传】天子无出。出，失天下也。居者，居其所也。虽失天下，莫敢有也。

周惠王崩殂后，周襄王即位，王子带屡次引兵夺位，均被挫败。鲁僖公二十四年（公元前 636 年），襄王发现王后隗氏与王子带私通，遂废后。王子带借机再次引兵攻周，襄王仓皇出奔至郑，《春秋》经文所说的"天王出居于郑"即指此事。对这寥寥数语，《榖梁传》的评论认为，"普天之下，莫非王土；率土之滨，莫非王臣"，因此所谓"出"对天子来说是无法想象的，虽然襄王确实因王子带的反逆之举而从王畿出奔并失去了权柄，但只要襄王依然生存亦即"居其所"，其天下就绝非各色人等可觊觎的对象。这种论断显然强调了天子之至尊地位的绝对性,实可谓无视权势与实力的纯粹正统观。正因为此,在王师战败时,《穀梁传》直书败绩而不言"战",以示天下无人可与天子相匹敌①;基于同样的理由,诸侯如攻击天子乃至其卿大夫,则将被贬绝,甚至直接以夷狄待之。②

当然,《穀梁传》也意识到,"礼崩乐坏"之后,周室衰颓的趋势日益明显,天子权威的恢复只能是一个缓缓推进的过程,因此在尊君上不得不采取个别变通性规则。《春秋穀梁传·僖公五年》曰:

【经】公及齐侯、宋公、陈侯、卫侯、郑伯、许男、曹伯会王世子于首戴。

【传】及以会,尊之也。何尊焉?王世子云者,唯王之贰也。云可以重之存焉,尊之也。何重焉?天子世子,世天下也。

【经】秋,八月,诸侯盟于首戴。

【传】无中事而复举诸侯,何也?尊王世子,而不敢与盟也。尊则其不敢与盟,何也?盟者,不相信也,故谨信也,不敢以所不信而加之尊者。桓,诸侯也,不能朝天子,是不臣也。王世子,子也,块然受诸侯之尊己而立乎其位,是不子也。桓不臣,王世子不子,则其所善焉,何也?是则变之正也。天子微,诸侯不享觐。桓

---

① 《春秋穀梁传·成公元年》曰:
【经】秋,王师败绩于贸戎。
【传】不言战,莫之敢敌也。为尊者,讳敌不讳败;为亲者,讳败不讳敌。尊尊亲亲之义也。
② 《春秋穀梁传·隐公七年》载:
【经】冬,天王使凡伯来聘,戎伐凡伯于楚丘,以归。
【传】凡伯者何也?天子之大夫也。国而曰伐,此一人而曰伐,何也?大天子之命也。戎者,卫也。戎卫者,为其伐天子之使,贬而戎之也。

控大国,扶小国,统诸侯,不能以朝天子,亦不敢致天王,尊王世子于首戴,乃所以尊天王之命也。世子含王命会齐桓,亦所以尊天王之命也。世子受之可乎?是亦变之正也。天子微,诸侯不享觐,世子受诸侯之尊已,而天王尊矣,世子受之可也。

在上引史料中,《穀梁传》将《春秋》对一次会盟行为的记载拆成两段并分别作出解释。在第一段解释中,《穀梁传》认为,《春秋》用"及"和"会"二字来书写立盟前诸侯集会的目的在于,展示鲁僖公与众诸侯一起参拜周王世子的景象。但在第二段解释中,《穀梁传》也像《公羊传》一样通过自问自答的方式对《春秋》的文辞提出了质疑:主持会盟的齐桓公未朝见天子,却引领各国诸侯朝拜世子,是谓"不臣";世子尚未登基,却如天子一般接受诸侯的朝拜,是谓"不子";如此不合礼制的互动行为,《春秋》为何不贬反褒?接着,《穀梁传》就开始分析桓公的难处,即在王室衰微的情况下,诸侯不愿赴王畿朝觐天子已成为事实,因此桓公不能强诸侯之所难,但其本人则恐面临不尊王的责难;如桓公召唤天子与盟并借机接受诸侯的朝拜以确立天子的威严,这似乎又使天子变成自己"呼之即来,挥之即去"的对象,桓公也将陷入更为难堪的负面评价中。如此两难境地令桓公作出了带领诸侯朝拜与盟的王世子这一相对合理的选择,因为王世子是周王的继任者,尊王世子相当于尊周王。与之相适应,王世子接受诸侯的朝拜自然也是恰当的。由此观之,《穀梁传》对这次会盟中的众人行为的评价可以说是非常细致的,其之所以如此,大概就是为了揭示所谓的"变之正"或者说变通性规则在尊王尚处于"路漫漫"状态的情况下能够被接受的无奈和苦衷。但是,必须再次强调的是,王世子心安理得地接受诸侯的朝拜,并不意味着对其自身地位的肯定,而是代表着对站立于其背后的周王之王权的崇敬,所以变通的最终目的还是为了周王至尊地位的重建。综合上述内容,可以发现,在《穀梁传》的观念中,无论处于何种情形,天子为天下之最尊贵者这一点是绝不允许挑战的,等级秩序的重新确立也只能以此为起点逐步展开。而且,值得注意的是,《穀梁传》所尊崇的天子为现世的周王,这与《公羊传》认同理想的王者——文王,并从中推演出王道大一统之理念的做法有着明显不同①,也再次展现了《穀梁传》之严格秩序观的应然逻辑。

天子是天下秩序的顶点,诸侯是封国秩序的顶点,因此《穀梁传》在确立天子至尊地位的同时,也试图鲜明地肯定诸侯国君对一国的权威。《春秋穀梁传·隐公七年》曰:

【经】齐侯使其弟年来聘。

---

① 至于《穀梁传》在现世秩序的顶点即天子之上是否置立了更高的评判准则,学者们的意见有所不同。其争论主要出于对《穀梁传》之若干传文的理解。《春秋穀梁传·庄公三年》曰:"独阴不生,独阳不生,独天不生,三合然后生。故曰:母之子也可,天之子也可,尊者取尊称焉,卑者取卑称焉,其曰王者,民之所归往也。"《春秋穀梁传·庄公十八年》又曰:"王者朝日,故虽为天子,必有尊也,贵为诸侯,必有长也。故天子朝日,诸侯朝朔。"由于这两段传文分别提到天与天子间的创生关系,及天子对天的代表"日"的朝拜,浦卫忠先生就结合董仲舒的学说指出,《穀梁传》是将天子置于天的约束之下的。参见浦卫忠:《春秋三传综合研究》,第162页。与之相对,秦平先生虽然也认为《穀梁传》对完整政治秩序的建构内含着"法天"的思路,但又指出了浦氏借董仲舒的公羊学来解释《穀梁传》的不当之处。其结论是,与其说《穀梁传》中的"天"或"日"是超越王权的约束力量,毋宁说只是一种政治信仰或者现实政治秩序的合法性根据。参见秦平:《〈春秋穀梁传〉与中国哲学史研究》,第63页。在笔者看来,浦氏借公羊学解《穀梁传》固然有其失当之处,但秦氏的批评也未免过于抽象。事实上,解读所谓"朝日"等文辞的关键仍应回到对《穀梁传》之整体思想的把握上。《穀梁传》以秩序的建构为核心命题,其维护的天子则是现世的王者,自然没有在天子之上再设立约束准则的必要,所谓"天"或"日"如秦氏所说,只不过是用来强化天子统治之正当性的修辞而已。

第四章 古礼之实质化的发展（Ⅱ）：《穀梁传》的视角

【传】诸侯之尊，弟兄不得以属通。其弟云者，以其来接于我，举其贵者也。

在这段引文中，传文强调诸侯拥有尊贵地位，即使是诸侯的兄弟，都不得因其亲属身份随意称之以兄或弟。经文之所以提到"弟年"，是因为年为齐鲁立盟之事聘于鲁，遂特意标识其身份之贵，这显然使"尊尊"凌驾于"亲亲"之上。有关这一点，《春秋穀梁传·文公二年》的传文作出了更为明确的评述：

【经】八月，丁卯，大事于大庙，跻僖公。
【传】大事者何？大是事也，著祫尝。祫祭者，毁庙之主，陈于大祖，未毁庙之主，皆升合祭于大祖。跻，升也，先亲而后祖也，逆祀也。逆祀，则是无昭穆也；无昭穆，则是无祖也；无祖，则无天也，故曰文无天。无天者，是无天而行也。君子不以亲亲害尊尊，此《春秋》之义也。

有关鲁文公"跻僖公"一事，前章已有所涉及并指出，尽管从兄弟关系上说，鲁僖公为鲁闵公庶兄，但从君臣关系上说，鲁闵公为君为大宗，鲁僖公曾为其臣为小宗，因此鲁文公"跻僖公"的行为是以亲亲之义颠倒了君臣及宗法关系，从而遭到了《公羊传》的讥刺。这种否定的评价同样出现在了《穀梁传》的传文中，但是《穀梁传》显然比《公羊传》更重视君臣之别，它甚至将上下尊卑的观念无限拔高至天道的层面，并明确提出"不以亲亲害尊尊"的规范性语句。上述二例表明，在《穀梁传》看来，无论诸侯国君是否生存，其尊贵地位与天子一样是必须维护的。

231

不过，如此而为的必要前提是国君的君位本身是无瑕疵的，否则秩序链从一开始就已陷入断裂状态。正因为这一点，《穀梁传》极力按照君位继承准则来判断新君即位的正当性。《春秋穀梁传·隐公四年》载：

【经】冬，十有二月，卫人立晋。

【传】卫人者，众辞也。立者，不宜立者也。晋之名，恶也。其称人以立之，何也？得众也。得众则是贤也。贤则其曰不宜立，何也？《春秋》之义，诸侯与正而不与贤也。

卫庄公先娶齐国的庄姜；后因无子，又娶陈国的厉妫，生子孝伯，孝伯早死；厉妫的娣媵戴妫则生子完（即后来的卫桓公）。但是，庄公还宠幸嬖妾，生公子州吁。州吁恃宠而骄，且好武事。庄公不予禁止并欲使其将兵，夫人庄姜因此而厌恶州吁。大夫石碏目睹此情形，认为如不禁止州吁的行为，桓公日后的地位必定不保，所以向庄公进谏，但庄公不以为意。石碏之子石厚又与州吁交往甚密，石碏无法阻止，遂在桓公即位后告老还乡。十六年后的鲁隐公四年（公元前719年），公子州吁果然弑桓公而自立，但其为君后，却因弑桓公且对内残暴虐民，对外频起战端之故，为卫人所憎。石厚遂问君道于石碏，石碏借机设计将州吁与石厚骗到陈国，私下请陈国将二人抓起来并派卫人杀之。州吁被杀后，卫国无君，所以卫人迎公子晋于邢，是为卫宣公。有关此事，《春秋》经文的记载仅为简短的九个字，但在《穀梁传》看来，这九个字蕴藏着重要的秩序形成机理。也就是说，《春秋》写"卫人"二字是为了揭示晋因得到众人的拥戴而被立为卫君，而众人的拥戴又暗含着晋为贤者这一道德判断。然而，以前文所述之《穀梁传》的君位继承准则论，也许晋并非卫庄公诸子中的最长者，因此他成为卫君一事实为"不正"。面对民的肯定和礼的否定间的矛盾，《穀梁传》鲜明地表达了自己的态度——"诸侯与正而不与贤"，亦即道德问题与政治问题绝不应混同，道德无缺并非无视规范的正当理由。在这一点上，《穀梁传》的论点与其它儒家学派尤其是孟子学派所提倡的德性君权观①完全不同；其之所以如此，恐怕是因为德性君权观已被《穀梁传》视为秩序的潜在威胁，如学者所说："正在位的君主，永远都有可能随时被后来的贤者所取代。如此政治秩序就无法维持长久的稳定，社会秩序也会因此而无法维持。"②

依循《穀梁传》的逻辑，贤者尚不足以成为规则的例外，不肖者尤其是弑君者当然就更应当被贬绝。有关此论断，《穀梁传》对《春秋》所载鲁国十二君之即位的评述可谓最佳例证。《春秋》经文是这样书写的：

元年，春，王正月。（《春秋穀梁传·隐公元年》）
元年，春，王正月，公即位。（《春秋穀梁传·桓公元年》）③

---

① 如，《孟子·万章上》就说："天子能荐人于天，不能使天与之天下。诸侯能荐人于天子，不能使天子与之诸侯。大夫能荐人于诸侯，不能使诸侯与之大夫。昔者尧荐舜于天而天受之，暴之于民而民受之。故曰：天不言，以行与事示之而已矣……使之主祭，而百神享之，是天受之；使之主事而事治，百姓安之，是民受之也。天与之，人与之，故曰天子不能以天下与人。"
② 吴智雄：《春秋穀梁传思想析论》，第 135 页。
③ 阮元校刻"十三经注疏"之《春秋穀梁传注疏》所载"桓公元年"经文的首句为"元年，春，王"，"正月"则在传文的"公即位"三字之前。但是，在李学勤先生主编的"十三经注疏"之《春秋穀梁传注疏》中，整理者夏先培先生指出："'正月'二字本在下'公即位'前，钟文烝《补注》以为'此以传合经者之误'，移置于此。按，钟说是，今从之。"李学勤主编：《春秋穀梁传注疏》，夏先培整理、杨向奎审定，北京大学出版社 1999 年版，第 31 页，注①。揆诸下文将引《春秋穀梁传·桓公元年》传文对《春秋》书写"公即位"三字之规则的解说，并参照《左传·公元年》《春秋公羊传·桓公元年》经文首句"王"字下皆有"正月，公即位"五字，夏氏之论应当说是非常有道理的，因此这里将"桓公元年"传文中的"公即位"三字视作经文，并将经文首句写作"元年，春，王正月，公即位"。

元年,春,王正月。(《春秋穀梁传·庄公元年》)

元年,春,王正月。(《春秋穀梁传·闵公元年》)

元年,春,王正月。(《春秋穀梁传·僖公元年》)

元年,春,王正月,公即位。(《春秋穀梁传·文公元年》)

元年,春,王正月,公即位。(《春秋穀梁传·宣公元年》)

元年,春,王正月,公即位。(《春秋穀梁传·成公元年》)

元年,春,王正月,公即位。(《春秋穀梁传·襄公元年》)

元年,春,王正月,公即位。(《春秋穀梁传·昭公元年》)

元年,春,王……夏,六月,癸亥,公之丧至自干侯。戊辰,公即位。(《春秋穀梁传·定公元年》)

元年,春,王正月,公即位。(《春秋穀梁传·哀公元年》)

以上引十二条史料论,其相互间的明显差异在于"公即位"三字的有无。对此,《穀梁传》也和《公羊传》一样认为,这绝不能简单地以经文书写的随意性来解释,相反正表明了《春秋》从秩序维持的角度出发,对因不同情形而成为君主的鲁国十二君之权力正当性做出评价。《春秋穀梁传·桓公元年》之传文曰:

> 继故不言即位,正也。继故不言即位之为正,何也?曰先君不以其道终,则子弟不忍即位也。继故而言即位,则是与闻乎弑也。继故而言即位,是为与闻乎弑,何也?曰先君不以其道终,己正即位之道而即位,是无恩于先君也。①

---

① 《春秋穀梁传·桓公元年》。

按照此传文的解释并结合《穀梁传》所提及的"路寝,正也"①之说,《春秋》对鲁君即位的记录可分成三种情况:① 如先君正常"薨于路寝",则当书"公即位";② 如先君非正常"薨于路寝",而后君与先君之死无涉,则不书"公即位",以示后君因对遭遇不测的先君的哀悼而不忍即位之意;③ 如先君非正常"薨于路寝",而后君又与先君之死有关,则当书"公即位",以明后君之预谋的达成并贬斥其毫无仁德的恶劣形象。那么,鲁国十二君间的前后相续是否真的能印证传文的说明呢?揆诸史载,在鲁国十二君中,正常"薨于路寝"者为庄公、僖公、宣公、成公、襄公、定公,但因前文所指出的那样,闵公是在庄公之子般被弑后继承般的君位的②,所以只有僖公、宣公、成公、襄公、定公的君位是切实地在其寿终正寝后平稳过渡至新君之手的,而《春秋》在书写此五公各自继任者的即位时就使用了"公即位"三字。隐公、桓公、闵公、文公、昭公等五公皆非正常"薨于路寝",但其各自的具体情形又有所不同。桓公因捅破其妻文姜与齐襄公的奸情而被杀于齐国③,闵公被弑于庆父之乱中④,昭公则为打击季平子而反为三桓所驱逐以致终老晋国⑤,此三公之死均与其继任者无关,因此《春秋》在记载庄公、僖公的即位时确实未提及"公即位"三

---

① 《春秋穀梁传·成公十八年》。另,《春秋穀梁传·宣公十八年》亦云:
【经】冬,十月,壬戌,公薨于路寝。
【传】正寝也。
② 《春秋穀梁传·闵公元年》传文也提到:"继弑君,不言即位,正也。亲之非父也,尊之非君也。继之如君父也者,受国焉尔。"
③ 有关此事,上一章第二节已有提及,可咨参照。
④ 有关此事,上一章第一节和第二节均有所涉及,可咨参照。
⑤ 有关《左传·昭公二十五年》所载鲁昭公利用季平子与郈昭伯之间因斗鸡而引发的矛盾来讨伐季平子,并终至被三桓驱逐出国并客死异乡之事的详情,参见第二章第一节对同一事件之简介部分的注释。

字;于定公,则因定公元年(公元前509年),昭公遗体尚在国外,"昭公之终,非正终也;定之始,非正始也"①,《春秋》甚至连"正月"都不写了,并在记载鲁昭公遗体于六月到达鲁国时才提及"公即位"三字。至于隐公、文公,前者是在其与桓公的君位纠葛中被弑的②;后者"薨于台下",亦有非正常死亡之嫌。而且,对此二公的继任者来说,桓公直接参与了弑隐公的阴谋;宣公则为文公次妃敬嬴之子,被敬嬴托付给与其交往甚密的权臣襄仲,并因襄仲于文公去世后杀死其长妃哀姜之二子而被立为鲁君③,所以也难免令人联想到其与文公之非正常死亡的关联性。隐公——桓公、文公——宣公之君位继承的诸种隐情,使《春秋》毫不犹豫地写下了"公即位"三字,以暗示并贬斥桓公与宣公的非臣恶行。通过上述分析,可以发现,尽管《春秋》在记载鲁君即位时是否书写"公即位"三字未必深藏玄机,但至少《春秋穀梁传·桓公元年》所指明的"春秋笔法"似乎是可以自圆其说的。如果说不失严谨的传文试图通过对各类情形的细致区分来阐发某种价值判断,那无非就是,由君位继承准则来维持的正当君主谱系以及借此形成的诸侯国的上下秩序绝不允许被挑战,弑君者的可责难性也不会因其成为君主而被淡忘。此即以"一字褒贬"为特征的史册所蕴含的力透纸背的深刻意境,所谓"孔子成《春秋》,而乱臣贼子惧"则再次得到证明。

综上所述,对天子至尊地位及诸侯权威的肯定,都较为清晰地展示了《穀梁传》的"尊尊"观,其背后的逻辑当然是《穀梁传》的严格

---

① 《春秋穀梁传·定公元年》。
② 有关此事,上一章第一节及本章第一节第一部分均已有介绍,可咨参照。
③ 此事见于《左传·文公十八年》:"文公二妃敬嬴生宣公。敬嬴嬖而私事襄仲。宣公长而属诸襄仲,襄仲欲立之,叔仲不可。仲见于齐侯而请之。齐侯新立而欲亲鲁,许之。冬十月,仲杀恶及视而立宣公……夫人姜氏归于齐,大归也。将行,哭而过市曰:'天乎,仲为不道,杀适立庶。'市人皆哭,鲁人谓之哀姜。"

正名论亦即对等级社会秩序之整体性的认识。正因为《穀梁传》强调尊卑关系的固化,所以它试图以礼来规制世人的言行。那么,以礼治立场论,作为连贯的秩序链之各个结点的个体又应如何行为呢？此即为下一节的主要论题。

第二节 《穀梁传》所见之礼

《穀梁传》中的礼既有可从其语句中直接摘录的,亦有可据其评判性文辞予以抽象的,此二者又皆统合于所谓"一字褒贬"的"春秋笔法"之下。当然,这种概括只是泛泛之词,下文将从国家和家族两个层面展开具体分析。

一、国家层面

在国家层面上,最重要的自然是君臣之礼。对周天子来说,其天下唯一的至尊之君的身份实须与之相适应的行为模式来显现。《春秋穀梁传·隐公三年》载:

> 【经】秋,武氏子来求赙。
> 【传】武氏子者何也？天子之大夫也。天子之大夫,其称武氏子,何也？未毕丧,孤未爵,未爵使之,非正也。其不言使,何也？无君也。归死者曰赗,归生者曰赙。曰归之者,正也；求之者,非正也。周虽不求,鲁不可以不归；鲁虽不归,周不可以求

之。求之为言,得不得未可知之辞也。交讥之。

此处,传文指出了经文所暗含的两项评判。其一,周平王崩,继任的周桓王在丧事尚未结束且未赐武氏子爵命的情况下,就派遣武氏子出使鲁国,这表明武氏子缺乏出使的正当资格,因此周桓王的做法是不合礼制或者说"非正"的。其二,紧随于此的问题是,桓王为何如此仓促甚至可以说是焦急地实施非礼之举?回答即在"求赙"二字上。所谓"赙"乃赠予生者的助葬之财,在周王去世时,诸侯国本有献"赙"的义务亦即"归",而如今鲁国却怠于履行。结果,周桓王竟低声下气地派大夫去索要。事实上,周室东迁后,王室财政困难是可以想象的,这或许就是桓王"求赙"的现实原因,但《穀梁传》显然认为礼以及由礼来维系的天子尊严才是最重要的,任何情势都不能成为规避礼制的借口,因此周桓王的行为易使人将其视为借死者敛财而无视上下尊卑的品行低劣之徒,《春秋》遂以"来"字表示对周桓王的强烈讽刺。不过,以《春秋》的记载来看,比周桓王的状况更为恶劣的天子求财之举亦可谓比比皆是,《穀梁传》当然会更明确地予以批判:

【经】十有五年,春,二月,天王使家父来求车。
【传】古者,诸侯时献于天子以其国之所有,故有辞让而无征求。求车,非礼也;求金,甚矣。①

---

① 《春秋穀梁传·桓公十五年》。《春秋穀梁传·文公九年》亦曰:
  【经】九年,春,毛伯来求金。
  【传】求车犹可,求金甚矣。

除此之外，《穀梁传》还提到：

【经】王使荣叔来锡桓公命。
【传】礼，有受命，无来锡命。锡命，非正也。生服之，死行之，礼也；生不服，死追锡之，不正甚矣！（《春秋穀梁传·庄公元年》）

据上引史料①来看，传文指出，在天子与诸侯间的政治行为中，应然的状态是诸侯至王畿接受诏命和赏赐以示其臣服之意，但实际情况却是周庄王与周襄王令其大夫至鲁国赐赠爵服；在春秋年代，权力下移的趋势越来越明显，庄王与襄王的做法无异于表达了王室对诸侯之不臣的顺服，因此《春秋》用"来赐"二字来贬斥周王自损尊严的行为。然而，倘若撇开《穀梁传》的褒贬意识，周王在王室式微的情形下如不"赐命"，又能如何呢？"求赙""求车""求金""赐命"其实都只是周王面对王权成为摆设这一现实所实施的无奈之举，但在《穀梁传》看来，周王的至尊地位被日渐削弱的原因，正在于周王本人的诸种非礼行为扰乱了上下尊卑之别，秩序整体遂在起点上就已存在严重的裂缝，因此对周王来说，不折不扣地遵守礼制实为恢复王权

---

① 类似评论还有若干，如《春秋穀梁传·文公元年》：
【经】天王使毛伯来锡公命。
【传】礼，有受命，无来锡命。锡命，非正也。
又如，《春秋穀梁传·成公八年》：
【经】秋，七月，天子使召伯来锡公命。
【传】礼有受命，无来锡命，锡命非正也。

之威势的首要途径。① 此种思路可谓第一节所说"严格正名"的必然逻辑,礼的规范功能也由此而被有力地强化了。

相比于周天子,王畿内外的众多封君的情况更为复杂。对其封地来说,他是无可置疑的最尊者;在整个天下,他又只是天子之臣。于封君的第一重身份,《穀梁传》也像对天子一样设置了固定的行为模式以彰显封君的尊贵地位。如,《春穀梁传·隐公五年》载:

【经】五年春,公观鱼于棠。

【传】《传》曰:常事曰视,非常曰观。礼,尊不亲小事,卑不尸大功。鱼,卑者之事也,公观之,非正也。

传文指出,按照礼制,尊者与卑者各有其应为之事②,"鱼"为卑者之所当为,鲁隐公作为尊者自不当介入其间;然而,实际情况却恰恰相反,因此经文使用了"观"这一指示非常态的词汇来记录隐公的行

---

① 其实,有关这些事件,《公羊传》也有类似的评论,但在用语的严厉程度上似乎略逊于《穀梁传》。如,《春秋公羊传·隐公三年》载:

【经】秋,武氏子来求赙。

【传】……武氏子来求赙,何以书?讥。何讥尔?丧事无求。求赙,非礼也……

又如,《春秋公羊传·桓公十五年》曰:

【经】十有五年,春,二月,天王使家父来求车。

【传】何以书?讥。何讥尔?王者无求,求车非礼也。

② 对此种礼制的合理性,浦卫忠先生有一段概括:"《穀梁传》认为'君不亲小事','君不可自轻',都属于君主所应遵循的礼,是君主的行为规范,也就是说,君主不可以恣肆虐行,他仍然受到礼制约束。约束的目的,一是为了正名分,使上下尊卑有分;其二是为了不废息国家大事。它在这里虽然没有提出君主贤明的问题,但是强调了君主应当遵循礼之正,认为君主只有遵循礼义,才是一个称职的君主,才可以治理好国家。"浦卫忠:《春秋三传综合研究》,第165页。

踪。除了鲁隐公,陈国君主陈佗也实施了类似的行为:

【经】蔡人杀陈佗。
【传】陈佗者,陈君也。其曰陈佗,何也?匹夫行,故匹夫称之也。其匹夫行奈何?陈侯熹猎,淫猎于蔡,与蔡人争禽。蔡人不知其是陈君也,而杀之。何如知其是陈君也?两下相杀,不道。其不地,于蔡也。①

据传文,相比于"隐公五年"经文仍以"公"指称隐公,此处的经文则直呼陈君之名,甚至认为陈佗因混乱尊者与卑者的行为模式而被杀,实属不必怜悯的咎由自取,这无疑是将尊卑之别绝对化了。当然,《穀梁传》对封君的禁止性约束还不限于此,它甚至在与君主本人切实相关的婚娶场合中,也要求君主严格遵守其行为界限,不得越俎代庖②,其目的无非在于突出君之为君的特殊性。

于封君的第二重身份,基于天子权威的至上性,《穀梁传》对封君的悖逆臣道之举绝不姑息。《春秋穀梁传·隐公元年》云:

---

① 《春秋穀梁传·桓公六年》。
② 如,《春秋穀梁传·隐公二年》曰:
【经】九月,纪履緰来逆女。
【传】逆女,亲者也。使大夫,非正也。
《春秋穀梁传·桓公三年》也说:"逆女,亲者也。使大夫,非正也。"《春秋穀梁传·庄公二十二年》还提到:"纳币,大夫之事也。礼有纳采,有问名,有纳征,有告期,四者备而后娶,礼也。公之亲纳币,非礼也,故讥之。"应当说明,上一章第一节也曾引用《春秋》"隐公二年"的经文"九月,纪履緰来逆女"一语,而传文对此事的评价也带有强烈的否定意味。足见,《公羊传》和《穀梁传》对待六礼的态度是一致的,但这一点不能掩盖二者在整体思想上的明显差异。

【经】冬，十有二月，祭伯来。

【传】来者，来朝也。其弗谓朝，何也？寰内诸侯，非有天子之命，不得出会诸侯。不正其外交，故弗与朝也。聘弓、鍭矢不出竟场，束脩之肉不行竟中，有至尊者，不贰之也。

以传文观之，祭伯为"寰内诸侯"亦即册封于王畿内的诸侯，未得王命而擅自与鲁国交通，因此《春秋》将其"朝"的行为贬称为"来"，以示鲁国尊崇王命的态度并借此严厉斥责祭伯的违礼行为。① 除此之外，本文第一章在分析邑制国家时曾提到鲁隐公八年及鲁桓公元年郑国与鲁国交换土地之事。有关此事，《穀梁传》的评价是：

【经】郑伯以璧假许田。

【传】假不言以，言以，非假也。非假而曰假，讳易地也。礼，天子在上，诸侯不得以地相与也。无田则无许可知矣，不言许，不与许也。许田者，鲁朝宿之邑也。邴者，郑伯之所受命而祭泰山之邑也。用见鲁之不朝于周，而郑之不祭泰山也。（《春秋穀梁传·桓公元年》）

前文曾指出鲁郑交换土地的实际原因，即两国各有一块土地靠近对方而远离本方，以致两国对土地的利用皆颇为不便。不过，传文认为，按照礼制，即便如此，诸侯国也不应在未得王命的情况下私自变更土地的权属，所以经文一方面以"假"字描述鲁郑为规避王命而互

---

① 类似论述亦可见《春秋穀梁传·庄公二十三年》：
【经】祭叔来聘。
【传】其不言使，何也？天子之内臣也，不正其外交，故不与使也。

借土地的假象,另一方面又用"以"字暴露鲁郑忽略周王而互换土地的不臣意图,其否定性评价通过此二字跃然纸上。若说上述二例尚未涉及错综复杂的各类因素,以致《穀梁传》对违礼行为的指责显得较为直接,下文将提及的二例则更值得玩味。《春秋穀梁传·庄公四年》曰:

【经】冬,公会齐人、宋人、陈人、蔡人伐卫。
【传】是齐侯、宋公也,其曰人,何也?人诸侯,所以人公也。其人公,何也?逆天王之命也。

此处,传文指出,齐、宋、陈、蔡四国诸侯都被经文贬称为"人",其原因就在于"逆天王之命"。那么,所谓的"天王之命"为何者?范宁《集解》曰:"王不欲立朔也。"这"不欲立朔"云云究竟如何?据《左传·桓公十六年》"庄公五年"及"庄公六年",卫宣公与夫人夷姜生有太子伋并把伋嘱托于其弟右公子职。伋成年后,职为他娶齐女宣姜为妻。卫宣公见宣姜美貌,便据为己有,与她生下子寿、子朔并把他们嘱托于其另一弟左公子泄。夷姜死后,宣姜和子朔向宣公进谗以离间宣公和伋的关系。宣公遂阴谋杀伋,终致伋与子寿均死于非命。宣公连丧二子,只能立子朔为太子。宣公死后,朔即位为卫惠公。公子泄和公子职心怀不满,率人发难以致卫惠公出奔齐国,并立伋之弟公子黔牟为君。鲁庄公五年(公元前689年),齐襄公联合鲁、宋、陈、蔡等国伐卫,欲送惠公返卫。次年,黔牟及大夫甯跪分别被放逐到周、秦,左公子和右公子被杀,卫惠公复国。就此事而言,尽管公子朔在道德上或许确实有可责难之处,但按照《穀梁传》的逻辑,在公子朔即位为卫国国君后,作为臣子的公子泄与公子职似乎也不应随意地发动政变并改立他人为君,否则一国将永不得安宁,秩序的各个环节也会因此而全部宣告断裂。毋宁说,他们应当像对前述鲁宣公之恶行有所觉察的鲁公子叔肸一样,以平和的言行表示对丧德者的强烈鄙夷,并进而昭示其于礼难容的境遇:

> 【经】冬,十有一月壬午,公弟叔肸卒。
> 【传】其曰公弟叔肸。贤之也。其贤之,何也?宣弑而非之也。非之,则胡为不去也?曰兄弟也,何去而之?与之财,则曰:"我足矣。"织屦而食,终身不食宣公之食。君子以是为通恩也,以取贵乎《春秋》。①

以此观之,齐等五国的伐卫之举不能说毫无合理之处,但是在《穀梁传》看来,此等涉及他国乃至天下秩序的事务绝非任何人可以擅自处理,而必须以王命为唯一行事准则;易言之,在王命面前,任何自我论证的合理性都不过是毫无意义的虚饰之辞。若说《穀梁传》因公子朔在成为卫君的过程中表现出严重的道德瑕疵,而对齐等五国君主的联合行动予以贬斥这一点尚有较强的合理性,那么,下引《穀梁传》对齐桓公的责难似乎就过于苛刻了:

> 【经】二年,春,王正月,城楚丘。
> 【传】楚丘者何?卫邑也。国而曰城,此邑也,其曰城,何也?封卫也。则其不言城卫,何也?卫未迁也。其不言卫之迁焉,何也?不与齐侯专封也。其言城之者,专辞也。故非天子

---

① 《春秋穀梁传·宣公十七年》。

不得专封诸侯,诸侯不得专封诸侯,虽通其仁,以义而不与也。故曰仁不胜道。①

上一章在探讨《公羊传》的礼论时曾提及这段史料中的经文,而且正如上一章已暗示的,《公羊传》以"实与,而文不与"的"春秋笔法",赞扬了齐桓公保存被夷狄所灭之卫国社稷的举措,尽管"城楚丘"本身是对周王所独有的封建权力的僭越。这可以说是《公羊传》依据春秋时代王室倾颓的现实,从"存亡继绝"的文化担当意识出发所作出的对礼制秩序的变通。然而,在《穀梁传》的视野中,虽然文化优于权力是孔子都表示认可的价值序列②,但若以此为由而肯定霸者的某次违礼行为,类似现象就会一而再、再而三地上演,其真实动机究竟如何又无法完全探明,礼制秩序的恢复遂成为空想,所以桓公"城楚丘"的做法即便确有尊王攘夷之功,也不得不予以批判。关键问题是,在周王室实力的衰败已不可逆转的情况下,如不认可霸者的功业,待孱弱的诸侯国逐一为夷狄所灭,甚至周天子的王畿都被夷狄吞并之时,所谓秩序本身又以何为载体而存在?《穀梁传》显然不考虑此类问题,也无视情势的变迁,它所重视的只不过是这样一个冷酷的结论,即无论为君还是为臣,封君都有其不可逾越的礼制界限,这是封君尊贵地位与天子至尊身份之形成的根本前提。

除了天子与封君外,在国家层面的礼制所欲维护的等级序列中还有一个不容忽视的群体,即卿大夫。于《穀梁传》而言,卿大夫作

---

① 《春秋穀梁传·僖公二年》。
② 对这一点,第一章曾引用的《论语·宪问》可谓其明证:"管仲相桓公,霸诸侯,一匡天下,民到于今受其赐。微管仲,吾其被发左衽矣。岂若匹夫匹妇之为谅也,自经于沟渎,而莫之知也。"

为贵族的身份是不容置疑的,因此他也有用以标识其地位的行为准则,如《春秋穀梁传·庄公二十五年》在论述"救日"之礼时就提到了卿大夫的行礼规格:

> 天子救日,置五麾,陈五兵、五鼓。诸侯置三麾,陈三鼓、三兵。大夫击门。士击柝。言充其阳也。

正因为卿大夫的贵族身份是固定的,所以《穀梁传》不允许同样等级的卿大夫互分主次:

> 【经】秋,公子遂、叔孙得臣如齐。
> 【传】使举上客,而不称介,不正其同伦而相介,故列而数之也。①

但是,更为重要的是,在春秋时代,卿大夫操纵诸国权力的现象相当普遍,所以从礼制秩序上说,如何约束卿大夫的权力是《穀梁传》更为重视的问题点。为此,《穀梁传》首先强调了君臣尊卑的绝对性。《春秋穀梁传·桓公二年》载:

> 【经】二年,春,王正月,戊申,宋督弑其君与夷及其大夫孔父。
> 【传】桓无王,其曰王,何也? 正与夷之卒也。孔父先死,其曰及,何也? 书尊及卑,《春秋》之义也。

---

① 《春秋穀梁传·文公十八年》。

据《春秋公羊传·桓公二年》,华督欲弑宋殇公,孔父正色立于朝,"人莫敢过而致难于其君",故华督先伺机攻杀孔父。殇公知道,一旦孔父被杀,自己亦将不保,遂前去援救。结果,两人先后死于非命。《春秋》经文在记载此事时将殇公之名置于前、孔父置于后,中间以"及"字连接。如此写法在《穀梁传》看来就是为了说明先君后臣的尊卑之义。① 基于此,如同《公羊传》一样,《穀梁传》对弑君之臣是深恶痛绝的。在这一点上,最佳例证即为《穀梁传》对前文已数次提及的隐公被弑案中的共犯桓公及公子翚的贬绝:

【经】秋,翚帅师会宋公、陈侯、蔡人、卫人伐郑。
【传】翚者何也?公子翚也。其不称公子何也?贬之也。何为贬之也?与于弑公,故贬之也。(《春秋穀梁传·隐公四年》)
【经】元年,春,王正月。
【传】桓无王,其曰王何也?谨始也。其曰无王何也?桓弟弑兄,臣弑君,天子不能定,诸侯不能救,百姓不能去。以为无王之道,遂可以至焉尔。元年有王,所以治桓也。(《春秋穀梁传·桓公元年》)

对公子翚,"隐公四年"的传文如同《公羊传》对"隐公四年"经文的解读一样,敏锐地发现了经文不以"公子"称呼公子翚的写法,并直截了当地指出,经文如此而为即代表着对公子翚之弑君行径的贬绝。对桓公,《穀梁传》认为,桓公本应以弑君而遭到全天下人的唾弃,现

---

① 这一点亦见于它处传文,如《春秋穀梁传·庄公十二年》曰:
【经】秋,八月,甲午,宋万弑其君捷。
【传】宋万,宋之卑者也。卑者以国氏,及其大夫仇牧,以尊及卑也。仇牧,闲也。

在却安然无恙地享受着身为鲁君的荣耀,这其实正反映了当世的王者已无力维持政治秩序的窘境。然而,《春秋》绝不愿对"无王"的现实听之任之,因此就在经文中突出"王"一字反照桓公之君位的非正当性。由此可见,无论弑君者处于何种权力地位,《穀梁传》都试图通过阐释《春秋》经文使用特定文字的原因对其予以痛斥,并借此重建其孜孜以求的完整礼治秩序。

更进一步说,即使是对卿大夫所实施的除弑君之外的一般专权行为,《穀梁传》也一样会明示其否定态度,以确保君臣之间礼治秩序的正当状态。《春秋穀梁传·文公八年》曰:

【经】公孙敖如京师,不至而复。丙戌,奔莒。

【传】不言所至,未如也,未如则未复也。未如而曰如,不废君命也。未复而曰复,不专君命也。其如非如也,其复非复也。唯奔莒之为信,故谨而日之也。

据《左传·文公七年》,公孙敖曾娶莒国之女戴己为妻;戴己去世后,他又向莒国求婚,莒国以戴己之妹声己已陪嫁为由未予同意,公孙敖只能改称自己替公子遂求亲。此后,公孙敖因至莒国参加盟会而顺便为公子遂迎娶莒女,见其貌美,竟自娶之。鲁文公八年(公元前619年),公孙敖又借赴京师吊丧之机,转道至莒国,将鲁国献给周王室的礼物转赠于所娶的莒女,经文所记载的即为此事。然而,令人奇怪的是,公孙敖明明未至京师完成鲁君交代的出使任务,自然也无法向鲁君复命,经文却用"如""复"二字作出了不合真相的叙述,其意何在? 对此,传文首先指出君命是决不允许违背的,因此即便公孙敖确实以私事而废君命,也应书写"如""复"来阐明君命必须被达成的礼制要求。但是,公孙敖的专权行为也不应被放任,所以《春秋》特意凸显公孙敖"奔莒"之日"丙戌",并借此暗示真相以为对公孙敖的不齿。可见,传文的解释极为玄妙地演绎了《穀梁传》自认的所谓"春秋笔法",其一波三折的文辞也颇符逻辑地展示了《穀梁传》对卿大夫之行为准则的严格设定。相比于公孙敖的情形,晋大夫赵鞅遭到《穀梁传》的讥刺似乎就显得较为委屈:

【经】秋,晋赵鞅入于晋阳以叛。
【传】以者,不以者也。叛,直叛也。
【经】冬,晋荀寅、士吉射入于朝歌以叛。晋赵鞅归于晋。
【传】此叛也,其以归言之,何也?贵其以地反也。贵其以地反,则是大利也?非大利也,许悔过也。许悔过,则何以言叛也?以地正国也。以地正国,则何以言叛?其入无君命也。(《春秋穀梁传·定公十三年》)

据《左传·定公十三年》,赵鞅曾于鲁定公十年(公元前500年)围攻卫国,卫国私下送给他五百贡户,赵鞅则暂时将他们安置在邯郸。后来,赵鞅欲将此五百户迁往晋阳并令邯郸大夫赵午照办。赵午遂与邯郸父老商量具体方案;为了维持卫国与邯郸的关系,邯郸父老提议,如先引诱齐国攻打邯郸并借机将五百户迁往晋阳,卫国就不会以为赵鞅迁走贡户意在与卫国断绝往来。但是,赵鞅误会了赵午的意思,以为赵午不听命并怒杀之。随后,赵午之子赵稷进入邯郸而发动叛乱,与赵鞅有隙的范、荀两家也趁火打劫,赵鞅只能逃往封邑晋阳。然而,韩氏与魏氏平日与赵氏交好,又恐范、荀之势力扩大于己不利,遂鼓动晋定公伐范、荀。结果,两家出逃至朝歌而叛晋,赵鞅则得以返回。有关《春秋》经文对此事的记载，《穀梁传》首先指出，赵鞅叛晋本身是失当的，因此经文书写"以""叛"二字的目的就在于，清晰无误地确认赵鞅的反叛事实及其在礼制上的可责难性；其次，由于赵鞅最终携晋阳之地回到晋国，此举于晋国来说显然是有利的，因此经文又以"归"字暗示允许赵鞅对其叛逆之举予以悔改；但是，令人奇怪的是，既然经文已"许悔过"，最初又何必用"叛"字以致赵鞅在史册中留下乱臣的不良形象呢？在《穀梁传》看来，问题的关键在于，赵鞅是在未得君命的情况下进入晋阳的。然而，以《左传》所描述的情形观之，如欲令身陷赵稷及范、荀二家之进攻中的赵鞅在事关生死的千钧一发之际，仍按照固定的程式采取行动，这无异于过度强人所难，甚至可以说是近乎苛责了。可是，如前所述，《穀梁传》将秩序视为由众多环节构成的链条，一个环节的断裂对应着恢复此环节之原初状况的特定行为，但在这一环节前就已存在的断裂点是无法用同样的行为来修正的；如此一来，在以特定文字表示赵鞅因"以地正国"而被谅解的同时，经文也要以"春秋笔法"令赵鞅为其无视君命的专权行为，付出永远无法消除其叛臣恶名的代价，这无疑向后来者传达了礼制无法容忍臣下专权的警示。除上述二例外，更值得玩味的是，《穀梁传》对上一章所提及的若干大夫行专之典型事例的评价。如，《春秋穀梁传·桓公十一年》曰：

【经】九月，宋人执郑祭仲。

【传】宋人者，宋公也。其曰人何也？贬之也。

【经】突归于郑。

【传】曰突，贱之也。曰归，易辞也。祭仲易其事，权在祭仲也。死君难，臣道也。今立恶而黜正，恶祭仲也。

有关祭仲许宋一事，《公羊传》将其视为大夫正当行"权"的典型事例并对祭仲大加赞扬，所谓"古之人有权者，祭仲之权是也"。但是，对《穀梁传》来说，祭仲抛弃臣道，颠倒是非，实为应当予以斥责的乱臣，因此《春秋》以直呼郑公子突之名的方式来贬低突，并借此表达对祭仲专权的蔑视。又如，《春秋穀梁传·襄公十九年》载：

【经】秋，七月，辛卯，齐侯环卒。晋士匄帅师侵齐，至谷，闻齐侯卒，乃还。

【传】还者，事未毕之辞也。受命而诛生，死无所加其怒，不伐丧，善之也。善之，则何为未毕也？君不尸小事，臣不专大名，善则称君，过则称己，则民作让矣。士匄外专君命，故非之也。然则为士匄者宜奈何？宜埤帷而归命乎介。

对士匄的不伐丧行为，《公羊传》从王道立场出发，以其维护孝道等多重合理性排斥了士匄废君命的可责性。然而，在《穀梁传》看来，经文之所以写"还"字，是为了表示士匄在对齐的征程中面对齐侯逝世所采取的临时举措即"不伐丧"固然为善举，但尚未达到完美的程度。君臣之礼主张"善则称君"，士匄的专权决定则无疑将使"不伐丧"的善名被纳入其功劳簿，因此士匄被贬责可以说是礼制的必然结论。那么，士匄当如何而为？《穀梁传》认为，士匄的正确选择是"宜埤帷而归命乎介"，即就地扎营并派遣出使的副手——"介"向君主汇报情势的变更以待君命。问题在于，如果介带回的新命令是继续攻齐，那么，从善的角度上说，士匄的初始选择究竟应当如何，似乎是可以再考虑的。但是，《穀梁传》显然无意顾及此种设想，因为按照其逻辑，士匄即便收到了继续攻齐的新命令，也应毫无异议地执行并将伐丧的恶名承揽下来以维护君主的正面形象,此即所谓的"过则称己"。在这里,可以发现,如同坚决拒斥霸者以文化保存为理由而僭越周王权力的行为一样,《榖梁传》对卿大夫以具体情境为借口而专权的行为也是固执地予以抵制的。正因为此,允许以更高价值准则超越礼制的《公羊传》通过对《春秋》"庄公十九年"和"宣公十五年"经文的解说,赞扬了公子结的越权立盟之举及华元与司马子反的互通军情行为,但《榖梁传》对同样经文的诠释却有意地回避了对公子结等人之专权措施的评判,甚可以说根本不屑于提及此三人,而将探讨的焦点直接对准了其他问题。

【经】秋,公子结媵陈人之妇于鄄,遂及齐侯、宋公盟。

【传】媵,浅事也,不志,此其志,何也?辟要盟也。何以见其辟要盟也?媵,礼之轻者也;盟,国之重也,以轻事遂乎国重,无说。其曰陈人之妇,略之也。其不日,数渝,恶之也。(《春秋榖梁传·庄公十九年》)

【经】夏,五月,宋人及楚人平。

【传】平者,成也,善其量力而反义也。人者,众辞也。平称众,上下欲之也。外平不道,以吾人之存焉道之也。(《春秋榖梁传·宣公十五年》)

此种差异可以说正导源于公、榖二传对礼治秩序的不同认识:前者以王道为目标,虽然礼制是大一统的必然要求,但在特殊情境下为王道而亏损礼制却也是无可奈何的,因此其礼制秩序颇似带有小缺口而呈现出开放状态的环;后者以秩序本身为目标,任何情境都不足以构成超越秩序的理由,因此其礼治秩序就如前述一般呈现为两端封口的链。以此为前提,《公羊传》以道德完满的睿智君子为卿大夫的范本,《穀梁传》则以严守规则的理性官僚为卿大夫的典型。这样一来,二传各自所设定的卿大夫的权力毋宁说是基于弹性或刚性而产生了根本性的差异,而这刚性的权力边界恰恰就是《穀梁传》的期望所在。

综观《穀梁传》所阐发的国家层面的礼论,可以说,天子、诸侯、卿大夫都因礼而享有特定的尊贵地位,也因礼而被严格限定在此种地位之上,国家就是这样由众多权力载体逐层建构起来,礼则如同律令一样成为了他们必须遵守的行为规范。事实上,这种逻辑也渗入了家族层面的礼论中,整个社会遂因此而被严格秩序化。那么,《穀梁传》在家族层面的礼论上又提出哪些具体主张呢?

二、家族层面

对家族层面的礼制,《穀梁传》主要是从父子兄弟与妇人两个方向上展开的,以下将分述之。

(一)父子兄弟

在男性占据主导地位的古代社会,父子兄弟关系是家族关系的极为重要的组成部分。重视伦常的儒家典籍向来不吝于在这方面投入大量的笔墨,并认为父子兄弟间的亲亲之义是血脉传承的道德显现,因此个体如欲成为家族伦理所认可的善者,就应切实地以其言行来阐发此种亲亲之义。这自然也是《穀梁传》所欲强调的仁人品格,所以在父亲被杀的情况下,《穀梁传》主张复仇,对不复仇的子嗣则予以贬斥,如《春秋穀梁传·庄公四年》所示:

【经】冬,公及齐人狩于郜。

【传】齐人者,齐侯也。其曰人何也?卑公之敌,所以卑公也。何为卑公也?不复仇而怨不释,刺释怨也。

此处,传文的评述①与《公羊传》对同一经文的解说如出一辙,这也表明在复仇问题上公、穀二传的基本态度是一致的。但是,《穀梁传》对复仇的推崇远不如《公羊传》强烈,像"虽百世可也"那样充满誓词色彩的仇雠言论在《穀梁传》中是无迹可寻的;甚至可以说,《穀梁传》所推崇的复仇行为具有一定的形式性。《春秋穀梁传·庄公元年》曰:

【经】夏,单伯逆王姬。

【传】单伯者何?吾大夫之命乎天子者也,命大夫,故不名也。其不言如,何也?其义不可受于京师也。其义不可受于京师,何也?曰:躬君弑于齐,使之主婚姻,与齐为礼,其义固不可受也。

【经】秋,筑王姬之馆于外。

【传】筑,礼也。于外,非礼也。筑之为礼,何也?主王姬者,必自公门出。于庙则已尊,于寝则已卑,为之筑,节矣。筑之外,变之正也。筑之外变之为正,何也?仇雠之人,非所以接婚姻也;衰麻,非所以接弁冕也。其不言齐侯之来逆,何也?不使齐侯得与吾为礼也。

在上引史料中,传文将经文对齐襄公迎娶周王之女的一次婚姻行为

---

① 类似的传文亦可见《春秋穀梁传·庄公二十四年》:
【经】八月,丁丑,夫人姜氏入。
【传】入者,内弗受也。日入,恶入者也。何用不受也?以宗庙弗受也。其以宗庙弗受,何也?娶仇人子弟以荐舍于前,其义不可受也。

的记载拆成两部分并分别作出解释。对第一部分，传文指出，依据礼制，在周王嫁女的场合，基于其至尊地位，周王不能亲自主婚，以免发生翁姑反拜儿媳的伦常颠倒现象，婚礼则转由诸侯主持，而在经文所载的这次婚姻中，负责主婚者正是鲁君，单伯作为鲁大夫遂受君命而赴京师以迎接王姬。然而，按照《春秋》的记事法则，若卿大夫因君命而赴王畿，则经文当写"如"字①，但经文对单伯赴京师的叙述却并未用"如"，其目的就在于揭示鲁国本不应参与此次婚姻，因为新郎正是鲁庄公的杀父仇人齐襄公。② 可见，以传文观之，面对杀父的不共戴天之仇，即使抗拒王命，亦可为道义所理解。这种对非礼行为的认同在《穀梁传》中实属罕见，也表明了《穀梁传》对亲亲之义的重视；问题在于，非礼的限度究竟如何，或者说凭借自身的力量无所顾忌地复仇是否可行？《公羊传》对此是表示肯定的，所以《春秋公羊传·庄公四年》就通过齐襄公之语即"寡人死之，不为不吉也"，把复仇的情绪推至顶点，但此处所引《穀梁传》的第二段传文却予以否定。这段传文首先认为，既然周王已下达由鲁君主婚的命令，那么从秩序的绝对性出发，即便为复仇而抗拒王命符合道义，也应将伦理标准与政治规则截然分开。这样一来，鲁国只能通过变通之举来表达复仇的意愿，此即所谓的"筑王姬之馆于外"。也就是说，在为王姬主婚时，作为主婚方的鲁国应当确保王姬从宫殿中被迎出，以示其尊贵地位以及对周王的尊崇，所以鲁国要为王姬"筑馆"；但由于不能与仇敌共同完成婚礼，因此鲁国将馆筑于城外以拒

---

① 如，《春秋》"僖公三十年"经文就说"公子遂如京师，遂如晋"；上文所引"文公八年"经文亦曰"公孙敖如京师"。
② 有关齐襄公与鲁庄公之父鲁桓公间的纠葛，第二章第二节第二部分及本章第一节第二部分均已有所提及，可咨参照。

255

绝齐襄公进入都城,并借此将复仇的心愿公之于众。在这一过程中,遵从王命和为父复仇的目的在形式上都实现了,所谓的"变之正"似乎应为行动上的最佳选择。当然,或许可以说,鲁国之所以如此而为,是因为缺乏通过军事手段向齐国复仇的能力,但前文已述,《穀梁传》是在无视情境的状态下来设想它所理解的一整套完美礼制,所以这两段传文所欲表达的意思实际上并非不得不为的被动性,而是应为的主动性。由此,复仇就不能被理解为无视周王之存在,且完全凭借实力而展开的私下的互相攻伐,"亲亲"遂为"尊尊"所压制,秩序链则可稍显扭曲而绝不可断裂。这正是《穀梁传》在对"亲亲"的态度上与《公羊传》卓然不同之处,也是《穀梁传》之严格秩序论的逻辑演绎。也正因为此,《公羊传》在解释《春秋》"定公四年"的部分经文时,对伍子胥借吴国之力复父仇的做法大加赞扬,《穀梁传》对同一经文的阐发却回避了伍子胥复仇之事而转向对吴之夷狄身份的评论。①

值得注意的是,除了父子关系,《穀梁传》对兄弟关系的理解也采取了以"亲亲"辅"尊尊"的态度。《春秋穀梁传·襄公二十年》曰:

---

① 《春秋穀梁传·定公四年》曰:
【经】冬,十有一月,庚午,蔡侯以吴子及楚人战于伯举。楚师败绩。
【传】吴其称子,何也?以蔡侯之以之,举其贵者也。蔡侯之以之,则其举贵者何也?吴信中国而攘夷狄,吴进矣。其信中国而攘夷狄奈何?子胥父诛于楚也,挟弓持矢而干阖庐……救大也。
【经】楚囊瓦出奔郑。庚辰,吴入楚。
【传】日入,易无楚也。易无楚者,坏宗庙,徙陈器,挞平王之墓。何以不言灭也?欲存楚也……何以谓之吴也?狄之也。何谓狄之也?君居其君之寝,而妻其君之妻;大夫居其大夫之寝,而妻其大夫之妻。盖有欲妻楚王之母者,不正。乘败人之绩而深为利,居人之国,故反其狄道也。

【经】陈侯之弟光①出奔楚。

【传】诸侯之尊,弟兄不得以属通。其弟云者,亲之也。亲而奔之,恶也。

前文已指出,基于诸侯之尊贵地位,即便对其兄弟,《春秋》也不能随意直书兄或弟以示其亲属身份。此处,经文之所以称"光"为"陈侯之弟",就是为了从亲亲之义的角度出发贬斥陈侯逼迫其弟出逃的恶行。进一步说,"亲而奔之"尚属应予责难的行为,杀害兄弟自然就更应被批判了。如,《春秋穀梁传·隐公元年》就说:

【经】夏,五月,郑伯克段于鄢。

【传】克者何?能也。何能也?能杀也。何以不言杀?见段之有徒众也。段,郑伯弟也。何以知其为弟也?杀世子、母弟目君,以其目君,知其为弟也。段,弟也,而弗谓弟;公子也,而弗谓公子,贬之也。段失子弟之道矣,贱段而甚郑伯也。何甚乎郑伯?甚郑伯之处心积虑成于杀也。于鄢,远也,犹曰取之其母之怀中而杀之云尔,甚之也。然则为郑伯者宜奈何?缓追逸贼,亲亲之道也。

据《左传·隐公元年》,郑庄公的母亲武姜因庄公出生时难产而厌恶庄公,故欲劝郑武公立庄公之弟段为君,武公不从。庄公即位后,武姜暗中帮助段扩大势力,庄公则假装纵容。结果,段与武姜合谋袭郑夺权,庄公在得知二人的叛乱日期后命公子吕先于二人展开行

---

① 《左传·襄公二十年》所收经文写作"黄"。

动。在段逃往鄢后,庄公穷追不舍,终令段奔卫。有关此事,传文认为,经文的写法是为了对段及郑庄公同时予以斥责。在前者,为臣不忠且为弟不悌已使段失去继续保持"公子"身份的正当性,因此经文不书"公子"以示对段的鄙弃。在后者,虽然庄公用尽心机而欲杀段,但因段的恶劣行径,经文对段的笔伐犹胜于庄公;不过,在段已逃遁至远离郑都的鄢之后,庄公仍不依不饶,这表明庄公已完全无视兄弟亲情,此正为经文抨击庄公的理由。那么,面对这样的乱臣贼子,庄公当何为?传文认为,庄公的最佳选择是"缓追逸贼",即以不可能追上的方式追击;由此,一方面破坏君臣秩序的行为的非礼性得到了实际的说明,另一方面亲亲之义也被顾及。尽管如此,倘若对传文的论证逻辑稍加回顾,可以发现,传文并未指责庄公恢复郑国君臣秩序的努力,它只要求庄公在重振权威后对段表示宽宥,因此所谓亲亲显然是以尊尊为前提的。相比于段,《春秋》"襄公三十年"经文提到的王子佞夫被杀实属冤枉:

【经】天王杀其弟佞夫。

【传】《传》曰:诸侯且不首恶,况于天子乎?君无忍亲之义。天子、诸侯所亲者,唯长子、母弟耳。天王杀其弟佞夫,甚之也。①

据《左传·襄公三十年》,周灵王崩,王室大夫儋括欲立王子佞夫为王,遂作乱围蒍并逐其大夫成愆,但佞夫本人并不知情。周景王不问真相,派五大夫讨伐儋括并杀了佞夫。对此事,传文指出,即便是诸侯,也不会因其恶行而被《春秋》列为罪魁祸首,但"襄公三十年"

---

① 《春秋穀梁传·襄公三十年》。

的经文却毫不避讳地明示周景王杀其弟之事,足见其对周景王完全藐视亲亲之义的行为已感深恶痛绝,所谓"君无忍亲之义"即为悲愤之言的概括。然而,如同上引"隐公元年"传文提到"世子""母弟"一样,"襄公三十年"传文也强调"长子""母弟"为天子、诸侯之至亲,有关兄弟相杀的两处传文都论及几乎同样的内容,这似乎蕴含着《穀梁传》的某种特有见解。对此,台湾学者吴智雄先生曾作出细致的分析,其结论为:"《穀梁传》特别强调这种关系,应是就政权继承的方面考量的。在当时继承制度中,国君的长子与同母弟,都有成为君位继承者的可能,现在天子与诸侯杀其母弟或逐奔其母弟,乃减少了未来君位继承者的人数,在当时礼崩乐坏的时代里,有可能造成未来无继承者的危机,所以《穀梁传》特别强调这个观点,用意在保护君位的继承者。因此我们也可以说,《穀梁传》的'君无忍亲之义',仍是就尊尊层面而言,即以政治目的来说亲亲之义。"[①]这一结论颇为扼要地指出了《穀梁传》所认同的兄弟间之亲属伦理的本质,即亲亲只不过是尊尊的点缀。

总之,作为儒家典籍,《穀梁传》对家族内部的道德准则予以一定程度的认可,但它显然将家族置于较国家为劣的地位。此实由《穀梁传》的严格正名论所决定,父子关系或兄弟关系都只能在以尊尊为目的的秩序链中探索适当的存在样态。

(二) 妇女地位

《穀梁传》既然试图从整体上重建礼治秩序,对作为社会之成员的妇女自然也不会不予理睬,正如学者所说:"《穀梁传》有关妇女的论述,比较具体,又比较全面,这在别的古代典籍中是很少见的,这

---

① 吴智雄:《春秋穀梁传思想析论》,第88页。

也是《穀梁传》重礼,注重儒家伦理道德的特色之一。"①那么,《穀梁传》究竟给予了妇女什么样的社会地位呢?

首先,《穀梁传》认为,男女有别是正常社会关系的应然义项,而礼就是用来标识此种区别的。《春秋穀梁传·庄公二十四年》曰:

【经】八月,丁丑,夫人姜氏入。
……
【经】戊寅,大夫、宗妇觌,用币。
【传】觌,见也。礼,大夫不见夫人。不言及,不正其行妇道,故列数之也。男子之贽,羔雁雉腒;妇人之贽,枣栗腶修。用币,非礼也。用者,不宜用者也。大夫,国体也,而行妇道,恶之,故谨而日之也。

据经文所载,鲁庄公二十四年(公元前 670 年)八月,鲁庄公从齐国迎娶的夫人哀姜②到达鲁国。尽管因与齐国有仇③,娶齐女似乎颇为不妥④,但在哀姜到达鲁都后,大夫之妻即宗妇还是去拜见了哀姜。这本身并无不妥,问题在于,大夫也与其妻一同前往拜见,这违背了以男女有别为内在机理的礼制即"大夫不见夫人"。同时,按照第一章对士相见礼的论述,古人如欲与他人会晤,则当携贽或者说礼物而往。但是,男、女各有其用于交际的礼物以示差异,而在此次以拜见夫

---

① 浦卫忠:《春秋三传综合研究》,第 183 页。
② 尽管略显多余,但为了避免混淆,此处需明确哀姜与前文在分析鲁宣公即位时曾提及的哀姜并非一人。
③ 即指鲁庄公的父亲鲁桓公被齐襄公所杀一事。
④ 《春秋穀梁传·庄公二十四年》传文曰:"入者,内弗受也。日入,恶入者也。何用不受也?以宗庙弗受也。其以宗庙弗受,何也?娶仇人子弟以荐舍于前,其义不可受也。"

人为目的的相见仪式中,大夫与宗妇却使用了同样的本就不合礼制的贽,这无疑再次忽视了男女有别的行为准则。正因为此,传文认为,大夫不顾其国之栋梁的身份而随意混淆男女在礼制上的区别,经文自然要通过凸显拜见夫人之日期的方式对大夫表示鄙夷之意。

那么,在男女有别的前提下,妇女相对于男性的地位又如何呢?《春秋穀梁传·隐公二年》的记载清晰地道破了妇女身份的强烈附属性。

【经】冬,十月,伯姬归于纪。

【传】礼,妇人谓嫁曰归,反曰来归,从人者也。妇人在家制于父,既嫁制于夫,夫死从长子。妇人不专行,必有从也。

在这段史料中,传文简洁明快地指出,按照礼制,"归"是用来表示妇人出嫁的特定词汇,这就是说妇人通过婚嫁而找到了自己仿佛早已确定的归属,因此如妇人被夫家遣返,此种情形就应以"来归"二字来概括。很明显,"归"与"来归"作为礼制用语是有其特殊意涵的,妇人依附于夫即可谓此二者所深藏的玄理。除了上引论述外,《春秋穀梁传·成公十五年》的文辞也阐发了大致相同的观点:

【经】夏,六月,宋公固卒。

……

【经】秋,八月,庚辰,葬宋共公。

【传】月卒、日葬,非葬者也。此其言葬,何也?以其葬共姬,不可不葬共公也。葬共姬,则其不可不葬共公,何也?夫人之义不逾君也,为贤者崇也。

传文认为,经文在记载宋共公之卒时已提及月份,但在叙述宋共公之葬时再次写下月份,且明示其日期;经文如此重视时日,就是为了说明宋共公本为"非葬者"。易言之,经文本来不应涉及宋共公的葬事,其原因如范甯《集解》所示,"共公之不宜书葬,昏乱故也"。但实际情况却恰恰相反,这又是为何呢?据《春秋穀梁传·襄公三十年》载:

> 【经】五月甲午,宋灾。伯姬卒。
>
> 【传】取卒之日加之灾上者,见以灾卒也。其见以灾卒奈何?伯姬之舍失火,左右曰:"夫人少辟火乎?"伯姬曰:"妇人之义,傅母不在,宵不下堂。"左右又曰:"夫人少辟火乎?"伯姬曰:"妇人之义,保母不在,宵不下堂。"遂逮乎火而死。妇人以贞为行者也,伯姬之妇道尽矣。详其事,贤伯姬也。

可见,在《穀梁传》看来,伯姬亦即宋共公之妻在生死之际仍能不忘妇道,这足以证明伯姬为礼制上的贤者。基于这一点,《春秋》应记录其葬事以示对贤者的褒扬,但由于已嫁妇女的人格为其夫所吸收,因此《春秋》既然会述及伯姬的葬事,就更无理由不书写其所依附的共公的葬事了。此种逻辑看起来似乎颇为荒唐,但以《穀梁传》重尊尊的基本立场观之,又令人不得不承认其内在的自洽性,而此种自洽性则成为了"妇人在家制于父,既嫁制于夫,夫死从长子"这一用来概括妇人之身份依附性的礼制语句得以确立的先决条件。可以说,正是出于对此种三从之礼的认可,《穀梁传》强调了婚礼的一个程式性环节,即妇人出嫁前,父母当劝诫其女服从翁姑之命。

> 礼,送女,父不下堂,母不出祭门,诸母兄弟不出阙门。父戒之曰:"谨慎从尔舅之言!"母戒之曰:"谨慎从尔姑之言!"诸

母般申之曰:"谨慎从尔父母之言!"①

基于同样的理由,《穀梁传》也主张,礼禁止已婚妇女逾越夫家之国的边境。

妇人既嫁,不逾竟,逾竟非正也。②

以上列诸多限制观之,如果说在《穀梁传》的思想世界里,妇女在很大程度上只是男权社会的点缀,这恐怕是不过分的。当然,对《穀梁传》的此种论调,我们不能以今人的眼光横加指责,毋宁说更应立足于《穀梁传》自身的义理逻辑而予以同情的理解。

综合《穀梁传》所阐发的国家层面及家族层面的礼论,可以发现,《穀梁传》尽管对所谓"亲亲之义"这样的伦理准则也抱有一定程度的重视,但最终仍以"尊尊"为旨归。因此,所有个体都被逐层敬上的礼制序列吸纳;只不过,男性是直接参与其间的,而女性则须以男性为中介间接表达其对秩序的服从。如此一来,重建礼治秩序的图景在《穀梁传》的观念中被完整无误地展开,从血族聚居时代的废墟中升起的新等级社会,成为了《穀梁传》所设定的天下众生的理想生存环境,这一切又都依托被实质化的礼而获得强化。此即《穀梁传》之礼论的意旨,亦为其严格正名论的合理衍生。

---

① 《春秋穀梁传·桓公三年》。
② 《春秋穀梁传·庄公二年》。同样的评论也屡次出现于他处传文中,如,《春秋穀梁传·庄公十五年》传文曰"妇人既嫁,不逾竟。逾竟,非礼也";又如,《春秋穀梁传·僖公二十五年》传文亦云"妇人既嫁,不逾竟。宋荡伯姬来逆妇,非正也";再如,《春秋穀梁传·僖公三十一年》传文也说"妇人既嫁不逾竟,杞伯姬来求妇,非正也"。足见,《穀梁传》是极力反对妇人撇开其夫而擅自行动的。

小　结

　　本章可谓第三章之续篇,意在通过对《穀梁传》之礼论的分析,揭示古礼实质化的另一视角。为了完成此任务,本章试图从整体到部分逐步展开。沿此思路,第一节第一部分首先就注意到《穀梁传》对《春秋》"隐公元年"经文所载"元年,春,王正月"六字的解释,与《公羊传》的言说有着相当大的差异,它强调对秩序重建来说,作为外在规则的礼在重要性上远胜于内心的善,因为社会动乱不已的根源就在于上下尊卑的颠倒,而被实质化的礼的功能则正是对等级的坚定维护。尽管如此,社会秩序是各类复杂要素构成的整体,所谓重建自然应有其起点。在这一问题上,第一节第二部分将论述的重心转向《穀梁传》的"尊尊"观,并借此指出天子为天下秩序的顶点,诸侯为一国秩序的顶点,因此在君位之获得不存在正当性瑕疵的情况下,所谓秩序恢复无非等同于不断尊上的过程。这样一来,作为秩序之维护者的礼,无论如何都必然会立足于"尊尊"而将所有个体纳入严格的等级序列中。为了证成这一推断,第二节第一部分首先从国家层面指出,在《穀梁传》的观念中,礼设定了天子、诸侯、卿大夫的固定行为模式,并借此显现他们各自所拥有的不同层次的尊贵地位,因此诸侯、卿大夫即使出于特定情势而实施无可奈何的专权行为,也不能被认可。随后,第二节第二部分又从家族层面略作论述并认为,尽管《穀梁传》从未忽视家族伦理或者说"亲亲之义",但无论是在为父复仇的场合,还是在兄弟相杀的场合,《穀梁传》所认同的"亲亲之义"都是以礼治秩序之整体的稳定为首要前提的,因此

"亲亲"无法逾越"尊尊"的限制自然亦可谓顺理成章；同时，第二部分还强调了妇女的人身依附性，主张妇女以男性为中介而被笼罩在礼制之下。通过对《穀梁传》所见国家及家族层面之礼论的分析，第二节实际上已经说明，《穀梁传》所设计的礼制是适用于全部社会阶层的，任何人都应以其合理且妥当的言行，标识其在古礼崩解之后的新社会中生存的资格。

综合第三、四两章的论述，可以清晰地发现，在古礼之实质化的发展上确实存在着两条明显不同的路径。第一条路径或可称之为原则主义礼论，它把礼视为融贯于君臣、父子、夫妇等各类人际关系中的抽象行为原则，但又认可超越现实的价值目标的合理性，所以礼总是会基于某种特殊情形的出现而被暂时搁置；第二条路径或可称之为规则主义礼论，它否认以某种理想准则挑战整齐划一之秩序的适切性，因此礼作为秩序的支撑物就被视为几乎不能质疑的规则。前者即为《公羊传》的思路，而后者则对应着《穀梁传》的观念。如果说前者尚属较为纯粹的以仁道为旨归的儒家言论，后者则显然已表现出一定的法家色彩①，因此第三章曾引用孟子之语以评述

---

① 需要指出的是，在《穀梁传》中也有众多足以证明其儒家立场的民本言论。如，《春秋穀梁传·桓公十四年》曰：
【经】宋人以齐人、蔡人、卫人、陈人伐郑。
【传】以者，不以者也。民者，君之本也。使人以其死，非正也。
又如，《春秋穀梁传·庄公二十八年》亦云：
【经】二十有九年，春，新延厩。
【传】延厩者，法厩也。其言新，有故也。有故则何为书也？古之君人者，必时视民之所勤，民勤于力，则功筑罕；民勤于财，则贡赋少；民勤于食，则百事废矣。冬筑微，春新延厩，以其用民力为已悉矣。
再如，《春秋穀梁传·文公二年》载：
【经】自十有二月不雨，至于秋七月。
【传】历时而言不雨，文不忧雨也。不忧雨者，无志乎民也。
正因为此类言论的存在，对《穀梁传》之礼论的规则主义倾向只能用所谓"一定的法家色彩"来修饰。类似的观点亦可参见吴涛：《"术""学"纷争背景下的西汉〈春秋〉学——以〈穀梁传〉与〈公羊传〉的升降为例》，第175页。

《公羊传》的思维逻辑,而绪论部分则提到穀梁学与同样带有法家倾向的荀子之学间的紧密联系,这似乎也是颇为妥当的。进一步说,二者的差异实际上反映出了儒学面对理想与现实所保有的内在张力,此种张力又对秦汉及其后的历史演进产生了绝不可等闲视之的影响,这正是本文的结论部分将要说明的主要问题之一。

结论："时代格"与超越时代

以绪论及第一至第四章为先导，简要总结本书的理论意义似乎是可能的。但是，在此之前，我们应当对本书的主要内容稍加回顾，以明确所谓理论意义的成立根据。

在"绪论"部分，笔者通过介绍学界对古礼的研究现状，概括了法律史学界之既有研究成果的不足，并在分析本书题目中的两个重要词汇即"礼"与"早期中国"的特定含义之后提出，本书将"结合早期中国之国家形态的演化考察古礼的发展历程"。这可以说是在大体上设定了随后四章的思考方向。

沿此方向，第一章首先以《左传》所载史事为基础并旁及金文、《仪礼》等史料，考察了古礼对繁琐的形式性外在表现的偏重，并认为此种倾向性在古礼与秦汉之后的礼之间形成了较为明显的区别：对秦汉之后的礼来说，等级精神是其内核，但在古礼，其内在品格却具有双重性即等级与对等；即便仅以等级论，秦汉之后的礼所设定的等级是允许个体通过人生的奋斗来获取的，古礼所指向的等级却因与血族意识相联系而表现出封闭性。这些差异在根本上源于古礼与秦汉之后的礼各自置身其间的政治、社会结构的不同。由此，第一章又探讨了古礼的特殊生存环境，即早期中国的国家形态。在这一点上，笔者在对照考古学界及历史学界的诸多观点后指出，早期中国长期处于所谓邑制国家的状态，至商周年代尤其是西周时期则演进为"权力代理的亲族邑制国家"。正是作为此种国家形态之外在面貌且以血族聚居为一般状况的诸邑并存现象，构成了古礼的双重品格得以存续的历史背景，而对于古礼的变革，自然也是以诸邑并存现象的消解为重要前提的。因此，第二章就从国人及盟这两方面出发分析了西周之后中国国家形态的变化并提出，在春秋战国之际，诸邑合并及与之相连的中央集权制和律令制的胎动都在不间断地进行。这也意味着古礼之践习空间的持续缩小，古礼自身则不得不从对形式的偏重中脱离出来，而转变为能全面规范政治、社会秩序且内含某种价值追求的行为准则，此即古礼的实质化。当然，古礼的实质化是一个过程，所以第二章又指出，尽管进入春秋时期尤其是春秋中后期之后，古礼的践习空间因国家形态的变化而逐渐萎缩，但礼乐文明仍有其残迹，所以贤大夫们就开始依托传统思考古礼的调整，并试图将礼与仪区别开来，此即古礼之实质化的开始。孔子的礼论正是在礼仪之辨缓缓展开的环境中形成的，所以他延续了贤大夫们的实质化思路，把礼视为脱离了繁琐仪式的政治伦理准则，并明确地将其本质界定为等级精神。但是，孔子也感受到了血族崩解的社会信息，原来隶属于不同血族的人们如何妥善相处则成为了他努力思考的问题。为此，他提出了"恕道"的概念，并以此为基础设计了"克己复礼归仁"的理想。这样一来，礼制与仁之间就产生了一种内在的紧张，也赋予了后世进一步阐释孔子之礼论的可能，《公羊传》与《穀梁传》各自的礼论就代表着两种不同的思路。紧随于此，第三章认为，《公羊传》首先认同了礼制秩序与大一统政治理念的相适应性。但是，由于王道是至高无上的价值理想，因此礼制秩序自身理所当然地会表现出变动性。这与《公羊传》对"经权之道"之思维方式的认可密切相关，也表明了《公羊传》

在周王室衰败的情况下为了保全中原文化而对霸者功业及德行意识的肯定。值得注意的是,《公羊传》对礼制与王道并重的思路实为孔子崇礼尚仁的构想的回声,但由于传文所许可的变通情境频繁出现,传文的思想格调具有向王道倾斜的意味。第四章论道,《穀梁传》将天下动荡的根源完全归结为上下尊卑的颠倒,因此其礼论以"尊尊"为基本立场,而其设定的适用于各个社会阶层的特定行为模式,又将个体严格地限定在自身的等级位阶上,社会秩序由此而被整齐划一地重建。对比《公羊传》与《穀梁传》各自的礼论,可以发现,《公羊传》对礼的认识带有原则主义倾向,《穀梁传》对礼的主张则趋于规则主义,因此《公羊传》所理解的礼制秩序呈现为有缺口的环状,而《穀梁传》所追求的礼制世界却以线性的链状为其表征。此种区别实际上正可与孔子之后儒家内部出现的孟子学派与荀子学派的争论联系起来,也反映了儒者面对西周之后"礼崩乐坏"的世风,而在理想与现实之间徘徊的复杂心态。

以上就是本书的主要内容。那么,其理论意义究竟何在?前文曾多次提及的日本学者高木智见先生在其著作《先秦社会与思想:试论中国文化的核心》的"中文版序"中指出,其授业之师宇都宫清吉先生认为,一个时代如同一个人具有其独特的人格一样也有其独特的"时代格"[①],而高木氏本人则致力于发现作为先秦之"时代格"的组成部分且构成诸子百家之思想基础的先秦时代人们的"心像"。为此,高木氏申明了他自己所重视的古史研究的三个基本点,即

---

① 参见〔日〕高木智见:《先秦社会与思想:试论中国文化的核心》,何晓毅译,"中文版序",第1页。

"释古""同身寸""全体性"。所谓"释古"是针对以史料为金科玉律的"信古"和以史料为客观研究对象,并试图重新评估其价值的"疑古"这两种研究态度提出的,意指依据史料恢复史料所表述的世界并由此揭示史料之真伪的历史意义。所谓"同身寸"是说个体用自己的手比划出来的尺寸为测量其身体穴位的最佳刻度,因此对某一历史阶段的解读也应抛弃研究者的主观标准,而立足于该阶段自身的专有属性。所谓"全体性"是指历史研究者应时刻注意自己所设定的主题在整个历史世界中所处的位置,以最终形成对历史的整体认识。① 这三个前后相连的基本点其实阐明了一种相对客观且积极的研究历史的态度,它既承认人类因非全知全能而带来的知识局限,又强调以现有史料为基础对历史作出最合理解释的可能。毋庸置疑,由于目前早期中国仍然是一个史料相对有限且因时代久远而产生严重理解隔阂的历史阶段,因此这种研究态度不仅仅在探讨其思想方面的问题时颇有助益,甚至可以说适用于对其任何侧面的分析。

如此一来,从法律史的角度来考察古礼时,首先应当重视的显然是古礼所处的时代以及这一时代赋予古礼的规范功能。毋庸赘言,古礼是在战国之前的社会、政治环境中生存的,其最重要的因素当然就是前文已多次提到的以血族聚居为一般生活状态的所谓诸邑散布现象。关键在于,正因为血族的广布和各地习俗的差异,诸邑内部也许已有为血族成员所认可的行为规范,但诸邑之间却无法按照统一的法律来治理。第一章所引《左传·定公四年》就提到,周

---

① 参见〔日〕高木智见:《先秦社会与思想:试论中国文化的核心》,何晓毅译,第14—16页。

王在分封鲁、卫、晋三国时就要求此三国的君主分别按照"以法则周公""启以商政""启以夏政"的方式管理其封地,而《吕氏春秋·仲冬纪·长见》所记载的太公望与周公的一段对话也揭示了齐鲁两国的不同理政模式。① 在此种情况下,真正将中原各邑连接成一个较为统一的文化体的,正是扎根于先民的现实生活中,并由诸邑之习俗互相融合而形成的繁琐古礼,而支撑古礼之有效运行的思想因素则是从上古传承而来的祖先崇拜等信仰意识,所以在早期中国的民众观念中,礼才是切切实实地发挥秩序调节功能,且能为民众自觉接受的行为规范,或者说礼即为法,而所谓刑只不过是礼的辅助物。这也许就是《左传》《仪礼》及金文等各类文献所记载的礼治史事或礼仪制度揭示出来的中国古代礼法文化的初始含义,自然也不同于以礼律对立及融合为主要内容的秦汉之后的礼法观。不过,随着"时代格"之内在要素的变化,早期中国逐渐向帝制中国过渡。在此过程中,诸邑合并导致血族混居,分封的崩解又催生了中央集权制这一"一君万民"的垂直统治模式。于是,作为统一的严格他律性行为规范的律令取代古礼,而成为了最基本的治民手段。但是,古礼作为上古遗存也不会骤然消失,因此在其仪节被部分保留的同时,古礼的精神悄无声息地发生了具有历史性意义的变化:一方面以血族聚居的邑为必备生存环境的古礼的对等精神逐渐淡化,另一方面其等级精神也从血缘兼社会地位的共同铸就物,转向纯粹社会地位的对应物。被改造后的礼自身成为了与国家政治及家族

---

① 《吕氏春秋·仲冬纪·长见》曰:"吕太公望封于齐,周公旦封于鲁,二君者甚相善也。相谓曰:'何以治国?'太公望曰:'尊贤上功。'周公旦曰:'亲亲上恩。'太公望曰:'鲁自此削矣。'周公旦曰:'鲁虽削,有齐者亦必非吕氏也。'其后齐日以大,至于霸,二十四世而田成子有齐国;鲁日以削,至于觐存,三十四世而亡。"

伦理全面关联的行为准则，时人则在思想上对现实的以等级尊卑为内核的礼制秩序采取了或批判或接受的态度，《公羊传》与《穀梁传》这两种阐发礼之义理的文献则分别强调了此二者中的一个。由此看来，春秋三传各自所蕴藏的礼的信息既从制度面向上诠释了为"权力代理的亲族邑制国家"这一国家形态所限定的古礼的双重内涵，又从思想面向上展现了中国文明的原始因素如何应对周秦之际的剧烈变革。

不过，上文所说的春秋三传中的礼都是以早期中国的国家形态变革为背景的，但对春秋三传尤其是《公羊传》《穀梁传》来说，还有一个必须注意的问题是，由于百家之学作为早期中国的遗产为秦汉时代所继承，儒法两家学说又是汉代思想界构建其政治、法律思想的主要知识资源，因此作为儒家之学的春秋三传所提出的王道、仁政、礼制等词汇都产生了超越时代的影响力。汉朝是在秦末新战国的大乱局势中崛起的帝国，其争天下之术毫无疑问是崇尚法治与权力的霸道，且从战国以来就一直存在的关中、关东的文化之别[①]也不得不延续至汉朝成立之后。但是，汉初儒生陆贾对刘邦的质问

---

① 陈苏镇先生从关中与关东的文化差异出发来观察周秦之际的历史变革："纵观战国以来的历史轨迹，我们看到，从分裂走向统一，从战争走向和平，从松散的分封制走向高度统一的中央集权制，是政治发展的大势；而对天下一统、风俗齐同的太平盛世的向往和追求，则是意识形态和政治文化的主流。两者都是影响汉朝政策制定从而推动汉代政治变迁的重要动力。从作用方向看，这两种动力并不矛盾。但秦汉之际，由于自然和地理条件的制约，由于各地政治、经济、文化发展的不平衡，关中和关东，西方和东方，仍存在较大差异和对立。相对而言，关中地区在政治、军事上占有优势，关东地区则在文化上占有优势。这一客观形式决定了政治的统一只能是关中统一关东，西方兼并东方；而文化的统一必然是关东统一关中，东方压倒西方。"陈苏镇：《〈春秋〉与"汉道"：两汉政治与政治文化研究》，第615页。此种学说为思考秦帝国的灭亡、汉初的郡国并行等政策实施的背景以及秦汉时期儒法的对立与合流等问题提供了新视角，颇值借鉴。

"居马上得之，宁可以马上治之乎"①已指明了霸道的不足，即纯粹以实力为根据的统治模式是缺乏足够的正当性的。这一问题因汉初的黄老无为而一直延续至武帝阶段。武帝是所谓的大有为之君，迫切希望以一套新学说取代清静无为的黄老之术，以实现加强皇权、明确汉政权的正当性所在、统一文化并进而将汉文明远播四夷的丰功伟业，这种宏图伟愿在元光元年（公元前134年）举贤良的策问②中得到了清晰的展现。在这种情况下，公羊学者董仲舒从天人关系出发论证了汉朝皇权的正当性所在：

> 臣谨案《春秋》之文，求王道之端，得之于正。正次王，王次春。

---

① 《史记·郦生陆贾列传》。
② 据《汉书·董仲舒传》所载，此次策问提到了"三代受命，其符安在？灾异之变，何缘而起？""夫帝王之道，岂不同条共贯与？""今子大夫明于阴阳所以造化，习于先圣之道业，然而文采未极，岂惑乎当世之务哉？"等问题，涉猎面可谓相当广泛，也揭示了武帝试图全面更化改制的事功之心。不过，对与著名的董仲舒"天人三策"有关的此次策问的时间，学术界一直存在不同的观点，主要有建元元年（公元前140年）说和元光元年（公元前134年）说。具体参见 Sarah A. Queen, *From Chronicle to Canon: The Hermeneutics of the Spring and Autumn according to Tung Chung-shu*, Cambridge University Press, 1996, pp. 249—254；林剑鸣：《秦汉史》，第360—361页，注⑥；〔日〕福井重雅：《漢代儒教の史的研究儒教の官學化をめぐる定説の再檢討》（第二篇：董仲舒の研究），汲古书院2005年版，第261—414页；〔日〕福井重雅："儒教の国教化"，载〔日〕佐竹靖彦主编：《殷周秦汉史学的基本问题》，吕静等译，第270—279页；陈苏镇：《〈春秋〉与"汉道"：两汉政治与政治文化研究》，第221—225页。有关此问题，陈苏镇先生提到了一个颇具说服力的证据以证明元光元年说更为合理：《汉书·董仲舒传》所载"天人三策"中的"今临政而愿治七十余岁矣"一语。以此文句观之，刘邦被项羽封为汉王在汉元年即公元前206年，称帝则在汉五年即公元前202年，如策问时间为建元元年，则无论是从汉元年还是从汉五年算起，其间隔都不可能是"七十余岁"；如策问时间为元光元年，则从汉元年算起，其间隔正好是七十三年。事实上，按照汉人的观念，"汉得天下"或"汉初定"或"汉兴"之年就是汉元年。笔者以为，陈氏的推论符合逻辑，但建元元年说也有其合理之处，因此目前尚不能完全肯定元光元年说的正确性。不过，相比于建元元年说，元光元年说似乎更为可靠。

> 春者,天之所为也;正者,王之所为也。其意曰,上承天之所为,而下以正其所为,正王道之端云尔。然则王者欲有所为,宜求其端于天。①

这实际上是对形成于早期中国阶段的《公羊传》之礼论所倡导的"王道大一统"说的发展。正因为此,更兼《公羊传》从文化优位的立场出发肯定霸者的功业,且其"《春秋》内其国而外诸夏,内诸夏而外夷狄。王者欲一乎天下"②一语及对复仇的赞扬可以为开边提供理由,武帝开始奉儒学为汉廷的主流学说,公羊学则更是备受器重。③由此,尽管在本质上,武帝仅以儒学缘饰霸道,但儒家终究切实地获得了介入"汉家法度"的可能,并逐渐向朝政的各方面施加影响,律令自然也无法置身事外。比如,董仲舒主张汉家当"改正朔""易服色",并借此牢固确立其作为继秦而起的新王朝的资格,这也就意味着既有制度的全方位调整势在必行,武帝时代汉廷"更定律令"亦即对律令多有创制和修订的现象遂应运而生。此外,还有一事实为法律史学界长期关注,这就是"法律儒家化",而其典型例证则为"经义折狱"。有关"经义折狱",一直以来,法律史学界都是围绕着"原心定罪"展开论述的,但这一思路显然并不全面。拙文"再论两汉经义折狱"已指出,因为律令之治在汉廷的诸种理政手段中处于基础性地位,所以"经义折狱"的核心问题就是如何在个案中协调儒家经典,尤其是《公羊传》与律令的关系,而"原心定罪"则只不过是其中

---

① 《汉书·董仲舒传》。
② 《春秋公羊传·成公十五年》。
③ 有关公羊学对武帝朝内外政策的影响,参见陈苏镇:《〈春秋〉与"汉道":两汉政治与政治文化研究》,第229—281页;吴涛:《"术""学"纷争背景下的西汉〈春秋〉学——以〈穀梁传〉与〈公羊传〉的升降为例》,第54—72页。

涉及主观意图的一个侧面。正因为此,"经义折狱"实际上反映了儒家在皇权认可公羊学于意识形态领域的统治地位之后,对现实政治体制的妥协,进而也表明儒家首先在实践层面改变了汉初以来,为了扩大本学派的影响力而对法律予以排斥的态度。①

然而,公羊学虽以政治形势为契机谋取自身在思想界的地位并试图融入权力的运行中,却仍秉持《公羊传》所提出的价值准则即王道与仁政,并借此强调德教这一为政理念,因此公羊学作为意识形态的批判功能在武帝及其后的昭宣时代陆续展现出来,更有甚者如眭弘竟上书劝昭帝退位②,这无疑使崇尚"王霸道并用"的武、昭、宣诸帝颇感不适。同时,由于宣帝的祖父卫太子刘据在武帝末年的巫蛊之乱中被一度认定为罪人,宣帝亦因此次动乱而沦落民间且在登基之初又受制于辅政大臣霍光,因此宣帝在亲政后迫切需要强化其至尊地位。在这两种政治形势的影响下,宣帝转而青睐倡导"尊尊"或严格正名论的《穀梁传》,穀梁学遂由此大兴;并且,自汉初叔孙通以来,汉廷从未放弃通过礼制确立皇帝之无上权威的努力,而此时这种做法也获得了远比"天人感应说"更为现实的理论基础。不过,如同公羊学一

---

① 参见拙文:《再论两汉经义折狱——以儒家经典与律令的关系为中心》,《清华法学》2011年第5期。
② 《汉书·眭弘传》载:"孝昭元凤三年正月,泰山、莱芜山南匈匈有数千人声,民视之,有大石自立,高丈五尺,大四十八围,入地深八尺,三石为足。石立后有白乌数千下集其旁。是时,昌邑有枯社木卧复生,又上林苑中大柳树断枯卧地,亦自立生,有虫食树叶成文字,曰'公孙病已立',孟推《春秋》之意,以为'石柳皆阴类,下民之象,而泰山者岱宗之岳,王者易姓告代之处。今大石自立,僵柳复起,非人力所为,此当有从匹夫为天子者。枯社木复生,故废之家公孙氏当复兴者也。'孟意亦不知其所在,即说曰:'先师董仲舒有言,虽有继体守文之君,不害圣人之受命。汉家尧后,有传国之运。汉帝宜谁差天下,求索贤人,禅以帝位,而退自封百里,如殷、周二王后,以承顺天命。'孟使友人内官长赐上此书……奏赐、孟妄设袄言惑众,大逆不道,皆伏诛。"

样,穀梁学也有其矜持之处亦即隆礼而治,或者说以礼为各阶层不可逾越的行为准则。这样一来,在元、成、哀、平各朝,一方面,礼制改革成为了朝廷政争的主题之一,礼作为法的功能反复得到显现;另一方面,儒家孜孜以求的天下太平的理想目标反而被琐碎的礼制论争所掩盖,外戚当权、朝纲不振则日趋严重。为了摆脱此种困境,兼具外戚与儒者双重身份的王莽开启了他的改制历程,并以视左氏学为重要成分的古文经学为改制的理论前提,其结果则同样归于惨败。继新莽政权而起的东汉王朝亦如西汉一般是通过战争的胜利建立起来的,因此同样会面临政权的正当性问题;同时,为了表示与新莽政权的决裂,光武帝抛弃了新莽时代的左氏学,而重新确立了公羊学及作为其发展样态的谶纬之学在意识形态上的统治地位,德教随之成为东汉王政的重要内容,法律儒家化自然也得到了持续推进,如《晋书·刑法志》载,汉和帝时,廷尉陈宠就上疏说:"臣闻礼经三百,威仪三千,故《甫刑》大辟二百,五刑之属三千。礼之所去,刑之所取,失礼即入刑,相为表里者也。今律令,犯罪应死刑者六百一十,耐罪千六百九十八,赎罪以下二千六百八十一,溢于《甫刑》千九百八十九,其四百一十大辟,千五百耐罪,七十九赎罪……刑法繁多,宜令三公、廷尉集平律令,应经合义可施行者,大辟二百,耐罪、赎罪二千八百,合为三千,与礼相应。其余千九百八十九事,悉可详除";而东汉的官员亦多以兼通经术与律令为仕宦的基本素质。① 然而,至东汉中后期,由豪族社会引发的吏治问题及因宦官专权而加剧的政治腐败,又使士人对所谓教化的功效产生了怀疑,以《左传》《周礼》为中心的古文经学再次崛起,"但东汉

---

① 参见邢义田:"秦汉的律令学——兼论曹魏律博士的出现",载邢义田、黄宽重、邓小南总主编,黄清连主编:《台湾学者中国史研究论丛·制度与国家》,第120—126页;陈苏镇:《〈春秋〉与"汉道":两汉政治与政治文化研究》,第470—471页。

古文学家并未否定《公羊》家的基本主张……他们所提供的是新王朝在制礼作乐前如何用先王礼乐教化人民的具体方法,其贡献主要在于丰富和强化了'以德化民'说最薄弱的环节"[1]。综观两汉时代统治思想的变迁,可以发现,此过程的每一步都有春秋学的影子,并证明德教与礼制是不可偏废的,否则德教容易缺乏操作性,礼制则会迷失目标。进一步说,如以儒家立场考察权力与学术的关系,或许可以认为,在以礼制尊崇权力的同时,保持以高于礼制的价值理想批判现实权力的道德警觉,实为学术对权力的适当态度;以此为前提,面对作为皇权之延伸的律令,一方面自然须肯定其在理政手段中的基础性地位,另一方面亦不可忘却使其体现伦理要求的圣人之训,且应时时通过礼来补充律令之调整范围的有限性。这大概就是奠基于汉代并以"出礼入刑""德主刑辅"等语词为表现形式的儒家法思想的核心内容,也是春秋三传的礼治学说与现实政治体制融合而成的产物。由此看来,在分析传统中国的主流法思想时,仅仅关注《论语》《孟子》等文献显然是不够的,作为主流法思想的血液而静静流淌着的,恰恰是长期为法律史学界所忽略的春秋学。从这一意义上说,秦汉之后的法律史在潜意识中保持着对早期中国之余音的尊敬,在显意识中则勾勒出了适应自身之政治、社会结构的新图景。

尽管春秋三传对礼的论述有如此重要的意义,本书也已着力考证此类论述的要旨,但不得不承认,本书的探讨仍有不尽完善之处。比如,本文对古礼的介绍并未完全按照吉、嘉、军、宾、凶五大类展开,以致涉猎的广度仍有所欠缺;又如,本书对战国时代的礼只是以

---

[1] 陈苏镇:《〈春秋〉与"汉道":两汉政治与政治文化研究》,第617页。

《公羊传》和《穀梁传》为例阐发其义理,却未能提及其具体制度。诸种缺陷大都是由史料欠缺所致,只能在今后通过对传世文献的更为广泛的阅读和持续深入的分析,或依托有可能出现的新资料来弥补了,这大概也是研究早期中国史者均无法回避的困难之处。

参考文献

一、典籍及出土文献

《史记》,中华书局 2005 年版。

《汉书》,中华书局 2005 年版。

《后汉书》,中华书局 2005 年版。

《三国志》,中华书局 2005 年版。

《十三经注疏》,中华书局 1980 年版。

《十三经译注》,上海古籍出版社 2004 年版。

《说文解字》,中华书局 1963 年版。

《诸子集成》,中华书局 2006 年版。

范祥雍订补:《古本竹书纪年辑校订补》,上海古籍出版社 2011 年版。

顾栋高:《春秋大事表》,吴树平、李解民点校,中华书局 1993 年版。

顾炎武:《日知录集释》,黄汝成释,上海古籍出版社 1985 年版。

胡厚宣主编:《甲骨文合集释文》,中国社会科学出版社 2009 年版。

黄怀信、张懋镕、田旭东:《逸周书汇校集注》,上海古籍出版社

2007年版。

荆门市博物馆编:《郭店楚墓竹简》,文物出版社1998年版。

江永:《礼书纲目》,景印文渊阁四库全书本。

林昌彝:《三礼通释》,北京图书馆出版社2006年版。

黎清德编:《朱子语类》,中华书局1986年版。

李学勤主编:《十三经注疏》,北京大学出版社1999年版。

李学勤主编:《清华大学藏战国竹简》(一),中西书局2010年版。

刘雨、卢岩编著:《近出殷周金文集录》,中华书局2002年版。

马承源:《商周青铜器铭文选》,文物出版社1986年版。

马承源主编:《上海博物馆藏战国楚竹书》(二),上海古籍出版社2001年版。

马承源主编:《上海博物馆藏战国楚竹书》(九),上海古籍出版社2012年版。

秦蕙田:《五礼通考》,景印文渊阁四库全书本。

沈家本:《历代刑法考》,中华书局1985年版。

山西省文物工作委员会编:《侯马盟书》,文物出版社1976年版。

苏舆:《春秋繁露义证》,中华书局1992年版。

王辉:《商周金文》,文物出版社2006年版。

王利器:《新语校注》,中华书局1986年版。

王聘珍:《大戴礼记解诂》,王锦文点校,中华书局1983年版。

王先谦:《汉书补注》,上海古籍出版社2008年版。

徐元浩:《国语集解》,王树民、沈长云点校,中华书局2002年版。

杨伯峻译注:《孟子译注》,中华书局1960年版。
杨伯峻译注:《论语译注》,中华书局1980年版。
杨伯峻编著:《春秋左传注》,中华书局1990年版。
杨宽、吴浩坤主编:《战国会要》,上海古籍出版社2005年版。
袁康、吴平辑录:《越绝书》,上海古籍出版社1985年版。
姚彦渠:《春秋会要》,中华书局1955年版。
阎振益、钟夏撰:《新书校注》,中华书局2000年版。
中国社会科学院考古研究所编:《殷周金文集成释文》,香港中文大学中国文化研究所2001年版。
周生春撰:《吴越春秋辑校汇考》,上海古籍出版社1997年版。
钟文烝:《春秋榖梁经传补注》,中华书局1996年版。
诸祖耿编撰:《战国策集注汇考》,凤凰出版社2008年版。

二、中文论著及译著

《马克思恩格斯选集》(第四卷),人民出版社1972年版。
〔苏〕A.M.哈赞诺夫:"关于早期国家研究的一些理论问题",黄松英译,载中国世界古代史学会编:《古代世界城邦问题译文集》,时事出版社1985年版。
卜工:《文明起源的中国模式》,科学出版社2007年版。
〔美〕本杰明·史华兹:《古代中国的思想世界》,程钢译,江苏人民出版社2004年版。
曹建墩:《先秦礼制探赜》,天津人民出版社2010年版。
陈来:《古代思想文化的世界——春秋时代的宗教、伦理与社会思想》,生活·读书·新知三联书店2002年版。

陈梦家:《西周铜器断代》,中华书局2004年版。

陈戍国:《中国礼制史》(先秦卷),湖南教育出版社2011年版。

陈苏镇:《〈春秋〉与"汉道":两汉政治与政治文化研究》,中华书局2011年版。

杜正胜:《周代城邦》,联经出版事业公司1979年版。

杜正胜:《编户齐民:传统政治社会结构之形成》,联经出版事业公司1990年版。

杜正胜:"传统家族试论",载邢义田、黄宽重、邓小南总主编,黄宽重、刘增贵主编:《台湾学者中国史研究论丛·家族与社会》,中国大百科全书出版社2005年版。

〔日〕福井重雅:"儒教的国教化",载〔日〕佐竹靖彦主编:《殷周秦汉史学的基本问题》,吕静等译,中华书局2008年版。

傅隶朴:《春秋三传比义》,中国友谊出版社1984年版。

〔瑞典〕高本汉:《左传真伪考及其他》,陆侃如译,商务印书馆1936年版。

管东贵:《从宗法封建制到皇帝郡县制的演变:以血缘解纽为脉络》,中华书局2010年版。

顾德融、朱顺龙:《春秋史》,上海人民出版社2003年版。

高恒:"公羊春秋学与中国传统法制",载柳立言主编:《传统中国法律的理念与实践》,台湾"中央研究院"历史语言研究所2008年版。

〔日〕沟口雄三、小岛毅主编:《中国的思维世界》,孙歌等译,江苏人民出版社2006年版。

郭沫若:《中国古代社会研究》(外二种),河北教育出版社2004

年版。

郭沫若:《两周金文辞大系图录考释》,上海书店出版社 1999 年版。

〔日〕高木智见:《先秦社会与思想:试论中国文化的核心》,何晓毅译,上海古籍出版社 2011 年版。

〔日〕高木智见:"关于春秋时代的军礼",载刘俊文主编:《日本中青年学者论中国史》(上古秦汉卷),姚荣涛、徐世虹译,上海古籍出版社 1995 年版。

〔日〕宫崎市定:"关于中国聚落形体的变迁",载刘俊文主编:《日本学者研究中国史论著选译》(第三卷 上古秦汉),黄金山、孔繁敏等译,中华书局 1993 年版。

葛兆光:《七世纪前中国的知识、思想与信仰世界:中国思想史第一卷》,复旦大学出版社 1998 年版。

〔美〕郝大维、安乐哲:《汉哲学思维的文化探源》,施忠连译,江苏人民出版社 1999 年版。

何怀宏:《世袭社会:西周至春秋社会形态研究》,北京大学出版社 2011 年版。

胡厚宣、胡振宇:《殷商史》,上海人民出版社 2003 年版。

〔荷〕H.J.M.克列逊、P.斯卡尔尼克:"关于早期国家的各种学说和假说",杨玄塞译,载中国世界古代史学会编:《古代世界城邦问题译文集》,时事出版社 1985 年版。

胡留元、冯卓慧:《夏商西周法制史》,商务印书馆 2006 年版。

韩星:《儒法整合:秦汉政治文化论》,中国社会科学出版社 2005 年版。

〔日〕吉本道雅:"春秋国人考",徐世虹译,载刘俊文主编:《日本中青年学者论中国史》(上古秦汉卷),上海古籍出版社 1995 年版。

金春峰:《汉代思想史》,中国社会科学出版社 2006 年版。

〔日〕江村治树:"古代城市社会",载〔日〕佐竹靖彦主编:《殷周秦汉史学的基本问题》,吕静等译,中华书局 2008 年版。

蒋庆:《公羊学引论》,辽宁教育出版社 1995 年版。

蒋庆:《政治儒学——当代儒学的转向、特质与发展》,生活·读书·新知三联书店 2003 年版。

〔美〕克利福德·格尔茨:《文化的解释》,韩莉译,译林出版社 1999 年版。

〔美〕柯文:《在中国发现历史——中国中心观在美国的兴起》,林同奇译,中华书局 2002 年版。

〔美〕罗伯特·F. 墨菲:《文化与社会人类学引论》,王卓君、吕迺基译,商务印书馆 1991 年版。

李峰:《西周的灭亡:中国早期国家的地理和政治危机》,徐峰译,上海古籍出版社 2007 年版。

李峰:《西周的政体:中国早期的官僚制度和国家》,吴敏娜等译,生活·读书·新知三联书店 2010 年版。

吕静:《春秋时期盟誓研究:神灵崇拜下的社会秩序再建构》,上海古籍出版社 2007 年版。

林剑鸣:《秦汉史》,上海人民出版社 2003 年版。

林剑鸣:《秦史稿》,中国人民大学出版社 2009 年版。

梁启超:《梁启超法学文集》,中国政法大学出版社 2000 年版。

梁治平:"法律的文化解释",载梁治平编:《法律的文化解释》,生活·读书·新知三联书店 1998 年版。

刘庆柱、段志洪、冯时主编:《金文文献集成》,线装书局 2005

年版。

刘雨:《金文论集》,紫禁城出版社2008年版。

林义正:《春秋公羊传伦理思维与特质》,台湾大学出版中心2003年版。

刘泽华:《中国的王权主义》,上海人民出版社2000年版。

李泽厚:《论语今读》,生活·读书·新知三联书店2004年版。

〔德〕罗哲海:《轴心时期的儒家伦理》,陈咏明、崔德瑜译,大象出版社2009年版。

马小红:《礼与法:法的历史连接》,北京大学出版社2004年版。

宁全红:《春秋法制史研究》,四川大学出版社2009年版。

〔日〕籾山明:"法家之前——春秋时期的刑与秩序",载杨一凡总主编、〔日〕籾山明卷主编:《中国法制史考证》(丙编第一卷),徐世虹译,中国社会科学出版社2003年版。

〔奥〕欧根·埃利希:《法社会学原理》,舒国滢译,中国大百科全书出版社2009年版。

彭林:《〈周礼〉主体思想与成书年代研究》,中国人民大学出版社2009年版。

〔美〕皮文睿:"儒家法学:超越自然法",李存捧译,载高道蕴、高鸿钧、贺卫方编:《美国学者论中国法律传统》,清华大学出版社2004年版。

皮锡瑞:《经学通论》,中华书局1954年版。

浦卫忠:《春秋三传综合研究》,文津出版社1995年版。

秦平:《〈春秋穀梁传〉与中国哲学史研究》,中华书局2012年版。

瞿同祖:《瞿同祖法学论著集》,中国政法大学出版社1998

年版。

容庚:《金文编》,中华书局1985年版。

〔日〕日原利国:"心意的偏重——关于行为的评价",载杨一凡总主编、〔日〕籾山明卷主编:《中国法制史考证》(丙编第一卷),徐世虹译,中国社会科学出版社2003年版。

苏秉琦:《华人·龙的传人·中国人——考古寻根记》,辽宁大学出版社1994年版。

苏秉琦:《中国文明起源新探》,生活·读书·新知三联书店1999年版。

苏秉琦主编:《中国远古时代》,上海人民出版社2010年版。

沈长云、张渭莲:《中国古代国家起源与形成研究》,人民出版社2009年版。

沈文倬:《宗周礼乐文明考论》,杭州大学出版社1999年版。

宋大琦:《程朱礼法学研究》,山东人民出版社2009年版。

〔日〕松丸道雄:"西周后期社会所见的变革萌芽——曶鼎铭解释问题的初步解决",载刘俊文主编:《日本学者研究中国史论著选译》(第三卷 上古秦汉),黄金山、孔繁敏等译,中华书局1993年版。

〔日〕松丸道雄:"殷周春秋史总说",载〔日〕佐竹靖彦主编:《殷周秦汉史学的基本问题》,吕静等译,中华书局2008年版。

唐兰:《西周青铜器铭文分代史征》,中华书局1986年版。

童书业:《春秋史》,上海古籍出版社2003年版。

童书业:《春秋左传研究》,中华书局2006年版。

王葆玹:《今古文经学新论》,中国社会科学出版社1997年版。

王国维:《观堂集林》(外二种),河北教育出版社2001年版。

王立民:《法律思想与法律制度》,中国政法大学出版社2002

年版。

王熙元:"春秋穀梁传述要",载高明等编著:《群经述要》,黎明文化事业公司1979年版。

王玉哲:《中华远古史》,上海人民出版社2003年版。

〔美〕威廉·A.哈维兰:《文化人类学》,崔铁鹏、张钰译,上海社会科学院出版社2006年版。

汪荣:《经学刑德观与汉代法律研究》,西南政法大学2008年博士学位论文。

吴涛:《"术""学"纷争背景下的西汉〈春秋〉学——以〈穀梁传〉与〈公羊传〉的升降为例》,中国社会科学出版社2011年版。

〔日〕尾形勇:《中国古代的"家"与"国家"》,张鹤泉译,吉林文史出版社1993年版。

吴智雄:《春秋穀梁传思想析论》,文津出版社2000年版。

〔日〕小仓芳彦:"《左传》中的霸与德——'德'概念的形成与发展",载刘俊文主编:《日本学者研究中国史论著选译》(第七卷 思想宗教),许洋主等译,中华书局1993年版。

〔日〕西岛定生:"中国古代帝国形成史论",载刘俊文主编:《日本学者中国史论著选译》(第二卷 专论),高明士、邱添生、夏日新等译,中华书局1993年版。

〔日〕西岛定生:《中国古代帝国的形成与结构——二十等爵制研究》,武尚清译,中华书局2004年版。

许道勋、徐洪兴:《中国经学史》,上海人民出版社2006年版。

徐复观:《两汉思想史》,华东师范大学出版社2001年版。

徐复观:《徐复观论经学史二种》,上海书店出版社2006年版。

谢金良:《〈穀梁传〉的真伪和写作时代问题考辨》,《福建论坛》

1996年第2期。

谢金良:《穀梁传漫谈》,台北顶渊文化事业有限公司1997年版。

谢乃和:《古代社会与政治——周代的政体及其变迁》,黑龙江人民出版社2011年版。

谢维扬:《中国早期国家》,浙江人民出版社1995年版。

邢义田:"秦汉的律令学——兼论曹魏律博士的出现",载邢义田、黄宽重、邓小南总主编,黄清连主编:《台湾学者中国史研究论丛·制度与国家》,中国大百科全书出版社2005年版。

邢义田:"从战国至西汉的族居、族葬、世业论中国古代宗族社会的延续",载邢义田、黄宽重、邓小南总主编,黄宽重、刘增贵主编:《台湾学者中国史研究论丛·家族与社会》,中国大百科全书出版社2005年版。

许倬云:"秦汉知识分子",载胡晓明、傅杰主编:《释中国》(第三卷),上海文艺出版社1998年版。

许倬云:《中国古代社会史论——春秋战国时代的社会流动》,邹水杰译,广西师范大学出版社2006年版。

许倬云:《西周史》,生活·读书·新知三联书店2012年版。

阎步克:《士大夫政治演生史稿》,北京大学出版社1996年版。

杨宽:《古史新探》,中华书局1965年版。

杨宽:《中国古代都市制度史研究》,上海古籍出版社1993年版。

杨宽:《西周史》,上海人民出版社2003年版。

杨宽:《战国史》,上海人民出版社2003年版。

杨联陞:"'报'作为中国社会关系基础的思想",载〔美〕费正清编:《中国的思想与制度》,郭晓兵等译,世界知识出版社 2008 年版。

杨树达:《积微居金文说》,上海古籍出版社 2007 年版。

杨师群:《东周秦汉社会转型研究》,上海古籍出版社 2003年版。

杨天宇:《郑玄三礼注研究》,天津人民出版社 2007 年版。

〔日〕伊藤道治:《中国古代王朝的形成——以出土资料为主的殷周历史研究》,江蓝生译,中华书局 2002 年版。

于省吾:《甲骨文字释林》,中华书局 2009 年版。

于语和:《论汉代的经学与法律》,《南开大学学报》(哲学社会科学版)1997 年第 4 期。

余英时:《士与中国文化》,上海人民出版社 2005 年版。

余治平:《唯天为大:建基于信念本体的董仲舒哲学研究》,商务印书馆 2003 年版。

赵伯雄:《春秋学史》,山东教育出版社 2004 年版。

赵鼎新:《东周战争与儒法国家的形成》,夏江旗译,华东师范大学出版社 2006 年版。

朱凤瀚:《商周家族形态研究》,天津古籍出版社 2004 年版。

朱凤瀚主编:《新出金文与西周历史》,中华书局 2011 年版。

朱光潜:"乐的精神与礼的精神",载胡晓明、傅杰主编:《释中国》(第二卷),上海文艺出版社 1998 年版。

朱腾:《渗入皇帝政治的经典之作——汉代儒家法思想的形态与实践》,中国政法大学出版社 2013 年版。

张光直:《中国青铜时代》,生活·读书·新知三联书店 1999 年版。

张光直:"中国考古学上的聚落形态——一个青铜时代的例

子",载黄宽重、邢义田、邓小南总主编,王健文主编:《台湾学者中国史研究论丛·政治与权力》,中国大百科全书出版社2005年版。

中华书局编辑部编:《"中研院"历史语言研究所集刊论文类编》(历史编·先秦卷),中华书局2009年版。

〔日〕滋贺秀三:"中国上古刑罚考——以盟誓为线索",载刘俊文主编:《日本学者研究中国史论著选译》(第八卷 法律制度),姚荣涛、徐世虹译,中华书局1992年版。

张晋藩:《中国法律的传统与近代转型》,法律出版社2009年版。

张晋藩总主编、蒲坚主编:《中国法制通史》(第一卷 夏商周),法律出版社1999年版。

朱维铮编:《周予同经学史论著选集》,上海人民出版社1983年版。

朱维铮:《中国经学史十讲》,复旦大学出版社2002年版。

张亚初、刘雨:《西周金文官制研究》,中华书局1986年版。

张正明:《楚史》,中国人民大学出版社2010年版。

张中秋编:《中国法律形象的一面:外国人眼中的中国法》,法律出版社2002年版。

张中秋:《中西法律文化比较研究》,法律出版社2009年版。

陈邦怀:《夨毁考释》,《文物参考资料》1955年第5期。

陈梦家:《宜侯夨毁和它的意义》,《文物参考资料》1955年第5期。

李学勤:《矩伯、裘卫两家族的消长与周礼的崩坏》,《文物》1976年第6期。

唐兰:《宜侯夨考释》,《考古学报》1956年第2期。

王沛:《"狱剌"背景下的西周族产析分——以琱生器及相关铭

文为中心的研究》,《法制与社会发展》2009年第5期。

王沛:《裘卫器铭中的公社与礼制——西周时期法律关系设立的再思考》,《上海师范大学学报》(哲学社会科学版)2011年第5期。

王沛:《西周的"井"与"誓"——以兮甲盘和鸟形盉铭文为主的研究》,《当代法学》2012年第5期。

王沛:《刑鼎源于何时——由枣阳出土曾伯陭钺铭文说起》,《法学》2012年第10期。

徐杰令:《春秋会盟礼考》,《求是学刊》2004年第2期。

杨向奎:《"宜侯簋"释文商榷》,《文史哲》1987年第6期。

叶正渤:《小臣静簋铭文献疑》,《南京师范大学学报》(社会科学版)1997年第2期。

吴其昌:《金文历朔疏证》,《燕京学报》第6期。

赵光贤:《从裘卫诸器看西周的土地交易》,《北京师范大学学报》1979年第6期。

周瑗:《矩伯、裘卫两家族的消长与周礼德崩坏——试论董家村青铜器群》,《文物》1976年第6期。

朱腾:《〈春秋公羊传〉之规范性命题论考》,《政法论坛》2010年第5期。

朱腾:《再论两汉经义折狱——以儒家经典与律令的关系为中心》,《清华法学》2011年第5期。

三、外文文献

〔日〕白川静:《白川静著作集别卷　金文通释》,平凡社2005

年版。

〔日〕冈村秀典:《中国古代王權と祭祀》,学生社 2005 年版。

〔日〕冈村秀典:《中国文明　農業と礼制の考古学》,京都大学学术出版会 2008 年版。

〔日〕池田雄一:《中国古代の聚落と地方行政》,汲古书院 2002 年版。

〔日〕池田雄一:《中国古代の律令と社会》,汲古书院 2008 年版。

〔日〕福井重雅:《漢代儒教の史的研究儒教の官學化をめぐる定説の再檢討》,汲古书院 2005 年版。

〔日〕沟口雄三、池田知久、小岛毅:《中国思想史》,东京大学出版会 2007 年版。

〔日〕高木智见:《春秋時代の聘禮について》,《東洋史研究》第 47 卷第 4 号。

〔日〕高木智见:《春秋時代の結盟習俗について》,《史林》第 68 卷第 6 号。

〔日〕谷中信一:《斉地の思想文化の展開と古代中国の形成》,汲古书院 2008 年版。

〔日〕吉本道雅:《春秋國人考》,《史林》第 69 卷第 5 号。

〔日〕吉本道雅:《中国先秦史の研究》,京都大学学术出版会 2005 年版。

〔日〕江村治树:《春秋戰國秦漢時代出土文字資料の研究》,汲古书院 2000 年版。

〔日〕堀敏一:《中国古代の家と集落》,汲古书院 1996 年版。

〔日〕籾山明:《中国古代訴訟制度の研究》,京都大学学术出版会 2006 年版。

〔日〕平中苓次:《中国古代の田制と税法》,东洋史研究会 1967 年版。

〔日〕日原利国:《春秋公羊傳の研究》,創文社 1976 年版。

〔日〕石川英昭:《中国古代礼法思想の研究》,創文社 2003 年版。

〔日〕松丸道雄:"殷周国家の構造",载〔日〕荒松雄等编集:《岩波講座世界历史 4:古代 4　東アジア世界の形成 I》,岩波书店 1970 年版。

〔日〕守屋美都雄:《中国古代の家族と国家》,东洋史研究会 1968 年版。

〔日〕藤田胜久:《中国古代国家と郡县社会》,汲古书院 2005 年版。

〔日〕太田幸男:《中国古代国家形成史論》,汲古书院 2007 年版。

〔日〕小仓芳彦:《中国政治思想史研究:"左伝"研究ノート》,青木书店 1970 年版。

〔日〕小南一郎:《中国古代天命と青銅器》,京都大学学术出版会 2006 年版。

〔日〕小寺敦:《先秦家族関係史料の新研究》,汲古书院 2008 年版。

〔日〕伊藤道治:《中国古代国家の支配構造——西周封建制度と金文》,中央公论社 1987 年。

〔日〕滋贺秀三编:《中国法制史基本資料の研究》,东京大学出版会 1993 年版。

〔日〕滋贺秀三:《中国法制史論集　法典と刑罰》,創文社 2003

年版。

〔日〕增渊龙夫:《中国古代の社会と国家》,岩波书店 1996 年版。

〔日〕佐竹靖彦:《中国古代の田制と邑制》,岩波书店 2006 年版。

Herrlee G. Creel, *The Origins of Statecraft in China*, Vol. 1: *The Western Chou Empire*, Chicago University Press, 1970.

Jerome Alan Cohen, R. Randle Edwards and Fu-mei Chang Chen eds., *Essays on China's Legal Tradition*, Princeton University Press, 1980.

Michael Loewe and Edward L. Shaughnessy, *The Cambridge History of Ancient China: From the Origins of Civilization to 221 B.C.*, Cambridge University Press, 1999.

Sarah A. Queen, *From Chronicle to Canon: The Hermeneutics of the Spring and Autumn according to Tung Chung-shu*, Cambridge University Press, 1996.

Sarah A. Queen, "The Way of the Unadorned King: The Politics of Tung Chung-shu's Hermeneutics", in Ching-I Tu ed., *Classics and Interpretations: The Hermeneutic Traditions in Chinese Culture*, Transaction Publishers, 2000.

Yongping Liu, *Origins of Chinese Law: Penal and Administrative Law in its Early Development*, Hong Kong: Oxford University Press, 1998.

后　　记

　　本书是在我的国家社科基金项目"春秋三传与中国早期的礼法变革研究"的结项成果的基础之上修改而成的，也是我个人的第二部专著。课题立项的2012年，我尚在厦门大学法学院任教，因为课题研究时间不过三年，所以，其时，我认为自己应该会在厦大法学院大楼的办公室中完成结项成果的修改并付诸出版。未曾想到，在第二次为个人专著撰写"后记"的今日，我已辗转到了北京，成为中国人民大学法学院的一员，而且书稿的最终敲定地居然越出国界，定位于我第二次正式出国访学的所在地——京都。世事无常，令人颇为感慨。回首这六年，第一部个人专著出版时的喜悦和兴奋早已逐渐淡去，人生阅历的积累则令此刻坐在电脑前的我似有千言万语郁积在心中，不吐不快，但又不知从何说起。在听着窗外的风声，梳理自己的思绪时，为何写书这一问题首先浮现出来。

　　那么，为何写书呢？关于此问，答案肯定五花八门，但在我看来，写书与生命的意义密切相关。每个人如流星般划过，倘若在此过程中，只期望基本生存欲望的满足，那么人与其他动物就没有任何区别。事实上，也很少有人承认自己只是为活而活；相反，几乎所有人都会在内心映射出两个字以概括一生的追求，那就是幸福。幸福的来源是多样化的，而最容易让人想到的大概是功名利禄。巨大的名声以及由此带来的前呼后拥的荣耀，膨胀的财富以及与之相伴随的声色犬马的享受,当然会给人以强烈的满足感,但无论怎样的荣耀和享受都会因出现次数的增加而归于无趣和平常,并最终被贴上短暂风华的标签,所以用功名利禄堆积幸福,无疑在缩短人生的有效区间。鉴于此,人们跳出这几个充满功利意味的词汇,到感情的世界寻找幸福。无疑,由友情、爱情、亲情构成的感情空间确实会让人们获得更长时间的幸福,但在商业化过度的时代,真挚的友情、完美的爱情和感人的亲情并不那么容易得到,缺憾大概才是常态;而且,即便得到了,这些情感很可能也只存在于此生此世的某一段时间,因此用情感浇灌而成的幸福其实也不能说长久和坚固。既然如此,是否就放弃幸福?《左传·襄公二十四年》载,范宣子问叔孙豹:"'死而不朽',何谓也?"叔孙豹答道:"大上有立德,其次有立功,其次有立言。"叔孙豹所说"三不朽"或许与中国人的人生观相契合,且显然超越了人的寿命的局限,因此成为了永久幸福的立足点,古圣先贤则为之不断奋斗。尽管如此,在两三千年的中国史上,成就此"三不朽"者实为屈指可数,作为当代普通人的我们推崇"三不朽"岂非好高骛远? 的确,"立德"或者说在道德上成为万世楷模对普通人而言会带来难以承受的身心负担,而且在今日中国何为善的标准也令人捉摸不定,所以"立德"也许是不现实的。可是,"立功"呢?虽然普通人做不到普度众生或内圣外王,但尽己之能以助他人难道不是一种"功"吗,世人不正能通过他人的快乐延续自己的幸福吗?再则,"立言"呢?尽管至理名言多归于圣贤,但普通人的真知灼见难道就不是一种"言"吗?世人以其"言"让他人的知识或智慧得以增进,不正是一种因"立言"而产生的可持续的幸福吗?换句话说,在当代,全面追求"三不朽"或许过于艰难,但凭借"功"和"言"让他人获得内心的喜悦,进而使自己的幸福超越生命的时限,其实是可能的,关键在于人们是否愿意去实现这种可能。对以教学、科研为本职工作的高校教师来说,如欲影响他人进而延续自身之幸福,以课堂言行向学生们展示积极向上的精神和严谨的学问态度当然是一种选择,但通过自己的论著向更多人传达自己对某个问题予以深入思考的结果同样是一种选择。在这一意义上说,以论著连接生命的意义,正是我对为何写书的解答。

既然写书是为了延续生命,就应对此事抱以审慎的态度,连自己都不信甚至不知所云的言论自然不能付诸笔端,否则,生命的质量将变得无比低劣。对我而言,之所以要关注春秋三传与先秦史,其原因有三。第一,以我的博士论文为基础修改而成的个人第一部专著是以汉代经学与皇权政治的互动为主题的,而在考察所谓互动的过程中,我时刻感受到春秋学给予汉代政治的影响。第二,正如严耕望先生指出的,如欲精研一个断代,就必须了解该断代前后至少一个历史阶段(大意如此),所以以我所关注的秦汉时代论,其前的先秦时代是必须予以重视的,而春秋三传及其辐射到的"三礼"等周边文献则恰恰是先秦史方面的重要资料。第三,近年来,文化自信、文化输出已成为主流话语,各种从传统开出新外王的论述应运而生,但在传统中国,新学说的诞生大多是以解经为基础的,而在当下中国,诸多新说则往往在杂取群经的基础上建构,以致少见有关各类经典的精深研究,却充斥着宏大叙事的所谓思想性言辞。这不禁令人怀疑此类新学说究竟是否与真正的中国传统有关,也对时人提出了仔细研读经典的紧迫需求。当然,上述种种不过是我撰写本书的出发点,并不意味着书中内容大有过人之处,但我至少可以问心无愧地说,自己与经典的邂逅是认真的,自己的内心确有通过著述追求更长久幸福的真切期望。

认真是一种态度,可能本于天性,但更可能是后天塑造而成。在我成长的过程中,亲人们支持我认真,师长们指导我认真,朋友们帮助我认真。应当说,我的点滴成就都离不开亲朋师友们的一路扶持,在此向他们致以诚挚的谢意。很多"后记"都会罗列一堆师友们的姓名。但是,我以为,一则,如果要罗列的话,师友们的名字实在太多,而且难免遗漏;二则,师友们与我的交往都是真诚的,他们只希望和我一起分享论著问世从而延续生命意义的幸福感,不会在乎是否把他们的姓名写在这页纸上,所以在第二部个人论著的"后记"中,我决定不为惯例所囿。

行文至此,本书就正式进入尾声了。樱花即将盛开,落英缤纷必定是华丽的,但草色青青却更为持久;桃花也将绽放,淡雅幽香必定是醉人的,但空中的一抹深蓝却更为开阔。希望本书能有瞬间的绚烂,但更希望它内含深远的意蕴,是为记。

朱　腾

2018 年 3 月 11 日于京都